JN440912

강동기

고재동

고재흠

곽광택

구서휘

김경람

김경희

김동분

김면희

김보한

김상구

김서현

김성렬

김영자

김옥진

김완묵

김은숙

김은희

김제방

김종선

김충석

김형애

남기수

남복희

남정우

도월화

문상기

미영순

박경화

박순혜

박인목

박정례

박중호

박찬홍

박향숙

방경희

배병수

서양호

서태양

성낙수

손동숙

송영섭

송차식

신종식

심양섭

심종은

안중주

오세하

유승규

유애선

유인종

윤강

윤범식

윤연옥

이기돈

이명우 우영

이명주

이범욱

이병훈

이상우

이숙진

이승철

이외율

이우재

이장구

이재봉

이재영

이창형

이태희

임갑섭

임지택

장병학

장철호

장희자

전병훈

정성채

정영희

정은영

정인호

정일주

정준

조나다

조정화

조한금

주진호

최광호

최영종

최이락

하지윤

한남숙

한판암

한후남

홍애자

홍정희

황덕중

황선호

(사)한국수필가연대 제29집

당신이 기다린 고도는

한강

발간사

(사)한국수필가연대 수필선 제29집을 발간하며

2025년은 60년 만에 돌아온다는 '푸른뱀띠의 해' 을사년(乙巳年)이다. 그래서 그런지 복잡 다사다난한 해가 되어 가며 계절의 감각마저 무색해지고 있다. 만물의 영장이라는 탈을 쓴 우리 인간들! 어떻게 어디쯤 가고 있을까? 하늘나라로 간다는 내세의 신적 믿음도 천지 창조 이후 지금까지 그치지 않는 종교 전쟁의 지속이다. 사회적 동물이라는 인간들이 이제는 권력의 시녀인 정치적 동물이 되어 이념으로 뒤엉키며 또 다른 탈냉전 시대로 치닫고 있다. 제4차 산업 혁명의 산물인 인공지능(AI: Artificial Intelligence)마저 정도를 벗어나 가짜(Fake)가 판을 치는 오늘날 세상의 민낯이다.

산업화에 따른 지구 온난화로 국지성 폭우에 해수면까지 상승하며 대대적인 생태계의 변화가 돌출하고 있는 지구촌이다. 자유민주주의 체제로 발돋움한 법치 국가는 국가 권력과 국민 사이에 '권리와 의무' 라는 보이지 않는 쌍벽의 장막이 맞서고 있다. 삶의 질이 향상되고 고령화 사회가 가속되어 가니 이구동성으로 복지 우선을 외치며 할 일은 뒷전이고 손부터 내민다. 선량하고 성실한 민주 국민이라면 '권리보다는 의무'가 우선해야 한다. 그러나 그 실상은 정반대에 이 세상에 '공짜는 없다'라는 말이 실감난다. 때늦은 느낌이지만 인생 황혼의 길녘에서 3대에 걸쳐 두 아들에 손주 셋, 모두 6명이 병역 의무를 완수하여 '병역 명문가'의 선봉장이 되었다.

2025년은 일제 강점기에서 벗어난 광복 80주년에 한국 전쟁 돌발 75주년이 되는 의미심장한 시기다. 불안하고 떠들썩하게 돌아가는 시공의 지나침 속에 나름대로 지난날을 되새기며 뒤돌아본다.

1968년은 내가 공군학사장교로 군에 입대하던 해다. 연초부터 북한의 무장공비 청와대 침투에, 미국의 정보함 푸에블로호가 납치되며 전쟁 발발 직전까지 갔던 시기다. 많은 젊은이들이 군 입대를 꺼리고 기피하던 시절로 자진 입대하여 최전방 백령도까지 복무를 했다. 두 명의 아들에 세 명의 손주들까지도 나름대로 자기 인생을 헤쳐 나가는데 '군 생활이 필수'임을 지나칠 정도로 강조해 왔다. 모두들 적령기에 군에 입대해 복무를 완수하니 떳떳한 대한민국의 일등국민이 된 셈이다.

인공지능이 빠르게 진화되어 가며 산업화 및 우리의 일상생활을 뒤흔들고 있다. 문학적인 우리의 글도 챗GPT에 입력하여 작품을 출력할 수도 있지만 다듬어진 미사여구나 감성이 메마른 내용이 되어 창작력의 한계를 드러내고 있다. 딥페이크(Deep Fake)나 보이스 피싱(Voice Phishing)이 만연되어 반인륜적이고 탈법적인 사회로 가지 않을까 근심 걱정이 앞선다.

한 해가 바뀌어 가며 있는 그대로 자연적이고 친환경적이며 오염되지 않은 자작의 소중한 글로 참여해 주신 문우님들께 감사드린다. 아울러 한국수필가연대가 빛나도록 뒷바라지를 해 주신 사단법인 한국문화예술연대 최광호 이사장님과 임원진들의 노고에 다시 한번 깊은 사의를 드리는 바이다.

2024년 12월

(사)한국수필가연대 회장

이범욱

목차

목차

(사)한국수필가연대

(사)한국수필가연대 제29집

당신이 기다린 고도는

강동기

■

새내기 공무원이 된 아들에게

아들아! 오랜 시간 동안 각고의 노력 끝에 그렇게도 어렵다던 공무원 시험에 당당하게 합격하여 임용된 것을 축하한다. 환경적 요인으로 인하여 네가 가지고 있는 능력을 발휘하지 못하고 둘러 가는 인생이 되었기에 만감이 교차하리라 믿는다. 그러나 "어떤 것도 실제 경험하기 전까지는 결코 현실이 되지 않는다."라고 한 존 키츠의 말처럼 아무것도 두려워하지 말고, 이제 현실 세계에서 상상의 나래를 마음껏 펼쳐 나갔으면 한다.

사회에 늦게 첫발을 내디딘 너이니만큼 새로운 각오로 출발하기를 바란다. 인생이란 매듭의 연속이란다. 산 넘어 산이 있듯이 하나의 매듭을 풀고 나면 또 풀어야 할 매듭이 생기는 것이다. 그게 인생사다. 그 매듭을 풀어 가는 데 흥미와 보람을 느끼며 스스로 즐겼으면 한다. 이 세상에 나보다 못한 사람은 없다고 보고 자만하지 말고 항상 겸손한 자세로 배우며 노력하는 사람이 되길 바란다. 상대방의 본받을 만한 모범적인 사례는 정면 교사로 삼고, 그렇게 해서는 안 되겠다고 생각되는 부정적인 사례는 반면 교사로 삼아라. 그러다 보면 좋은 결과는 반드시 찾아올 것이다.

네가 근무하는 이곳 밀양은 제2의 고향이 되었기에 정감을 갖고 지역민을 위해 봉사하는 자세를 갖기를 바란다. 이제 너와 나에게 이곳의 물이 피가 되고 이곳의 흙이 살이 되어 살아가는 삶의 터전이 된 곳이다. 공무원은 군림하는 자리가 아니라 사회에 봉사하는 직업임을 거듭 잊어서는 안 된다. 항상 지역 사람들에게 친절하게 대하고 공평무사하며 원칙에 따라 성실하게 임무를 수행하길 바란다. 미숙한 업무 처리 때문에 민원인에게 불이익을 주게 해서는 안 될 것이다. 따라서 맡은 바의 업무에 대한 지침은 물론 조례를 훤하게 알고 있어야 한다. 이곳 지역 사회의 시민들을 위해 따뜻한 가슴으로 보살피는 모범 공무원이 되기를 바란다.

모든 사람의 친구는 누구의 친구도 아니라는 말을 생각하면서 내 이웃들, 특히 보살핌을 받아야 할 어려운 이웃들을 위해 좀 더 봉사하는 삶을 살아가면 좋겠다. 해마다 무슨 기념일이 되면 외로운 그들은 '모든 사람' 에게 관심을 받게 된다. 하지만 그날 하루가 지나면 '누구의 친구' 도 될 수 없이 돌아앉는 그들의 외로운 모습을 적지 않게 보게 된다. 이런 사람들과 아픔을 함께하며 눈물을 닦아 줄 수 있는 가슴 따뜻한 그런 공무원이 되어 주었으면 한다.

아들아! "두 번째 떠오르는 생각이 가장 좋다" 라는 속담처럼 너무 쉽게 판단해 버리거나 일을 서두르다 보면 실수할 수도 있고 가장 중요한 것을 놓치거나 잃을 수도 있기에 말이나 행동에 있어서 늘 한 번 더 생각하고 행동하길 바란다. 눈이 먼 소경이 코끼리를 만지는 식으로 사물에 대해 일부만 알면서 함부로 전체에 대한 결론을 내리는 맹인모상(盲人摸象) 격이 되어서는 안 된다.

그리고 무엇보다도 신뢰를 잃어서는 안 될 것이다. 실수는 바로잡으면 되고 성과는 앞으로 얼마든지 내면 되지만 믿음을 잃으면 다시 쌓기 어렵게 된다. 모든 것을 잃는 것이다. 공자는 한 나라를 운영하는 데 군대, 먹을 것, 믿음이 필요하며 그중에서 하나만 꼽는다면 믿음이 제일이라 했다. 직장 상사로부터 그리고 같이 근무하는 선배와 동료로부터 신뢰를 잃지 말기를 바란다. 동시에 그들을 존경하는 마음을 가져야 한다. 그래야 직장 생활이 즐거운 법이다. 어려운 문제가 생기면 혼자서 해결하려 하지 말고 항상 그들과 의논해서 해결하는 자세를 가졌으면 한다. 집단지성이 문제를 풀어 나가는 키가 된다는 사실도 염두에 두어라. 한번 추진한 일은 흐지부지하지 말고 끝마무리를 잘 지어야 할 것이다. 소리만 요란하고 아무 결실 없이 끝나버리는 '태산명동(泰山鳴動)' 에 '서일필(鼠一匹)' 격이 되어서는 안 된다.

때로는 무엇이든지 얻고자 하면 혼자서 묵묵히 외로움에 맞서 기다리며 견뎌야 하는 시간도 필요하단다. 『열자』에 나오는 우화가 하나 떠오른다. 중국 전국 시대 사상가인 양주(楊朱)에게는 포(布)라는 이름의 동생이 있었다. 그가 하루는 흰옷을 입고 외출했다가 거센 빗줄기에 옷이 젖어 검은 옷으로 갈아입고 어두움이 내렸을 때 집 문 앞에 이르렀다. 그를 보고 집의 개는 사납게 짖기 시작했다. 비에 젖은 채 고생 끝에 겨우 도착한 그는 화가 치밀었다. 주인을 알아보지도 못하는 집의 개에게 화가 난 것이다. 그는 옆에 있는 몽둥이로 개를 때리려고 손을 드는 순간 형 양주가 나타났다. 자초지종을 듣고 난 양주는 개의 잘못이 아니라고 동생을 타일렀다. 흰옷을 입고 문을 나섰다가 검은 옷으로 갈아입은 사람은 동생 자신이며, 게다가 어둑

해진 저녁에 집 문 안으로 들어선 상황으로 볼 때 어둠 속에서 개가 짖는 것은 당연하다는 나무람이다. 어떤 문제가 생겼을 때 그 원인을 바깥에서만 찾으려는 자세를 지적한 것이다. 상황의 변화를 몰고 온 원인은 여러 가지가 있겠지만 많은 경우는 자신이 그 출발점인 것이다. 이 우화는 문제의 해결을 위해 진지한 내적 성찰을 권유하고 있다고 할 것이다. 진정한 용기는 잘못을 자신으로부터 찾는 데 있는 것임을 명심했으면 한다.

아들아! 공무원은 명경지수(明鏡止水)처럼 투명해야 하고 자기 관리에 철저해야 한다. '과전불납리(瓜田不納履)' 요, '이하부정관(李下不整冠)' 이라는 말과 같이 오이밭에서는 신발을 고쳐 신지 말고, 오얏나무 밑에서는 갓을 고쳐 써서는 안 된다. 의심받을 일은 조금도 해서는 안 되는 것이다. 인생이란 태양에서 나서 태양으로 돌아가는 짤막한 여행인데 이 여행 중에 가장 위대한 사람은 명예라는 먼지를 하나 남기고 간다고 했다. 남자는 명예에 살고 명예에 사는 것임을 잊어서는 안 된다. 돈은 필요한 것이긴 해도 인생의 전부는 아니다. 그럴 리 없겠지만 돈에 현혹되어서 양심과 자존심을 버리는 한심한 사람이 되어서는 안 된다. 중요한 것은 가난하게 살아도 가문의 명예를 지키는 것이다. 자기 잇속을 챙기는 사람이 되어서는 더더욱 안 되며, 주변 사람들에게 항상 공덕을 쌓고 베푸는 삶을 살아가면 좋겠다.

어린 왕자가 수많은 장미꽃이 피어 있는 꽃밭에서 자기가 두고 온 장미꽃을 더 귀하게 여긴 이유는 왕자 자신이 그 꽃에 직접 물을 주고 벌레를 잡아 줬기 때문이다. 그래서 어린 왕자가 장미꽃을 더 소중히 여기는 것이리라. 흘린 땀만큼 거두어들이는 삶의 자세를 견지하면서 고유한 영역을 성실하게 지켜 나가며 네가 가는 길이 꽃길이 되기를 바란다. 미국의 소설가 잭 런던이 인생에 대해 한 말이 가슴에 와 닿는다. “인생은 좋은 패를 가지고 있다고 해서 잘되는 것이 아니라 때로는 안 좋은 패를 쥐고도 어떻게 게임을 잘 풀어 가는지가 중요하다.”라고 했다. 앞으로 너의 인생이 비 온 뒤 맑게 트인 푸른 하늘처럼 순탄하게 열리기를 기원한다. 이 세상에 네가 있어 나의 삶은 윤택하다, 아들아!

고재동

■

캐리어 안에는 무엇이 있을까

부산항으로 가는 04시 버스를 타기 위해 일찌감치 집을 나섰다. 새벽 1시. 집행부에서는 준비하느라 잠 못 청하고 있을지도 모를 일. 지금부터 곧장 달린다면 부산항까지 가도 날이 새지 않을 시각. 구태여 3시간을 앞당겨 나온 이유야 뻔하다. 자칫하다가 시간을 놓쳐 허둥댄다면 꼰대 소리 들을 게 분명하다. 차라리 일찍 나가서 손님 한 명이라도 태운다면 돈도 벌고 시간을 놓칠 일은 절대 없을 테니까. 또한 이 시각은 내 택시와 함께 도로 위를 누빌 시간 아니던가.

명리에 손님을 내리고 나자 콜이 떴다. 태장길 쪽이었다. 5.6km 떨어진 곳. 그렇게 먼 곳이 아니어서 빠르게 콜 예약했다. 지금 시각 01시 30분. 이 시각 변두리 쪽에 왔다가 멀지 않은 곳에서 손님과 예약할 수 있는 것도 요행이다.

이 밤에도 꽃은 깨어 있다. 5월의 끝자락. 아직 장미의 계절이 마감하지 않고 있지만 깊은 밤을 유혹할 만한 상대를 찾지 못함인가? 밤

길을 누비는 그녀는 없다. 하지만 금계국이 그녀들의 자리를 송두리째 앗아 성하의 계절과 맞선다. 언제 적부터 우리나라 산천을 걸어 다녔는지 온 천지를 덮었다. 이 심야에도 화려하게 피어서 이슬에 꽃잎을 닦고 있다.

"어서 오세요."

"안녕하세요."

우리는 의례적인 인사를 나눴다. 그는 먼저 대형 캐리어와 가방 하나 더 트렁크에 실었다. 목적지는 버스 터미널. 이 시각에 누군가를 태우고 우리 지역을 떠나는 버스는 없다.

"지금은 버스가 없는 걸로 알고 있는데 이렇게 일찍 길을 나섰나요?"

"네, 저도 알고 있어요. 5시에 첫 차가 있더라고요. 머무를 곳도 없고 해서 먼저 가서 기다리려고요. 터미널 주변에 심야에도 하는 식당 같은 곳은 없나요?"

"없어요. 지금은 기차역, 버스 터미널 모두가 멈춘 상태여서 식사할 곳이 없을 텐데요. 그런데 집에서 나오셨으면 요기를 하고 나오시지 않고요?"

"아까도 말씀드렸지만 더는 머물 곳도, 식사를 제공하는 곳도 제겐 없어요. 본가가 서울인데 집에 가야…."

"……."

잠시 뜸을 들였던 그는 말을 이어 갔다. 나는 그의 입이 터지기를 기다리는 수밖에 없었다.

"아까 그곳, 불이 환하게 켜진 곳은 촬영장이에요. 거기서 넷플릭스 드라마를 촬영하고 있는데 저는 막내 스텝이었어요."

그 젊은이의 말은 분명 과거형이었다.

"잠시 집에 다니러 가는 게 아니란 뜻인가요?"

"네, 그만뒀어요. 제가 어제 사고를 냈거든요. 그걸 제가 다 물어야 한다고 해서요."

그는 올해 스물일곱, 연출을 공부한 꿈이 원대한 젊은이, 작년에 대학을 졸업한 초보 직장인. 그런데 결단을 내릴 수밖에 없었단다.

"좀 더 생각해 보시지 않고요?"

"많이 생각했어요. 가지 말라고 붙잡았는데 결심이 선 이상 결단을 내려야지요. 꼬박 두 달 동안 집에도 못 갔어요. 심신이 너무 지쳤어요. 좀 쉬었다가 일자리를 찾아봐야지요."

"앞으로도 같은 계통의 일을 할 건가요?"

"아는 게 이것뿐인걸요. 이쪽이 좁긴 하지만 일할 곳은 많아요. 오늘은 계약을 해지하고 왔지만 또 어디서 어떻게 만날지도 몰라요. 저도 카메라도 잡아 보고 연기도 해 봤지만 이 바닥이라는 곳이 바닥부터 차근차근 닦아야 하는 곳이거든요."

"꿈은 이루어집니다. 잠시 쉬었다가 다시 도전해 보세요. 반드시 훌륭한 감독이 되실 겁니다. 젊은이가 만든 영화가, 드라마가 해외에 나가서 한류 열풍에 동참하고 저도 볼 수 있길 바랄게요."

"감사합니다."

요기도 해야겠고 호텔 열쇠를 반납하지 않았다고 해서 A동 번화가에 그를 내려 줬다. 젊은이에게도 캐리어가 버거워 보였다.

첫새벽 잠에서 깬 처마 밑 참새들이/ 귀엣말 속살속살 이슬로 부리 닦고/ 오늘은 현해탄 건너 소풍 가는 날이네 //

초록색 이파리에 방학 숙제 밀린 일기/ 성기게 그려 넣고 바닷속에 나무 심네/ 대마도 망망대해로 시를 적는 갈매기

스물한 명의 대마도 1박 2일 문학기행 팀을 태운 니나호는 5분 앞당긴 10시 10분에 부산항을 떠났다. 50대에서 80대 나이 분포의 우리 일행은 꿈에 부풀어 있기도 하고 대마도의 낯빛을 상상하기도 한다.

모처럼 단수 시조 한 편을 적어 완료 버튼을 눌렀더니 스마트폰 화면에서 사라져 버린다. 대한 해협에서 일본해로 넘어가는 곳이었나?

바다를 건너다가/ 스마트폰 끄적여/ 시 한 수 적어 넣고/ 완료 버튼 눌렀더니/ 앗 저런/ 숨어 버리는/ 니나호의 파편들//

현해탄에 빠진 시/ 길어 올려 보았지만/ 번번이 어레미를/ 빠져나가 버리네/ 아뿔싸/ 심해로 심해로/ 침몰하는 시어들

—〈침몰한 시(詩)〉

입국 수속을 끝낸 우리 문학기행 일행은 캐리어를 끌거나 가방 하나씩을 메고 줄줄이 대마도 땅을 밟았다. 여행 가방은 적을수록 좋다던, 일행 중 연장자이신 김원길 선생님의 가방이 제일 작다. 많이 내려놓으신 탓인 듯. 대체로 나이 든 순서대로 가방의 크기가 작고, 여자 일행의 캐리어가 큰 편이었다.

아까 만났던 그 젊은 친구의 캐리어에는 무엇이 들어 있었을까? 아마도 땀에 전 옷가지, 세면도구와 영화 연출에 관한 책 한 권도 들어 있었겠지. 세면도구와 땀에 찌든 속옷 사이에는 바람도 들어 있었을까? 사랑과 원대한 꿈의 지표도 꼭꼭 숨어 있지 않았을까?

고재흠

■

바다와 인간의 관계

바다는 전설의 무대요, 미래가 어우러진 무대다. 또한 끝없이 넓고 포용력이 있는 인자한 모습이다.

바다는 언제나 자연스럽고 평화스러우며 정겹기도 하며, 또한 포근하고 아름답다. 바다를 동경하는 것은 인간의 심리에서 시작되는 것 같다.

본래 바다에서 생명이 태어나고 강변이나 바닷가가 인류 문명의 발상지요, 삶의 근원지였다. 바다의 서정과 풍상(風尙), 사철 동일한 모습으로 다가오는 바다는 우리 인간의 밀접한 터전이다.

하늘과 바다가 만들어 주는 넓은 품은 내 영혼의 쉼터가 되어 주기도 한다. 바다는 인간 삶의 터전이요, 풍부한 자원의 산실로서 개척되어야 할 해양 자원의 무한한 보고(寶庫)다.

바다는 내면 속에 생명을 간직한다. 비밀처럼 해저에서 산호가 자라고 어군(魚群)들은 수심 속에 가라앉아 자유로운 유영(游泳)을 즐긴다. 각종 해초며 산호도 이와 마찬가지다. 이렇게 바다의 생명들은 닻처럼 곁에서 속으로 가라앉는다.

바다는 너그러운 마음을 가졌다. 세상 사람들이 아귀다툼 하고 삶의 치열한 경쟁을 벌여도 바다는 항상 욕심 없이 의연하다.

특히 음식의 맛을 내며 조리를 할 때는 필수적으로 소금이 있어야만 하는데, 그 소금의 생산처가 바로 바다가 아니던가! 만약 바다가 없었다면 맛있는 조리를 어떻게 감당할 것인가. 정말 감사한 바다다.

바다는 이 세상의 온갖 물을 다 수용한다. 강물뿐 아니라 비와 눈과 온갖 생활 오수들도 바다로 흘러들고 그 품에서 여러 가지 물고기와 미역이며 산호와 진주 등을 키워 낸다. 바다는 이 세상에서 가장 낮은 곳이어서 그 모든 물들이 모여들고 있는 것이다. 비가 오지 않아 땅이 쩍쩍 갈라지는 가뭄이 찾아와도 바다는 언제나 푸른 물을 가득 끌어안고 있다.

바다는 언제 보아도 고요하기만 하다. 아침에 보아도 저녁에 보아도 넓은 바다는 잠잠하기만 하다. 바다는 푸른 물과 시원한 바람이 어우러져 온갖 오염된 것을 씻어 준다. 바다의 넓은 품은 무엇이든지 부드럽게 안아 주고 어떤 상처도 치유해서 소생시킬 능력을 가지고 있는 듯하다. 오만하지도 비굴하지도 않고 좀체 속내를 드러내지 않는 바다는 한결같이 자기를 닮으라고 한다.

그러나 바다도 가끔 제 사나운 모습을 드러낼 때가 있다. 여름의 끝자락에 태풍이 불어오면 조용하던 바다는 갑자기 다른 모습으로 바뀐다. 태풍이 구름과 비를 몰고 파도를 일으켜 세워 해일을 만들고, 그 거대한 에너지는 인간이 애써 만든 배와 집들과 여러 가지 시설물들을 집어 삼킨다. 인간은 잠시 자신의 나약함을 인정하지 않을 수 없으며, 두려움에 떨면서 숨도 크게 쉬지 못하고 그곳에서 지나가기를 기다릴 수밖에 없다. 바람과 바다라는 자연의 위력이 얼마나 대단한지 새삼스럽게 깨닫게 된다.

다음 날 날이 밝으면 그들이 남긴 참상을 확인하지만, 태풍은 시치미를 떼고 멀리 달아나 버렸고, 바다는 언제 그런 일이 있었냐는 듯 푸른 파도를 찰랑거리고 있을 뿐이다.

한편 우리 국민은 나라를 잃고 슬픔에 젖어 있을 때, 바다의 은혜로 나라를 되찾은 해전의 역사가 주마등처럼 떠오른다.

임진왜란(1592년)을 거쳐 정유재란(1897년) 때 충무공 이순신 장군이 우리 배 12척으로 전남 진도 울돌목의 급물살을 이용하여 왜선 330척을 격파하고 승전고를 울린 곳도 바로 바다가 아니던가! 그 명량대첩은 당시 세계 해전 사상 유래를 찾아볼 수 없는 대 승전이었다. 이 때문에 임진왜란 7년 전쟁을 종식시킨 결정적인 계기를 만들었던 것이다. 당시 최후의 교두보였던 울돌목의 바다를 이용한 이순신 장군의 작전은 천추만대에 추앙을 받을 것이다. 만약 바다가 아니었다면 어떻게 그 큰 전승 실적을 이룰 수 있겠는가!

우리나라는 3면이 바다로서 해운이나 조선, 수산, 해양 연구 분야에서는 세계적인 수준에 올라섰고, 국제해사기구(IMO), 세계선급협회 등에서 '이사국' 과 '의장국' 을 맞는 등, 이미 세계적인 해양 국가로 발돋움하고 있다. 그러나 이를 뒷받침할 해양 문화 분야는 아직 미진한 점이 많다는 것을 자인하지 않을 수 없다.

우리의 앞선 2세대들이 삶의 방편으로 조선과 해운, 수산을 한 덕분에 해양 산업 분야에서 우리는 세계적인 위상을 차지할 수 있다 하니 자랑스러운 일이 아닐 수 없다. 하지만 이제 삶이 여유를 찾게 되면서 해운과 조선 분야로 유능한 젊은이들의 참여율이 저조해져 날이 갈수록 어려워지고 있어 안타깝기 그지없다.

바다는 어머니 품 같기도 하지만 때론 나를 훤히 꿰뚫고 있는 듯하여 두렵기도 하다. 하늘을 닮은 바다는 대인(大人)의 풍모로 내 눈앞에 떡 버티고 있으며, 때로는 바다가 인간에게 깊은 깨우침을 준다.

곽광택

돈은 좋은 심부름꾼에 불과하다

돈을 벌지 못하는 사람을 무능력한 사람이라고 한다.

그러나 돈을 벌기만 할 줄 알았지 쓸 줄 모르는 사람은 더욱 어리석은 사람이다.

그리고 돈을 쌓아 놓기만 하는 인간은 구두쇠라 하고 벌지는 못하면서 쓰기만 하는 사람은 방탕한 사람이라 한다.

돈은 바르게 쓸 수 있는, 또 쓸 줄 아는 사람이 돈의 참주인이며 모을 줄 밖에 모르는 사람은 창고지기에 불과하다. 돈만 사랑하는 사람은 돈의 하인이며 돈을 위해 모든 것을 버리는 사람은 돈의 노예라고 아니할 수 없다.

베이컨은 "돈은 좋은 심부름꾼이다. 그러나 나쁜 주인이 될 수도 있다."라고 했다. 본후즈는 "돈은 좋은 종이다. 그러나 주인이 될 수는 없다."라고 했다. 돈이 소리치면 진리나 진실은 침묵하게 될 때가 많다.

그래서 돈은 교만한 인간을 만들기 일쑤이고 추태를 부리는 추악한 인간들을 호기 있게 떠들게 하는 크나큰 힘이 되기도 한다.

물론 물질 자체가 악의 화신이거나 죄 자체는 아닐 것이다. 물질은 얼마든지 선한 도구가 될 수도 있다.

그러나 물질은 신이 인간에게 일시적으로 맡긴 위탁물에 불과한 것이다. 그러므로 우리는 물질을 값있게 사용함으로써 그 가치를 더 높여야 할 것이다.

그래서 황금을 시금석으로 알아보는 사람은 황금을 알아본다는 말이 있기도 하다.

구서휘

■

계단

추억 속에는 바다가 내려다보이는 가파른 계단이 있다. 인테리어 감각으로 지어진 웅장하고 멋진 것이 아니다. 그냥 수직에 가까운 돌계단이다. 그러나 나의 상상력이 더 보태어져 세상에서 가장 아름다운 건축물이라도 되는 것처럼 매력적이다.

계단은 마을로 가는 유일한 통로였다. 한시라도 한눈을 팔거나 정신을 허공에 풀어 놓았다가는 영락없이 아래로 구를 것처럼 높고 가팔랐다. 그래서 사람들의 걸음걸이는 마치 수행자처럼 엄숙해 보였다. 계단이 끝나는 좁은 골목 안으로 집과 집들이 나지막하게 어깨를 걸고 앉아 있었다. 사는 모습은 너나없이 비슷했지만 그들은 잘 웃었고 다정했고 성실했다.

우리가 '점방' 이라고 부르던 가게 할머니도 그랬고, 겨울이면 계단 아래에서 힘겹게 연탄을 짊어지고 올라와 골목마다 나르던 숙이 아버지도 그랬다. 그들 모두는 계단을 오르내리며 주어진 삶에 번민

하고 지치다가도, 또 언제 그랬더냐 싶게 희망이 솟는 얼굴로 씩씩해졌다.

언젠가 캄보디아 앙코르 와트를 여행한 적이 있다. 그곳에서 비쉬누 성소로 오르는 계단을 보고 감탄하지 않을 수가 없었다. 쳐다보는 것만으로도 아찔한 경사도와 오랜 역사가 빚어낸 색채는 가슴을 벅차게 했다. 더 놀라운 것은 계단의 보폭이 인간 발의 절반밖에 되지 않는다는 것이었다. 발을 조심스레 돌려 계단을 밟는다 하더라도 몸을 꼿꼿이 세울 수 없었다. 결국 엉금엉금 기다시피 계단을 올랐다. 그러다 보니 어쩔 수 없이 신 앞에 무릎 꿇는 모습이 되고 말았다.

어차피 신들에게는 이런 계단의 존재가 필요치 않을 것이다. 결국 이 계단의 의미는 신들에게 봉양하러 오는 인간에게 절대적인 복종을 의미하는 것이라는 생각이 들었다.

성소에 올라 아래를 내려다보니 일몰의 붉은 기운이 옅게 퍼지기 시작했다. 그 광경을 보고 있으려니 기억 속의 계단과 너무나 닮아 있어 눈시울이 뜨거워졌다. 추억은 흔적도 없이 사라져 버리는 것이 아니라 과거와 현재를 잇는 아름다운 길이 되어 있었다.

어릴 적 나는 저녁이 되면 낭떠러지처럼 꺾인 층계 마루에 앉아 있는 것을 좋아했다. 고소공포증 환자처럼 온몸의 피가 발끝으로 몰려 종아리가 아려 왔지만, 바다가 붉게 물드는 일몰의 아름다움은 어린 나이에도 충분히 사색적이었다. 사람들이 낮보다 자주 계단을 오르내리는 광경도 재미있었다.

그 사람들 틈에 일터에서 돌아오실 아버지를 기다렸다. 아버지는 나를 발견하시면 계단 아래서부터 큰 소리로 "우리 막둥이!" 하셨다. 그 목소리에 사랑이 자글자글 끓는다고 사람들이 놀렸다.

아버지는 막내인 나에게만 날마다 용돈을 주셨다. 그러나 매번 오빠의 꼬임에 넘어가 그 돈으로 군것질을 했던 기억은 거의 없다. 제일 잘 넘어갔던 말은 "계단 올라갈 때 업어 줄게." 였다. 오빠 등에 업혀 높다란 계단을 오르는 기분은 정말 좋았다. 마치 마음에 날개를 단 것 같았다. 덕분에 글도 모르던 나는 오빠가 만화를 보는 동안 좁고 기다란 나무의자에 앉아 지겹도록 있어야 했다.

타임머신을 탄 것처럼 세월은 놀랄 만큼 많이 흘러갔다. 지금 그때 이야기를 하면 오빠의 얼굴에도 함박웃음이 번질 거다.

아직도 그곳에 가면 기억 속의 계단을 만날 수 있을지 궁금하다. 떠나온 지 사십여 년이 지났으니 분명 옛 기억과는 사뭇 다른 느낌일 것이다. 그러나 한 번 지나가 버리면 기억조차 묘연한 이 세상에서 계단에 대한 흔적이 이토록 선명하게 살아남아 있다는 것이 신기하다.

그러고 보면 우리 인간에게 그리움이란 감정이 있다는 사실이 얼마나 다행한 일인지 모르겠다. 요즘에는 급격하게 기억력이 저하되어 무엇을 어디다 두었는지 잘 생각이 나지 않을 때가 많다. 점점 단명해지는 기억력 때문에 결국에는 그리움조차 잊어버리고 살아가지는 않을까 두렵다.

살다 보면 내 삶도 높은 계단처럼 오르기 힘들어서 순간순간 망설이게 된다. 그러나 계단이 끝나고 이어지던 골목에 마음을 활짝 열던 다정한 사람들이 있었음을 기억한다. 견디기 어려운 시간도 힘겨운 삶의 계단도 그 끝은 반드시 마음을 충만하게 하리라 믿는다. 기어코 올랐다는 감사함과 함께 더 환하게 다가서던 희망이라는 또 다른 길이 그곳에 있었다.

김경람

실수가 선물한 하루

베를린에 도착하여 동네 구경만 한 지 1주일이 지나서야 전철을 타게 되었다. 딸아이와 둘이 나간 적은 있지만 혼자는 처음이었다. 아이가 집에서 작업할 것이 있으니 엄마만 어디든 다녀오라는 권유에 잠시 망설이다가 한번 감행해 보기로 마음먹었다. 지도를 검색하여 전철 환승역과 타야 할 버스를 확인한 후에 긴장된 마음으로 집을 나섰다. 전철역 플랫폼 티켓 발매 자판기에서 낯선 언어에 당황하여 1일권(Tageskarte)만 보고 버튼을 눌렀더니 23유로를 지불하게 되었다. 이틀 전 트램 안에서는 8.8유로였는데 어찌된 일일까? 나중에 알고 보니 중심가 A존 1일권이 아니고, VBB(베를린 외곽까지 갈 수 있는 전체 네트워크) 티켓을 구입한 것이었다. 몹시 속이 쓰렸지만 비싼 수업료로 생각하기로 했다.

집을 나와 1시간 반쯤 걸려 이스트 사이드 갤러리(East Side Gallery)에 도착했다. 주중의 쌀쌀한 오전 시간이어서일까, 사람들이 많지는 않았다. 이스트 사이드 갤러리는 동독 쪽 장벽 일부를 허물지 않고 1.3km의 벽에 그린 세계에서 가장 긴 야외 갤러리로, 베를린 동역(Ostbahnhof) 근처 뮐렌슈트라세에 위치해 있다. 기둥의 자료에 의하면 1989년 11월에 베를린 장벽이 무너지고, 1990년 독일이 통일된 후에 동독 정부의 승인을 받아 21개국 118명의 예술가들이 당시에 그들이 느끼던 기쁨, 두려움, 희망을 표현하면서 탄생하였다고 한다.

통일을 열망하면서 서독의 젊은이들이 먼저 시작했다는 장벽 뒷면 그래피티(gaffiti)*를 둘러보고, 갤러리로 넘어와 100개가 넘는 벽화들을 천천히 돌아 보려니 시간이 많이 걸렸다. 작가의 의도를 이해하기 어려운 것들이 있었지만 분단의 장벽을 넘어 자유를 찾아가는 험난한 여정과 평화와 화합에 대한 염원을 형상화한 작품들이 많았다. 기계에 갇힌 인간의 미래에 대한 풍자가 특히 눈길을 끌었고, 태초의 인간과 동산에서 노니는 나신(裸身)의 후손들, 그리고 그림 밑에 "나를 용서하지 마세요(Vergebt mir die Liebe nicht)"라는 문구의 숨은 뜻이 궁금했다. 갤러리 벽화 중에 가장 잘 알려진 드미트리 브루벨(러)의 '형제의 키스(Fraternal Kiss)' 앞에는 관광객들이 모여들어 사진을 찍느라 다소 어수선한 분위기였다. 소련의 서기장 브레즈네프와 동독의 서기장 호네커가 공산주의와 사회주의가 영원하기를 바라는 퍼포먼스성 키스를 했던 일이, 공산주의와 사회주의의 몰락을 풍자하는 작품이 되었다고 하니 아이러니가 아닐 수 없다. 작품 속의 문구인 "신이시여, 이 치명적인 사랑에서 살아남도록 저를 도와주소서(MEiN GOTT, HiLF MiR DiESE TODliCHE LiEBE ZU UBERLEBEN)"를 이해하고 나서야 작품의 의미를 짐작할 수 있었다. "예술가

* 벽이나 그 밖의 화면에 낙서처럼 긁거나 스프레이 페인트를 이용해 그리는 그림.

의 소명은 사람들의 마음속 깊이 빛을 보내 주는 데에 있다"라는 어느 음악가의 말처럼, 이 특별한 갤러리에 머물다 가는 사람들은 존재함에 대한 감사와 인류가 공동으로 지켜 내야 할 가치들에 대해서 진지하게 생각해 볼 것 같다.

거리 중간쯤에 사람들이 모여 있고, 스페인계로 보이는 꽁지머리 젊은이가 '할렐루야'를 열창하고 있었다. 깊고 묵직한 울림이 나의 중년 시기, 절실한 위로가 필요했던 어느 순간에 자주 듣던 레너드 코헨의 목소리와 겹쳐져 눈물이 나올 것 같았다.

갤러리 뒤편에는 슈프레강이 나란히 흐른다. 강물은 건너편 빌딩과 장벽 갤러리 사이에 갇혀 흐름을 잊은 듯 했지만 잔물결은 은사시나무 잎들처럼 유희하고, 솜뭉치 같은 구름들이 물속에 내려앉아 놀고 있었다.

시간이 오후 2시에 가까워지는데 너무나 비싸게 지불한 교통비가 아까워 그대로 돌아갈 수가 없었다. 내렸던 버스를 다시 타고 종점인 티어가르텐(Tiergarten)과 필하모니 근처를 둘러보기로 하였다. 티어가르텐은 동물 정원이라는 뜻으로 프로이센 왕족의 사냥터였다고 한다. 50분쯤 지나 마지막 정류소에 도착했는데 생각했던 숲이나 전승기념탑이 보이지 않았다. 당황하여 버스 밖에서 쉬고 있는 기사님에게 떠듬떠듬 영어로 티어가르텐이 어디냐고 물으니 근처에 아이들이 많이 노는 곳으로 가 보라고 대답했다. 어리둥절했지만 더 이상 물어볼 용기가 나지 않아 인사를 하고 주변을 벗어났다. 미술관이 보이고, 오각형 노란색 지붕을 가진 멋스럽고 웅장한 베를린 필하모니 음악당을 보았다. 1월 2일 신촌의 영화관에서 스크린으로 만났던 베를린 필하모닉 오케스트라의 갈라 콘서트가 떠올랐다. 마에스트로 키릴 페트렌코와 최상의 단원들, 그리고 중후한 테너 요나스 카우프만

이 빚어내던 오페라 아리아의 섬세하고 애잔하면서도 풍부한 하모니의 여운이 아직도 남아 있다. 견학 온 유치원 아이들과 질서 지도를 하는 선생님을 바라보다가 문득 버스 기사님 대답의 의문이 풀렸다. 긴장한 나머지 티어가르텐 대신 많이 들어 익숙한 말 킨더가르텐(유치원)이 어디냐고 물었던 것 같다.

길 건너에 숲이 보이는데 그곳이 티어가르텐일 것이라는 짐작을 했다. 숲으로 건너가니 너무나 아름다운 광경이 여기저기 펼쳐져 있었다. 군데군데 수선화가 피어 있고, 작은 연못에는 파란 하늘과 나무 그림자들이 화랑의 풍경화처럼 고요히 빛나고 있었다. 보라색, 노란색 이름 모를 꽃들은 앉은뱅이꽃의 무리처럼 피어 있었다. 잎이 아직 피지 않은 잘생긴 나무들과 귀여운 풀꽃들이 올라오는 반짝이는 숲길을 걸으며 상쾌함과 행복감에 흠뻑 취한 시간이었다.

1일 교통권의 실수가 뜻밖에도 열기구를 타고 하늘을 나는 것 같은 신기하고 풍성한 경험들을 선물해 주었다. "실수는 풍족한 삶을 위해서 반드시 치러야 할 비용"이라는 소피아 로렌의 말을 실감한 하루였다.

김경희

아내와의 세월

사람답게 살아가기 위한 길에서 개인적 존재로서 개성은 필수이다. 그 맥락에서 나는 가장 나다울 때 개성적이다. 수필에 있어서도 개성 있는 글을 쓰기 위하여 철학과 감성과 솔직한 표현은 문장의 ABC가 된다.

시골에서 태어나 한 작품 써 보겠다고 일찍부터 마음먹었다. 그것도 수필을 휘어잡고 빈약한 처지에서 애면글면해 왔다. 뭐 하나 딱 부러지게 할 줄 모르는 사람으로서 글을 쓴다는 생각이 늘 무거운 짐을 지고 먼 길을 가는 것 같았다. 그리하여 더욱 자신을 찾아가는 길에서 스스로를 지키겠다고 고집스런 길을 밟아 왔다. 그 과정에서 아내를 힘들게 했다고 늦게 깨달았다. 또한 나는 사람을 사귀는 것보다 나 자신과 가족이 사이좋게 지내는 것이 더 어려웠다는 사실을 알게 되었다. 제 마음 기침 소리는 잘도 눈치채면서 아내의 독감 증세에는 둔감했다는 생각도 칠순을 지나서 눈치챘다.

외손녀가 말했다. 선생님이 가족 사진 중에서 가장 오래된 사진을 가져오라 했다고. 아내는 낡은 사진첩에서 나와의 약혼 기념 사진을 발견하고 그것을 떼어 주었다. 강산도 변한다는 10년 주기가 다섯 단계를 거쳤던 과거의 사진이다. 약혼 당시 아담하고 이브 같았던 아내의 사진을 보고 있자니 가슴이 저려 왔다. 내 생명 시계에도 아침 시간이 있었구나 싶었다. '청춘의 아름다움은 자연스러운 것이지만, 노인의 아름다움은 예술작품 같은 것이어야' 한다고 했다. 그런데 지금 우리 부부는 예술작품보다는 값도 없는 골동품 단계는 아닌가 싶다.

사는 게 뭐라고, 직장도 꿈도 자랑스럽게 내놓고 말할 처지가 못 되었다. 그런데도 작가의 길을 가겠다고 먹고사는 문제며 가족 이야기는 입에 담지도 않았으며 글로 써서도 덕 될 게 없다고 묻어두었다. 세상 외면하고 대밭에 사는 현자도 아니었다. 대밭 근처도 아닌 아파트 공간에서 뿌리 내리지 못한 생물같이 지내면서 자존심은 개뿔이며 사회적 공분은 또 뭐였던가. 그러면서도 읽는 책 밑줄 그어 가며 암기한 대로 살아가고자 했다. 그냥 팔자소관이거니 하고 지친 마음 그대로 살아왔다. 외로우면 외로운 대로 외로움을 즐기자는 뜻 앞세웠다. 선량한 죄로 아내가 재물을 잃고 아들이 빚을 지었을 때는 세월이 갚아 줄 것이라고 하면서 넘기려고 애를 먹었다. 거친 삶의 강에서 익사하지 않는 방법은 강의 유속 따라 조금씩 떠밀려 가는 게 낫다고 생각한 탓이다.

나는 아내와 함께 자녀에 대한 이야깃거리가 없다고 생각하는 사람이다. 때로는 아내가 야속할 때도 있었다. 그러나 그것 또한 젊었을 때의 일이요, 내 운명이라고 거두었다. 삶에 겨워 인간 사표를 내고 싶을 때는 도연명이 직접 쓴 그의 제문(祭文)을 읽어 보았다. "한평생 살기가 참으로 힘들었거늘 죽은 뒤 저승 세계는 과연 어떨까?"

하는. 부부 관계로 힘들 때는 옛 성인들의 삶을 더듬어 보았다. 톨스토이는 중년 이후 지겹도록 싸운 아내가 자기 시신에 손도 대지 못하게 하라는 유언을 남겼다. 링컨의 아내 메리 토드는 남편이 극장에서 총 맞아 죽을 때까지 끊임없이 잔소리를 퍼부었다. 소크라테스는 크산티페에게 온갖 모욕을 받으며 살았다지 않는가 하는 생각으로 위안을 삼았다.

아내는 나보다 세 살 아래다. 나이의 차이 한번 맘에 든다. 나이가 나보다 너무 높으면 아내와 외출할 때 누군가가 아내를 보고서 나에게 '이모님 모시고 나왔느냐' 라고 할 수도 있을 것이다. 그런가 하면 아내가 너무 젊으면 '사촌동생과 데이트 하느냐' 라고 할 수도 있을 터인데 그럴 일 없으니 다행스러운 일 아니겠는가. 그랬는데 요즈음은 "아내는 남편의 영원한 누이이다."라는 팔만대장경 말씀에 박수를 보내며 산다. 세상 밖으로 떠날 때까지 서로 오누이같이 지내다 오는 순서대로 간다 해도 억울할 일 없지 않겠는가.

세수를 하고 상자에서 네 겹으로 포개 놓은 수건을 꺼내 얼굴을 닦으면 코끝에서는 아내의 살 냄새 같은 게 묻어난다. 수건에서는 아직도 마른 햇살이 남아 있어 보송한 기운에 저항 없는 물비누 냄새가 전해 온다. 3대가 함께 살아오는 동안 화장에 신경 쓰지 못했던 아내의 마음속 체취요, 나에게 보내 주는 순백의 기운일 것이다.

그동안 아내는 행복하지 못했다. 그래도 소리 없이 흐르는 강물처럼 성대를 아끼며 살아왔다. 그래서일까, 얼굴에서는 삶의 고요한 빛이 가냘프고도 창백하게 드러나고 있다. 그럴 때일수록 나는 생각하게 된다. 글을 쓰는 개성적인 존재로서 나만 앞세워 높은 산만 쳐다보고 달려온 것은 아닐까 하고. 떠나간 아내와 하나님에게 한없이 부끄럽다.

김동분

고향 별곡

유년 시절 산촌에서 살았다. 세월이 아무리 흘러도 지워지지 않는 영상으로 남아 있어 고달픈 삶의 길목에서 아련히 떠오르는 곳이다. 아무것도 가진 것 없었지만 내 인생이 가장 행복했던 시절이 아니었나 싶다. 나이 들어 갈수록 그리워지는 곳이기도 하다. 어제 일도 기억하지 못해 절절맬 때가 있는데 유년 시절의 일은 오히려 생생하니 어이가 없는 노릇이기도 하다.

모진 겨울이 지나고 훈훈한 바람이 불기 시작하면, 온 산야는 아우성을 치며 들썩인다. 냉기가 채 가시지 않은 땅을 비집고 생명들이 올라오기 시작한다. 나무마다 물이 오르고, 새로운 잎이 나고, 온갖 풀들이 만세를 부르며 솟아오른다. 호시탐탐 때를 기다리던 들꽃들도 봄바람에 입맞추며 여린 순을 밀어 올리느라 분주하다. 황량한 겨울을 따뜻한 곳에서 보내기 위해 먼 길을 떠났던 철새들로 봄 길을 따라와 집을 짓고 알을 낳고 생명을 키울 준비를 한다. 때를 따라 어김없이 되풀이되는 자연의 경이로움이다.

산촌의 아이들은 맨발로 들로 산으로 내달리며 신비로운 자연의 변화를 맞이한다. 그들은 자연의 숨소리를 들으며 자라난다. 산야의 색깔에 따라 계절이 오고 가는 것을 배우고 살아 있는 생명체인 산과 호흡을 같이 한다. 높바람 부는 추운 겨울 온 세상이 다 얼어붙고 제아무리 눈이 쌓여도 깊은 땅속의 생명들은 숨을 죽이며 봄이 오기를 기다리듯 아이들도 그렇게 봄을 기다린다.

산골 어린 여자아이는 그렇게 변화하는 계절을 호흡하며 조금씩 영글어 갔다. 앞산과 뒷산이 진달래로 붉게 물들기 시작하면 혀가 보라색이 되도록 봄을 먹었다. 보리가 익어 가는 계절이 오면 꿩 알을 찾아 산속을 헤집고 다녔고, 골짜기 야트막한 뒷산 자락에 산딸기가 무르익어 갈 무렵이면 옷자락은 온통 붉은 물이 들어 고왔다. 머루, 다래가 지천인 깊은 계곡을 품은 앞산은 작은 아이의 놀이터였다. 소녀의 계절은 다채로웠다. 그 시절은 자연과 하나가 되어 뛰놀던 때였다. 이웃이 없고 또래 친구가 없었다. 그래도 소녀는 마냥 행복했다.

할아버지의 부지런한 손길이 있어 우리 집에는 항상 먹을거리가 넘쳐났다. 더위가 기승을 부릴 무렵이면, 뒷마당 살구나무에서는 살구가 익어 가고 가을이 깊어지면 사과나무에 사과가 붉었다. 그뿐인가. 해마다 벌통에서 꿀을 따는 날은 그냥 그날이 내 생일날 같았다. 깊어 가는 겨울밤, 호롱불 아래서 어머니는 바느질을 하시고 우리 남매들은 갓 구운 고구마를 먹는다. 그럴 때면 나는 공주보다 행복했다. 부엉이가 우는 밤 할머니께 『나뭇꾼과 선녀』 이야기를 들으며 잠이 들 때면 선녀가 되어 하늘을 날아다니는 꿈을 꾸곤 하였다. 여름밤 반딧불이를 쫓으며 흐르는 물처럼 세월은 그렇게 흘러갔다.

내 고향 집은 방 문만 열면 산과 하늘만 마주하는 곳으로 이 골 저골 애처로운 전설들이 살아 숨 쉬는 산촌이었다. 백년 묵은 여우가 사람을 홀린다는 윗마을로 가는 고갯마루, 낮에도 호랑이가 출몰한다는 뒷산. 그곳은 태초의 숨결이 살아 숨 쉬는 내 유년의 꿈들이 싹튼 곳이기도 하다. 내 고향 학현은 타인에게는 행정 구역의 일부에 지나지 않지만, 나에게는 유년기를 상징하는 잊지 못할 단어이며 이 세상의 전부였다. 그곳은 내 수필의 고향이기도 하다.

고향 하면 증조부를 떠나서는 생각할 수 없다. 젊은 시절 독립 운동을 한다고 전국의 산야를 누비기도 했건만 어두운 식민지 시대를 살아가야 했던 이 땅의 무력한 지식인들처럼 증조부도 젊은 시절을 그렇게 살다 뜻을 이루지 못하고 세상과 단절된 이 산촌으로 들어와 화전민으로 살았다. 그 심정이 얼마나 답답했을지 가늠이 되지 않는다. 일본군에게 쫓기어 재산을 모두 빼앗기고 죄 없는 식솔들을 끌고 이곳까지 들어왔으니 가족들에 대한 미안함도 컸으리라. 찾아오는 이 없던 그 산속에 증조부의 긴 운구 행렬은 지금도 이해할 수 없는 미스테리다.

증조부가 이곳을 삶의 터전으로 삼으면서 이곳은 나의 고향이 되었고 증조부의 꽃상여가 언덕을 넘어 산속으로 들어가고 얼마 지나지 않아 우리는 고향 땅을 떠났다. 나의 풋풋했던 유년 시절도 고향을 떠나면서 끝이 났다. 아쉬움과 그리움을 그곳에 묻어둔 채로.

수많은 세월이 흘렀는데도 그 시절에 대한 향기는 푸르고 생기 있게 내 영혼에 살아 숨 쉬고 있다. 부엉이 울던 앞산도, 진달래 피던 뒷산도, 밤꽃 피는 앞산도, 뻐꾸기 울던 산길도 모두 잊지 못할 그리움으로 남아 있다.

찬란한 햇살이 분수처럼 쏟아지는 산야에 바람이 흘러가고 마당에 멍석을 깔고 누워 별을 헤아리던 그때가 못 견디게 그리워진다. 다시는 돌아갈 수 없는 곳이기에 더욱 애틋하게 다가오는 것인지도 모르겠다.

물 흐르듯 흐르는 세월 속에서 수많은 애환을 겪으며 인생은 어쩔 수 없이 구름처럼 흘러간다는 것을 아는 나이를 먹어 버렸다. 고향의 향기는 오랜 시간을 지난 지금에서야 더욱 진하게 풍겨 오고 있다.

피곤한 몸, 가난한 마음을 살찌게 하고 사막처럼 삭막한 사람들의 마음에 오아시스처럼 물이 흐르게 할 수 있고 위안과 힘을 얻을 수 있는 마음의 안식처는 고향이 아닐까. 고향은 오래 살아 정든 집과 같이 푸근하게 다가온다.

고향은 어머니다.

김면희

세월은 물처럼

어느 하나 펴 올릴 수 없는 안타까운 시간 속에 묻어가지만 한 줄기 바람결 같은 세월이 스쳐 가는 소리가 오늘 하얀 눈이 휘날리는 날 내 가슴을 흔든다. 가을날 지는 낙엽처럼 내 인생은 그렇게 흐르고 2023년 한 해 묵묵히 지난 내 모습을 정금해 본다. 올 한 해를 맞이하며 하루도 살아 보지 않은 날 속에 행복이라는 그림을 그려 보고 꿈과 소망을 가져 본다. 신년 축복 성회에 자녀들과 내 가정을 위해서 두 손 모아 하나님께 기도드렸다. 지난 일 년 동안 감사할 일도 많았지만 힘든 일도 있었다. 인내와 기도가 없었다면 나는 좌절했을지도 모른다. 하지만 내 곁에는 위대하신 하나님이 계시기에 문제점이 다 해결되고 이제는 기쁨으로 살아가고 있으니 늘 감사한 마음이다. 내 삶 속의 고비마다 판단하고 결정하는 의지력이 내 마음 가운데 살아 있다. 세상의 만사에는 분명히 시작과 끝이 있다고 생각하며 살아왔다. 인생의 시작은 태어남이요, 끝은 죽음을 뜻한다며 살아가는 길이다. 나의 인생의 문학은 주어진 시공에서 나 홀로 무엇인가를 짓고 부수고 소망과 절망과 남과 나 사이 구체적인 관계 속 애증의 역사를 기록한 나의 정신을 표현한 역사이다.

나는 오늘 아침 신문을 구독하면서 고민을 한다. 국정의 문제는 정치인이 고민할 것인데 슬그머니 걱정을 보태 본다. 한국 경제가 지금 사방의 높은 장벽에 둘러싸여 있다고 한다. 성장 엔진의 수출이 10개월 연속 감소되었다고 한다. 일 때문에 은행에 들렀다. 창구에서 직원이 달력과 주머니를 정답게 준다. 감사한 마음으로 받아가지고 생각하니 거래하는 고객이라 기억하는구나 생각이 든다. 집에 와 받은 선물을 정리해 본다. 달력을 정리하고 주머니도 보니 예쁜 시장바구니 하나가 탄생했다. 나는 이 주머니를 바라보며 2024년도에 과연 이 주머니가 나에게 얼마나 많은 복을 주어다 줄 것인가 생각하며 우리 집 사업의 소망과 꿈을 기대해 본다. 올해도 수필과 시를 집필하여 많은 독자들에게 감동을 줄 수 있도록 눈 감고 일 년을 계획하며 기대해 본다. 하지만 이렇게 생각에서만 그치면 이루어지는 것이 없다는 것을 알고 있다. 소망을 이루기 위해서는 그만한 노력이 필요하고 머리에서 짜내어진 감수성 없이는 할 수 없다는 생각으로 열심을 다할 것이다.

청춘 경험이 있는 노인은 청춘을 알지만 노인 경험이 없는 청춘은 노년을 잘 모를 수밖에 없다. 나이를 먹을수록 주변의 크고 깊은 은혜를 알게 된다. 달이 가고 구름이 가고 내 나이가 흘러간다. 어느덧 고령이 되어 이제부터 초고속으로 세월이 흘러가지만 인생의 가장 행복한 나이는 75세부터라는 말은 들은 적이 있다. 그래도 이 말에 공감하는 한편, 상실감도 든다. 때로는 세상을 걸어가면서 배신감이 들 때에 마음속의 상처가 아물지 않는다. 늙어 가는 것이 아니고 조금씩 잃어 가는 것이 아닌가 생각이 든다. 누구의 청춘도 다 늙고 죽는다. 자기 자랑할 것 없고 배신은 접어서 깊은 곳에 넣어야 한다는 생각이 든다. 사람이 사람을 배신하는 만큼 흉한 일도 없는 것이며 상대의 믿음과 신의를 한 번 배신하면 다음 배신은 더 쉬워지며 결국 스스로에게 떳떳하지 못한 상태로 평생을 살아간다고 생각한다. 이 생각을 마음에 가지고서 언제나 남에게 상처가 되는 말을 제한하며, 한마디 내뱉는 것을 조심하고 살아가기로 다짐해 본다.

나이가 드는 것은 그저 쓸쓸한 것만이 아니다. 나이가 들수록 인생사 모든 길에 조금씩 빗겨 서서 바라볼 줄 아는 느긋함이 생기고 여유가 생긴다. 늘 고맙게 생각하며 살아가고 있다. 오늘 하루가 감사하고 만족을 가지고 나에게 주어진 일들을 해 나가며 청춘의 생동감은 가슴에 담아 본다. 이것이 나의 건강을 위한 재료라 생각하고 살아왔다. 이 세상 그 어떤 이도 걱정 없이 살아가지 않는다. 어떻게 생각하면 걱정과 고민이 우리를 성숙하게 하지 않나 싶다.

손주들을 둔 할머니 단어는 틀림이 없다. 그런데 다른 사람들이 할머니라 부르면 그다지 반갑게 느껴지지만은 않는다. 반가운 호칭은 아니라는 생각이 든다. 내가 반성해야 하는가 생각해 본다.

연락 없는 자식들 오고 가는 소식이 반가우면 되겠지 하며 지나가다가도 때로는 서운함을 달래며 살아가고 있다. 올해는 김장을 일찍 했다. 자녀들이 김장하지 말고 사서 먹자고 한다. 며느리들이 우리 김장에 신경 쓰는 것 같다. 내일은 나의 책임으로 생각하고 힘닿는 데까지 가족을 부르지 않을 것이다. 김장하는 날도 알리지 않고 김장하여 나눠 먹는다. 내가 건강하니까 가을이면 취미의 작품으로 김장을 할 수 있는 것이라 생각한다. 배추에 가지각색 옷을 입히고 차곡차곡 냉장고에 숙성시키면 맛도 있고 넉넉한 겨울 양식이 탄생한다.

성격은 고칠 수 없다. 며느리들의 말처럼 얼마든지 사서 먹을 수야 있지만 나도 그렇고 특히나 남편이 사는 김치를 좋아하지 않으니 집에서 김장을 할 수밖에 없다. 도우미 두 명과 함께 약 백 포기를 김장하여 네 집에 나눠 주니 받은 자도 반갑고 주는 자도 흐뭇하다. 감사하는 마음 서로가 사랑으로 엮어지는 김장 축제였다. 서울에서 1시간 거리 강원도 우리 건물 옥상에 배추와 무를 심어서 가꾸는 재미가 너무 좋았다. 얼마나 자식같이 키웠는지 일주일에 한 번밖에 못 가기 때문에 관리하는 아주머니한테 부탁해서 물을 준다. 한 주에 한 번씩 가 보면 너무 예쁘게 자라고 있다. 더욱이 내 손으로 키우고 자란 재료가 우리들 식탁의 건강을 책임진다고 생각하니 기쁨이 넘친다. 냉장고를 열어 볼 때마다 감사하는 마음이다.

무슨 일이든 마음먹기에 달렸다. 하면 된다는 단어가 중요하고 부지런하고 성실하게 살 것을 머리에 이고 세월과 같이 달려간다. 내 인생의 세월이 물처럼 흘러가는 세월 속에서 가을 단풍과 같이 장식하고 건강하고 보람 있게 살려고 노력할 것이다.

김보한

위대한 그레이스 조

나는 예전에 김구 선생의 『백범일지』 첫 대목을 읽으면서부터 선생이 얼마나 진솔하고 자기 신념이 견고한, 큰 인물인지를 곧 알 수 있었다. 사람들은 제 부모나 조상의 잘난 점은 내세우기를 좋아하지만 그 흠은 드러내기를 극히 꺼려서 가능한 한 숨기려고 한다. 이것이 인지상정이다. 그런데 김구 선생은 명예롭지 못한 한 인물이 자기 조상 중 한 사람이었음을 분명히 밝힌 것이다. 김자점(金自點)이 그 인물이었다.

김자점은 음보(蔭補)로 관직에 올랐고 인조반정의 공신 중 한 사람이었으나 효종 때 관직에서 해직되자 앙심을 품고 '북벌 계획'을 청(淸)에 밀고함으로써 끝내 역신(逆臣)으로 처형된 인물이었다. 그는 역사학자들로부터 희대의 간신으로 평가받는 인물이다.

나는 얼마 전, 어느 신문의 인터뷰 기사를 읽고 오늘날에도 김구 선생 이상으로 진솔하고 용맹스러운 의지와 신념을 갖고 사는 인물이 있구나 하고 깜짝 놀랐다. 『전쟁 같은 맛(Tastes Like War)』의 저자인 그레이스 조(Grace M. Cho)가 그였다. 그는 미국 브라운대를 졸업한 뒤 하버드대에서 교육학 석사를 받았고 현재 뉴욕 시립 스태튼 아일랜드대학의 사회학과 인류학 교수로 재임 중이다.

최근 우리나라에서 번역된 『전쟁 같은 맛』은 2021년 전미 도서상 논픽션 부문 최종 후보에 올랐었고 시사 주간지 《타임》은 올해의 책으로 선정했다. 2022년에는 아시아 태평양 미국인 도서상을 받았다. 이 작가는 '올해의 책' 은 금방 잊히지만 '전미 도서상 최종 후보로 뽑힌 책' 은 기록이 남고 꾸준히 읽힌다."라고 했다.

사회학자인 그레이스 조는, 6·25 전쟁 중에 가족을 잃고 굶주림이라는 궁지에 몰려 어쩔 수 없이 미군 기지촌에서 젊음을 희생당한 제 모친을 연구 대상으로 삼았다. 그의 엄마는 Yanggongju였다. 『전쟁 같은 맛』 끝 부분을 보면, 앞으로 낼 작품 속에 '양공주' 라는 단어가 나온다고 딸이 미리 알리자 엄마는 "오, 그건 나쁜 말이야."라고 말한다. 이에 딸은 "내가 글쓰기로 그 의미를 바꾸려고 해요. 그 단어가 더 이상 수치스러운 말이 아니었으면 해요. 그 여자, 내게는 영웅이니까. 나는 엄마가 조금도 부끄럽지 않아요." 하고 확신에 찬 어조로 말했다.

그레이스의 모친은 기지촌 클럽에서 상선 선원이었던, 나이 많은 백인 남자를 만나 결혼했고 혼혈아 그레이스를 낳은 후 주위의 경멸과 낙인으로 이 땅에서 살 수 없게 되자 남편의 고향인 미국 워싱턴주의 시골 마을로 갔지만 그곳 역시 인종 차별이 심해서 제대로 된 삶을 누리지 못했다. 고통스러운 삶이었지만 자식의 교육만큼은 철저했다. 자식의 성공은 곧 엄마의 실추된 명예를 회복하는 길이었을 것이다. 딸이 박사가 됐을 때, 그리고 교수가 됐을 때 그 기쁨은 이루다 표현할 길이 없었다. 하지만 엄마는 긴 세월 동안 누적된 고통으로 인하여 망상과 환청에 시달리는 조현병을 앓다가 2008년 67세를 일기로 눈을 감았다.

그레이스는 말했다. "연구 주제가 트라우마로 점철된 역사였기 때문에 엄마의 질병 밑에 숨어 있는 뿌리가 무엇인지 궁금했어요."라고. 그리고 이어서 "엄마의 비밀은 내 정체성의 일부이기에 과거에는 괴로웠지만 진실을 파헤치고 글쓰기로 옮겨 간 이후로는 고통스럽지가 않고 정면으로 마주할 가치가 있었어요."라고 말한다.

『전쟁 같은 맛』은 단순히 한 개인의 죽음으로 끝나지 않고 사회적인 죽음으로까지 이어지는 전 과정을 냉정하게 고찰한, 거대한 에세이라고 볼 수 있다. 또한 이 작품은 일개 가족사를 넘어서 6·25 전쟁 전체를 관통하는 전쟁 문학의 한 부분으로 보고 싶다. 전쟁의 암영(暗影)이 무고한 한 인간의 모든 것을 어떻게 파괴하고 앗아 가는지를 허구와 과장 없이 진솔하게 밝힌 참다운 의미의 전쟁 문학이라고 할 수 있다.

그레이스 조가 위대한 것은, 모친의 얼룩진 삶의 진실을 결코 외면하거나 조금도 숨기지 않고 정면으로 마주하여 진솔하게 밝힘으로써 모친 한 사람으로만 그치지 않고 모친처럼 그간 전쟁으로 인한 트라우마에 고통받던 이 땅의 가엾은 모든 딸들을 일거에 건져 올렸기 때문이다. 경멸의 대상으로 낙인찍힌 엄마를 조금도 부끄러워하거나 버리지 않고 영웅으로 받아들인 이 용맹하고 영특한 딸을 어찌 위대한 인물이 아니라고 부정할 수 있겠는가.

김상구

신라 고분 이야기

아주 오래전 일이다.

현재 경주경찰서 맞은편 있었던 경주군청 건물은 일제 강점기 시대부터 건립되어 사용되어 오다가 군청이 동천동으로 옮겨 감(1984년도)으로 지금은 헐려서 없어져 버리고 다른 목적의 건물로 재건축되어 사용되고 있다.

당시 건물에 근무하는 직원들과 인근의 경찰서 직원들은 상당수가 되었는데 매월 20일이 되면 군청 입구 부분에 있는 느티나무 아래나, 현관 입구에 있는 공터에 예쁜 한복을 입은 중년의 여성들이 많이 서성거리고 있었다.

그것은 군청이나 경찰서에서 근무하는 직원들의 월급날이기에 외상 술값을 받기 위해서 방문한 사람들이다. 대부분 경주 쪽샘 지역에서 유명 식당이나 술집을 경영하는 주인들로 당시에는 월급 봉투에 현금을 넣어 주기 때문에 이날을 놓치게 되면 외상값을 받기가 힘들었기 때문이라 여겨진다. 그런 날은 보기가 민망할 정도로 사람들끼리 옥신각신하기도 했는데 요즈음 세태로는 용납될 수가 없지만 그 당시 사회 분위기에서 그런 모습은 흔히 볼 수가 있었다.

쪽샘 지역의 유흥가는 경주는 물론 전국적으로도 어지간한 사람들이라면 알 만한 곳이다. 어떻게 보면 쪽샘은 경주인들의 한 시대 삶의 모습을 고스란히 안고 있는 현대사의 중요한 현장의 하나이기도 한 셈이다.

통금이 있던 시절 국제 관광지라는 명분으로 통금도 제외되었기에 국내외 많은 사람이 유적 관광도 하고 쪽샘 지역을 찾아와서 여가 시간을 보내기도 좋은 명소로 되어 있었으며, 또 시민들도 퇴근길에 수시로 들리고 하여 이른바 홍등가로 전국 명소로 이름이 난 곳으로 되어 버렸기 때문이다.

그러나 2000년 이후 경주 고분군 정비 사업으로 그 지역 전체가 이제는 영원히 역사의 뒤안길로 사라져 버렸다. 앞으로 몇십 년이 흐르고 나면 사람들의 머릿속에 쪽샘은 아예 잊혀 가기 마련이고 그 이름만 전설처럼 남겨질 것이다.

쪽샘 신라 고분 유적은 4~6세기 때의 신라 귀족들의 집단 묘역으로 알려진 곳이다. 유적의 범위는 사적 40호 황남동 고분군 일부와 사적 41호 황오동 고분군, 사적 42호 인왕동 고분군 세 곳을 포함하며, 천마총과 황남대총이 있는 대릉원과 연결되는 신라 궁성인 월성과 인접한 모습으로 볼 때, 왕경에서 중요한 위치가 되었던 것으로 보인다.

중요한 것은 신라인들은 경주 분지에 왕경으로 조성하면서도 고분군이 있는 묘역에 대해서 거의 침범하지 않고 그대로 보존하는 것을 원칙으로 하였음을 알 수가 있는 것이다. 어찌 보면 현세의 삶과 죽음을 동일시하는 모습의 도시로 만들어 갔다고 할까. 그 이후 쪽샘 지구를 포함한 고분군은 통일신라 시대까지 약 천 년 이상 원형이 보존되었으나 경주읍성이 축조되는 고려 시대부터 조선 시대를 거쳐 해방 전까지는 민가와 고분군이 국한된 지역에 혼재하고 있었다.

실제로 쪽샘 지역의 민가 모습을 갖춘 것은 해방 이후 1970년대에 이르는 기간 안에 형성되었다고 볼 수가 있다. 결과적으로 보자면 쪽샘 지구는 고분군이 형성된 이후 지금에 이르기까지 특별한 역사적 경험을 하지 않은 특징을 가지고 있어 신라 역사의 중요한 보고가 되고 있다는 것이다.

그렇지만 2000년 이후 지속적으로 당시 문화재 보호구역 내의 모든 건축물에 대한 강력한 규제가 시행되고 있어 시간이 지날수록 고분군 주변 주택 지역의 슬럼화 현상이 심해지기도 하였고 특히 쪽샘 지역에 번성하던 유흥가도 시대의 흐름에 따라 찾는 사람들도 줄어들고 지역의 장사도 모두 사양길에 접어드는 추세가 되자, 당해 주민들은 문화재 보호구역 규제로 인한 사유재산권 침해에 대한 강력한 항의와 집단적인 민원을 많이 발생시키기도 하였다.

이에 당국에서는 문화재청과 협의하여 신라문화권 유적 정비 사업을 국가 정책 사업으로 추진하기로 하고 필요한 재원 확보를 통해 어렵게 확정하게 되었다.

신라문화권 유적 정비 사업은 2002년부터 12년 동안(2002~2013년) 시행한 것으로 총 4,145억 원을 투입하여 토지 104천 평 주택 977호를 매입하여 특히 쪽샘 지역을 포함한 유적지 일원을 정비하고 그 이후에도 수년에 걸쳐 계속해서 사유지 매입을 통하여 오늘날의 황량한 쪽샘 지역 모습으로 변모하게 만들었다.

이런 모습을 지켜보면서 근래 이 근처를 무심코 지나다가 바라보는 쪽샘 지역은 한편으로는 허망하고 세월의 무상함을 느끼지 않을 수가 없었다.

현재 쪽샘 고분 지역은 우선 5개 중점 발굴 지역으로 선정하여 발굴 조사를 진행하고 있고 그동안 잠시 발굴 성과도 발표하여 신라 유적의 높은 진정성과 가치를 보여 주기도 하였다. 하지만 한때 경주의 특수한 지역으로 호황을 누리고 살아왔던 그 모든 사람은 어디로 갔을까? 현대사의 한 장이 된 쪽샘 지역 흔적은 이제 소소한 기록만 남긴 채 임시주차장으로 아니면 또 다른 재현된 고분군으로 남겨지게 되는 것이다.

올해 5월 21일 경주 서부 지역의 금척(金尺)리 고분군에 대한 전반적인 발굴을 시작하기 위해 현장에서 개토제를 지냈다는 소식이 매스컴을 통해 알려졌다. 깜짝 놀랄 일이었다. 문화재연구소의 주도로 약 10년 기간으로 모든 고분군을 전수 발굴하겠다는 계획인데 정녕 유적의 발굴만이 최선인가 하는 생각이다.

사적 43호인 금척고분군은 모두 50여 기의 고분으로 신라 초기에 조성된 형태로 건천읍 모량리 지역에 있고 신라 전기 모량부(牟梁部) 귀족들의 무덤으로 추정된다. 아마도 서라벌 중심지의 신라 왕족들과 깊은 관계를 형성하고 상당한 권력 지배 계층이 있었던 곳으로 여겨진다.

그동안 일부 부분적인 구제 발굴로 대부분 적석목곽분의 구조로 확인되었으며 일부 석곽묘와 목곽묘로 된 사례도 있었다. 이는 통일신라 이전 무덤 양식으로 전반적인 도굴은 되지 않은 소중한 유물로 학술적으로도 입증된 바 있다.

전설에 의하면 박혁거세가 하늘로부터 얻은 금자(金尺)를 얻어 중국 한나라로부터 보존하기 위해 금척(金尺) 땅에 묻고 60여 기 봉분을 더 만들어 찾을 수 없도록 하였다고 전해지고 있다. 한편으로 금척의 전설에 따라 일본 강점기에 발굴을 시도하였으나 천재지변으로 중도에 포기할 만큼 신비스러움을 간직하고 있는 곳이다.

사실 경주의 신라 시대 고분은 천마총 등 쪽샘 지역 발굴과 기타 구제 발굴로 인해 대부분 고분의 성격은 밝혀지고 있다. 더 이상의 학술발굴은 불가피한 경우를 제외하고는 고분의 원형으로 보존하는 것이 타당하다고 할 것이다.

특히 기록과 실제 현장이 같이 존재하는 금척고분군은 사실 전설의 진위에 불문하고 그 원형을 보존하는 것이 고분의 가치를 높여 주는 것이고 또 후손들에게도 남겨 주어야 할 의무도 있는 것이다. 그것은 금척고분군 전체(50기)를 발굴해서 전설의 금척이 발견되어도 그렇고 나오지 않고 재현된 무덤의 집단으로 남는다면 더욱더 가치 없는 고분군으로 전락하는 우를 범하기 때문이다. 그렇다면 관광객은 금척고분군을 찾을 이유도 없는 지금보다 더 못한 상황으로 가게 마련이다.

그것보다는 현 상태에서 고분 유적지를 새롭게 다듬어 전설과 함께하는 유적 관광지로 발전시키는 방안을 구상하는 것이 훨씬 유리하다고 보여진다. 이런 문제를 간과하고 학술적인 욕심으로 문화재 연구 기관의 발굴 성과만을 위해 전설이 깃든 소중한 고분을 파헤치는 것은 당연히 지양되어야 할 것이다.

한편으로 수천 년 동안 지나오면서 지금까지 금척(金尺) 고분들과 함께했던 금척리 주민들은 선조들의 혼의 가치를 떨어뜨리는 전체 발굴을 어떻게 생각하고 있는지 참으로 의아하게 생각된다. 이제라도 발굴을 시작했지만 중요 고분 1~2기 정도만 시범 발굴로 끝내고 관광 고분 유적지와 학술연구 쉼터 등으로 조성하는 방향으로 하여 가능한 신라 고분 원형으로 보존했으면 하는 간절한 바람이다!

김서현

겨울과 봄 사이에서

스카프를 두른 여인 혼자 집을 짓기 위해 힘겹게 블록을 쌓는다. 허연 알몸의 돌산은 마치 가난의 신처럼 머리카락을 감춘 그녀를 노려본다. 걸음을 옮길 때마다 이리저리 짓밟히는 긴 치맛자락은 그네들의 벗어나기 힘든 굴레를 보는 것 같다.

몇 날 며칠을 그렇게 쌓아 올린 그녀의 회색 벽은 제 화를 주체하지 못한 전 남편의 곡괭이질 서너 번에 짓눌린 비명을 지르며 무너진다. 그녀도 태산이 무너지듯 흙바닥에 주저앉아 울부짖는다. 그녀의 마른 울음은 돌산을 때리고 얼음장 같은 계곡으로 사라진다. 그런 그녀에게 유일한 위로인 각설탕과 붉은 홍차 한 잔. 추위와 배고픔에 일렁이는 아이의 눈빛을 움켜쥐고 젊은 엄마는 다시 일어나 벽을 쌓아 올린다.

요즘 나는 서남아시아 유목민 여인들의 다큐 영상에 잠까지 설치며 빠져 있다. 내가 살았던 60년대 시대상이 과거가 아닌 현재, 먼 땅

유목민의 시간으로 흐르고 있기 때문이다. 그들의 영상에 빠진 나는 시간 여행자가 되어 과거와 현재를 넘나든다. 그 시절 그래도 우리의 산과 강은 푸르고 풍요로웠다. 그런데 그녀가 있는 땅은 흙보다 돌이 더 많아 척박하며, 물은 턱없이 부족했다. 우리의 문화와 그네들의 문화가 다르건만, 빈곤층 사람살이가 비슷하고 아이들 놀이는 세계 공통인 양 신기하게도 똑같다.

손바닥만 한 작은 화면은 마치 흑백 티브이처럼 색이 사라진 오십여 년 전, 우리 가족의 무거운 영상을 끌고 와 너덧 살의 나를 깨운다. 여인이 쌓는 블록에서 맵고 차가운 시멘트 냄새가 화면을 깨고 나와 건조한 내 비강을 채우며 뼈 마디마디에 엉겨 붙는다. 그때 왜 엄마와 아버지는 서울로 와 내 유년의 향을 시멘트 냄새로 각인시켜 놨을까.

아버지 품에 안겨 기차를 타고 어디론가 가고 있었다. 어디쯤인지 눈을 떴을 때 내가 처음 본 것은 넓고 커다란 물가에서 수많은 사람이 물놀이하는 모습이었다. 기차 안에는 많은 사람들이 있었고 그들은 서로 부딪치며 시끄러웠다. 그 사람들 속엔 엄마와 동생은 보이지 않았고 나를 안고 있는 아버지만 있었다.

좁은 기차 안의 공간을 비집고 먹거리를 가득 실은 작은 수레가 "계란이요, 사이다!"를 목청 높였다. 엄마를 찾아 금방이라도 울음이 터질 것 같은 나에게 아버지는 양갱 하나와 사이다 한 병을 사 안겼다. 다시 잠이 들고 눈을 떴을 땐, 먼저 구로동에 자리를 잡은 외가였다. 외가는 좁은 골목을 따라 다닥다닥 붙은 어둡고 낯선 집이었다. 그 큰 집을 두고 왜 이런 곳으로 이사 왔는지 어린 나는 알 수가 없어 엄마한테 묻고 또 물었다.

유독 입이 짧은 나는 서울의 물 냄새부터가 싫었다. 마당을 나와 논두렁을 따라가면 나와 놀아 주던 한 살 터울의 '붙둘이' 오빠가 무시로 생각났다. 좁은 골목에 서면 뭐든지 챙겨 주며 반기는 할머니가 보고 싶고, 구름이 높은 대나무 울타리를 넘나들며 술래잡기하던 우리 집으로 가고 싶었다. 나의 영글지 않은 그런 그리움 속에 얼마간 외가에서 지낸 우리 가족은 독산동 산밑으로 나왔다. 시커먼 루핑이 텐트처럼 쳐진 집도 아닌 집으로.

어느 날, 엄마와 아버지는 먼 땅의 여인들처럼 산 중턱에 블록을 쌓기 시작했고, 네모난 집이 되어 가자 옆집에서 옆집으로 서너 채의 집이 붙었다. 문을 열면 나무와 들꽃들이 밝히는 산 마당이 나는 마냥 좋았다. 그런데 새집은 기름 냄새는 나지 않았지만, 집 안에 들어가면 시멘트 냄새가 싸하니 독했다.

하루는 낯선 남자가 우리의 회색 집을 찾아왔고, 며칠이 지나자 커다란 망치와 곡괭이를 든 아저씨들이 몰려오더니 어른들과 입씨름을 했다. 그리고 한 남자가 내 키만 한 망치로 우리 집 벽을 힘껏 때렸다. 그 한 번에 엄마와 아버지가 몇 날을 쌓았던 블록 벽은 영상 속 여인의 벽처럼 흉측하게 무너졌다. 옆집도 그 옆집도, 그 높았던 벽들은 대항 한 번 못하고 내 아버지의 꿈처럼 부서지고 말았다.

그날 나무둥치에 숨어 울던 나는 그러고도 두어 번의 철거를 봐야만 했다. 가족의 꿈이 깨지고 평화가 사라지는 절차. 그것은 참으로 잔인한 폭력이었다. 마른 풀에서도 향이 나듯 유목민 여인과 그때 엄마의 눈물엔 응고된 회색의 향이 묻어 있었을 게다.

내 나이 일곱 살 그즈음에 우리 집도 합법적 블록을 쌓았다. 신문으로 회색의 벽을 가리고 적응되지 않는 이상한 문양의 벽지도 바르고 커다란 달력도 걸렸다. 겨울이면 가시를 세운 바람은 귀신같이 보이지 않는 틈을 타고 들어와 자리끼 물도 얼리고 코끝을 시리게 했지만 그래도 회벽 냄새는 사라지지 않았다.

봄이 되면 엄마는 그 벽지 위에 또 꿈을 붙이듯 새로운 무늬의 벽지로 도배를 했다. 그러나 해가 갈수록 도배지는 벽에 맞지 않는 옷인 양 겨울만 되면 더 넓게 들뜨고 결로의 결정체인 벽의 울음은 그 굴곡을 타고 작은 내를 이루며 흘러내렸다. 그것은 가난한 자들의 소리 없는 눈물이었다.

희망은 절실할 때 꾸는 꿈이다. 숨 넘어 갈 듯한 바람에 맞서 홀로 벽을 쌓는 영상 속 여인이나, 벽의 울음을 감추려 봄마다 이상한 꽃무늬 벽지로 도배하던 엄마도, 내 유년기의 닦이지 않는 시멘트 향은 겨울에서 봄으로 가는 꿈이었으리라.

김성렬

■

소금꽃 바다

새벽 첫 차로 서울역엘 내리면 엄동설한인데도, 그 차다찬 콘크리트 바닥에 새우등처럼 꼬부리고 잠을 자는 노숙자들을 보게 된다.

그들에 비하면 나는 얼마나 행복한지 모른다. 자고 일어나면 출근을 할 일자리가 있고, 퇴근하여 집으로 돌아오면 꽃 같은 며느리가 문을 열어 주는데다, 세 살배기 손녀딸의 배꼽인사를 받으니, 이 세상에서 내가 제일 행복한 것 같다. 지금은 참으로 살기 좋은 세상이 되었다. 가는 곳마다 풍요로움이 넘쳐 흐르고, 해외 여행들을 이웃집 드나들 듯한다.

1970년대 중반쯤, 나는 중동 건설 현장으로 뛰어들었다. 출국하던 날 공항은 떠나가고 보내야만 하는 사람들로 울음 바다였다. 그 속에는 사랑하는 아내도 섞여 있었다. 너 나 할 것 없이 가난을 대물림받은 상속자들이다. 김포공항을 출발한 비행기가 목적지인 사우디아라비아 다란 공항에 내리자, 기다리기라도 한 듯 열풍과 모래바람은 우리들의 숨통을 조이려 들었고, 뜨거운 태양은 산 채로 구울 듯이 내려 쪼인다. 정말로 숨이 콱콱 막힐 것만 같았다.

황량한 사막 벌판 위에 펄럭이는 태극기 아래서 우리의 애국가를 부를 때, 가슴이 터질 듯 감격이 복받쳐 오르며 울컥울컥 눈물이 핑 돌았다. 모두가 좀 더 나은 세상에서 살기를 다짐했다.

출국하기 전날 밤, 가난이 너무나 저주스럽다며 아내는 울먹이며 밤을 꼬박 새기도 했다. 그런 일들을 떠올리며 이곳에 온 젊은이들은 이를 악 물었다.

가난의 멍에는 어떻게든 대물림하지 말고 우리 세대에서 벗어버려야 한다고, 괴롭고 어두웠던 지난 역사를 생각하며, 고행길과도 같은 힘들고 어려운 역경과 맞서 싸워야 한다고, 마음속으로 외치고 또 외쳤다.

이글거리는 태양으로 달구어진 모래 벌판에서 반사되는 복사 열기는 한증막과도 같았다. 얼굴이 화끈거린다. 예측할 수 없는 사막의 날씨는 처음 온 동양인들을 실험하려 들었지만 우리들에게는 밤과 낮이 없었다. 그것은 단 한 발작도 뒤로 물러설 수 없는 전쟁터의 전사와도 같았다.

전쟁터에서 전차병들이나 사용하는 보안경이나 마스크로 무장을 한 우리들에게는 제아무리 무섭다는 사막에 열풍도, 모래바람도 앞을 가로막지는 못했다. 해상 공사장에 보급선을 접안시키지 못할 정도로 파도가 심할 때는 주먹밥을 던져서 해결하기도 했다. 우리들은 개척자 정신으로 혼연일체가 되어 도전과 도전을 거듭했다.

그 결과, 풀 한 포기 없던 모래 벌판 한가운데로 아스팔트가 깔리고 자동차들이 꼬리에 꼬리를 물고 달리는가 하면, 현대식 건물들이 우후죽순처럼 치솟는다. 파릇파릇 잔디가 돋아나고 밭에서는 채소들이 싱싱하게 자란다. 어디서 날아왔는지 벌과 나비들도 꽃을 찾아 모여들고 있다. 그들도 우리들을 따라 대한민국에서 이곳까지 온 모양이다.

현지인들은 엄지를 세워 보이며 코리아를 연호한다. 대한의 젊은 이들은 참으로 위대했다. 지구 반대편 쪽에서 꺼지지 않을 영혼을 불태우며 우리들의 신화는 그렇게 쓰여져 가고 있었다.

식사 시간이 돌아오면 수많은 산업 전사들이 식당 앞에 줄을 서 있다. 강렬한 태양에 그을린 구릿빛 얼굴들, 그들이 이동할 때마다 등허리에는 비 오듯 흐르는 땀방울로 마치 소금꽃 바다가 되어 출렁이는 것 같았다. 하얀 소금꽃, 그 소금꽃이 그들에게는 얼마나 무거울까? 그 향기 속에는 희망찬 미래를 약속하는 씨앗이 움트고, 번영을 약속하는 열매가 맺혀 가고 있었다.

그 소금꽃은 뜨거운 여름날, 이팝꽃 송이보다도 더 탐스러웠다. 그런 소금꽃이 어디 중동에만 피웠으랴. 독일 탄광에서 그리고 베트남 전선에서, 오대양, 육대주 지구촌 곳곳에, 우리의 땀과 손길이 닿지 않은 곳이 거의 없다.

반만년 동안 우리 민족, 우리 겨레가 피워낸 소금꽃은 백두산에서 한라산까지 흐드러지게 피었다. 지금까지 우리 조상들의 혼백이 담긴 땀방울을 한곳에 모은다면 아마도 백두산 천지 못과 한라산 천지 못을 채우고도 남았을 것이다. 미친개처럼 달려들던 보릿고개를 수도 없이 오르고 내리며, 전쟁이 휩쓸고 간 폐허 위에 한강의 기적을 이루기까지 얼마나 많은 희생을 제물로 바쳤던가.

지금 이 순간에도 세계를 향해 서해 바다로 흐르는 한강이야말로 우리 조상들의 소금꽃이 녹아 흘러 내리는 역사의 한 줄기이다.

김영자

황금 진주

서광주교회 목사 사모님은 전공 분야를 살려 매일 발성 연습을 합니다. 오십 대인 그녀는 신학음악대학원 발성학을 전공한 수재입니다.

사모님이 찬양(독창)할 때, 나는 맨 앞자리에 앉습니다. 가슴속까지 스며드는 맑고 애조 띤 음성의 노래를 들으면 나는 사모님을 바라볼 수 없습니다. 눈물이 나올 것 같아서입니다. 호리호리한 몸 어디에서 저리 맑고 깨끗하며 가슴 울리는 소리가 나오는가 생각하다 보면 우렁찬 알토 음이 또 다른 세계로 끌고 갑니다.

사모는 항상 성도들의 근황을 살피면서 가가호호 심방합니다. 주일에는 거동이 불편한 성도를 부축해 오면서 정담을 나눕니다. 성도가 괴로워하면 함께 아파하고 즐거운 일이 있을 때는 자기 일처럼 기뻐하는 사모를 보면서, 나 자신을 돌아봅니다.

매사에 긍정적이고 열심히 사는 그녀에게선 아름다운 향기가 나는 것 같습니다. 그건 숨길 수 없고 변할 수 없는 예수님의 향기가 아닌가 합니다.

휴식을 취할 수 있는 여유도 없어 심한 몸살을 앓기도 합니다. 우리 교회에는 부목사와 전도사가 없습니다. 목사님 혼자서 그 일을 다 처리하기엔 무리입니다. 그런 목사님의 건강을 챙기랴, 넷이나 되는 아들들 키우랴, 성도들 상담받으랴 잠시도 쉴 틈이 없습니다.

2024년 봄 말씀 축제가 끝난 다음 주 점심시간에 목사님이 쓰러졌습니다. "내일 일은 난 몰라요." 열강하시더니 내일이 아니라 순간 일 초 후는 난 몰라야지요. 성도들은 목사님의 쾌유를 위해 기도하면서도 걱정했습니다. 나는 안절부절못했습니다. 홀로 동동거리는 사모님이 걱정되었습니다. 다행히 목사님은 바로 좋아지셨습니다.

항상 미소짓는 얼굴로, 어려운 일도 별것 아닌 것처럼 행하는 사모님이 존경스럽습니다. 힘들고 어려운 상태인데도 호탕하게 웃으시면 나도 덩달아 즐거워집니다.

얼결에 내가 대표 기도를 맡게 되었습니다. 이만저만 부담스러운 게 아니었습니다. 주일 예배가 끝났을 때

"권사님, 대표 기도 준비하시느라 힘드셨죠? 권사님 기도할 때 제가 다 떨렸습니다."

세밀한 부분까지 마음 써 주어서 고마웠습니다.

신앙의 상담자, 중보기도자로 성도들을 위하여 새벽마다 기도하는 사모님이 생각나서 전화했습니다. 전화를 받은 사모님이 말이 없더니, 잠시 후, 울먹이는 소리가 들렸습니다.

그동안 목회자 사모로 살면서 말 못 할 일이 얼마나 많았을까. 문득 진주가 생각납니다.

조개는 들어온 불순물로 인해 받는 고통을 이겨 내고 아름다운 진주를 만들어 냅니다. 모래가 조개의 몸으로 들어가면 깔깔한 모래알

이 부드러운 조갯살 속에 묻히게 됩니다. 깔깔한 모래가 조개의 부드러운 살에 박히게 되면 조개는 두 가지 중 한 가지를 선택해야 합니다. 모래알을 무시해 버리거나 받아들이는 것입니다. 무시해 버린 조개는 모래로 인해 죽게 됩니다. 반면 모래알을 받아들인 조개는 진주청이라는 생명의 즙을 짜내어 자기 몸속에 들어온 모래알을 계속해서 덮어 쌉니다.

하루 이틀, 한 달 두 달, 1년 2년 오랜 시간 생명의 즙으로 모래를 감싸는 고통을 견디어 내고 눈부신 진주를 만듭니다. 우리에게 오는 시련을 견디어 낼 때 우리는 더욱 성숙해지듯이 진주 또한 그렇지 않을까요.

사모도 조개가 진주를 만들어 내듯, 내가 지금 값진 진주를 키우고 있구나. 내가 품고 있는 진주는 더 값지고 더 크겠다고 생각하면서 생활했으면 좋겠습니다.

그리하여 "그 아픔, 그 상처 황금 진주 되는 거다."란 어느 시인의 글처럼 빛나는 진주가 되는 과정이 아닌가 합니다.

김옥진

■

간이역

"엄마 저 학교 다녀올게요!" 이 말은 요즈음 아침마다 허리 굽은 친정 엄마에게 속삭이듯 드리고 오는 아침 인사다. 혼자 사시는 엄마 집에 우리 네 식구가 안방을 차지한 지가 열흘이 지났지만 이 생활을 앞으로 한 달은 더 계속해야 한다.

한곳에 이십여 년을 넘게 산 집을 최근에 와서 대대적으로 수리할 것을 결정하고 그다음 날부터 엄마 집에 머물고 있다. 공사를 결정하기 전부터 나를 괴롭힌 것은 우리 식구들이 어디에 가서 어떻게 살 것인가이었다. 살림살이는 이삿짐센터에 맡기면 되고, 화분들은 화원에 피신을 시키면 되나 정작 식구들이 그것도 근 40일 넘게 어디서든 견뎌야 했기 때문이다. 식구 모두가 움직여야 하는 문제가 달려 있는 일이니 처음에는 전세방을 얻어 보려 복덕방을 돌아다녀 보았다. 또 인터넷으로 원룸이니 오피스텔이니 하는 것도 알아보았으나 그게 그리 쉽게 우리 형편에 맞아 주질 않았다. 다른 시도도 해보았으나 우리 식구가 묵을 데란 어느 한 군데도 없었다. 한동안 심란한 마음을 떨쳐 버릴 수 없었다. 고심 끝에 도움을 요청할 곳은 이 나이에도 엄마밖에 없었다.

엄마는 걱정하는 나의 속내를 얼른 알아차리시고, "어쩌겠니. 함께 와서 사는 수밖에." 하시며 첫마디에 허락해 주셨다. 막상 그 결정을 듣고 안도의 한숨은 지었지만 곧이어 엄마의 처지가 내 마음을 아프게 했다. 결국 나는 엄마 집을 염두에 두고 처음부터 대공사의 결단을 내린 격이 되어 버렸다.

혼자 사시는 팔순이 넘은 엄마는 지금 우리 네 식구 출근을 위해서 그 옛날 우리 형제들을 거두듯이 새벽밥을 지으시고 출근길을 보아주고 계신다. 어린 날에는 그 일이 엄마가 으레 해 주는 일인 줄 알았는데 지금에야 그 고됨을 알고도 남을 나이에 새삼스레 늙으신 엄마를 괴롭히고 있는 셈이다. 조금만 움직여도 숨이 가쁘고 걸음도 불편하신 엄마이지만 엄마는 내 청을 거절 못하셨다.

아버지 돌아가신 지 10년이 넘게 혼자 사시는 엄마는 당신 자식들에게만은 폐를 주지 않겠다고 부득불 혼자를 고집하시는 엄마이시다. 아니 나 같은 딸을 위해서 늘 여분의 자리를 남겨두고 계시는 분인지도 모른다. 아버지 살아생전에는 장손 며느리이시기에 대식구를 거느리는 일도 버거운데 아버지를 찾는 일가친척들로 손에 물 마를 날이 없었다. 이제는 혼자이신데도 엄마 곁엔 늘 거두는 일가붙이가 떠날 줄을 모르니 엄마의 처지가 새삼 내 마음을 아프게 했다.

내가 엄마 집에 오기 얼마 전에는 고향 작은아버지의 막내가 엄마 곁에 몇 년을 머물다가 독립해 나갔고, 한동안은 빈 듯하다 이어 외국에서 살다가 대학교와 군대 문제로 엄마의 보호를 받게 된 외손자인 조카가 엄마 곁에 있다가 군 입대로 비어 있었다. 그러니 우리 칠

남매 외에 다른 이의 치다꺼리 하는 일이 엄마에게는 평생을 따라다니고 있다.

지금 생각하면 전설 같은 얘기가 엄마에게는 많다. 그중 한 가지는 내가 애기였던 시절, 한국 전쟁 직후 모두가 다 어려웠던 때이니 너나 나나 할 것 없이 배고팠고 어려웠던 시절의 일이다.

엄마는 그때 초등학교 교사이셨고, 공무원이셨던 아버지와 단칸 셋방에서 신혼 살림을 차리셨는데 어느 날 엄마의 시고모님, 우리의 고모할머니 아드님이 사범학교에 입학하러 아버지를 찾아왔다고 한다. 그때부터 거절 못하고 그 좁은 방 한 칸을 커튼으로 막을 치고 해를 넘기며 한동안을 기거하면서도, 세 식구가 간장하고 밥만 먹어도 그렇게 꿀맛일 수가 없었다고 회상하는 얘기를 종종 들었으니 지금 생각하면 상상이 안 되는 일이다. 바로 엄마와 커튼을 사이에 두고 살았던 바로 그분, 우리 아저씨는 후에 초등학교 교장님이 되셨다. 그러니 엄마의 시댁 식구 돌보기는 이미 신혼 시절부터 시작된 셈이다.

그 후에도 우리 집은 늘 고향에서 올라오시는 분의 간이역으로, 짧게는 하루 저녁으로부터 시작하여 길게는 몇 년씩 우리와 한솥밥을 먹으면서 지냈으니 엄마의 신역이 얼마나 고되었을까는 말할 나위 없다. 일가가 많은 집의 장손이셨던 아버지, 집안의 중심 역할로 어머니의 짐은 정신적으로도 많으셨을 텐데 아버지를 찾는 일가친척들로 우리 집은 늘 넘쳐났고 엄마 손은 쉴 틈이 없었으니 짐작이 가고도 남는다.

지금 생각하면 엄마는 늘 누군가를 기다렸다가 거두고 쉬게 해 주는 시골 간이역 같은 곳이 아니었던가 하는 생각이 든다. 쉬고 싶을 때 언제든 찾아오는 시골 고향의 간이역, 여름이면 빨간 칸나가 불타듯이 피어 있고, 가을이면 코스모스가 군데군데 모여 하늘거리고, 채

송화가 줄지어 피어 있는 정다운 시골의 간이역, 그곳이 엄마가 서 계시던 자리가 아니었을까. 지금은 고속철이 생겨 시골 간이역 같은 곳은 그냥 쌩쌩 지나쳐 버리듯이 모두가 제 갈 길에 바빠 아무도 찾지 않는 역이 되어 버렸지만 얼마 전까지만 해도 우리 형제들은 물론 일가가 편히 쉬었다가 가는 곳이었다.

지금은 모두가 특별한 날이 아니고는 찾지 않는 쓸쓸한 역이기에 우리 네 식구가 머물면서 엄마의 마지막 향기를 아끼며 누리고 있다. 언젠가는 폐허로 변할 간이역이기에 아침저녁 드리는 내 인사는 금보다 더 귀하다.

김완묵

■

향화도 칠산타워

염산면에 도착하여 먼저 찾은 곳이 기독교인 순교 성지이다. 설도항 언덕 염산교회 영내에 자리 잡고 있는 성지는, 신앙을 목숨보다 중하게 여긴 77인의 순교자들이 잠들어 있는 곳이다. 6·25 전쟁이 일어나고 9·28 수복이 될 때 기독교인들이 태극기를 들고 국군과 UN군을 환영했다는 죄목으로, 철수하던 인민군들이 천인공노할 만행을 저지른 것이다.

예수를 믿는다는 이유 하나만으로 수문통 앞에서 1m 간격으로 묶고 엄지손가락을 십자 모양으로 하여 가슴에 조여 매고, 사람의 머리만 한 돌을 가슴에 매달아 수문통에 빠뜨려 죽인 사건이다. 교인의 2/3가 순교를 당하고 살아남은 교인들이 다시 모여 교회를 세웠다고 한다.

설도항으로 내려선다. 법성포가 굴비의 고장이라면, 설도항은 젓갈의 고장이다. 매년 3천 톤 이상의 젓갈을 생산하는 설도젓갈은, 근해에서 잡아 올린 싱싱한 수산물과 미네랄이 풍부한 영광 천일염으로 가공하여 전국적으로 명성이 높고, 6월에 잡아서 만든 육젓의 품질이 가장 우수하다.

설도항을 뒤로하고 향화도 칠산타워를 향해 방파제로 올라선다. 때맞추어 썰물 시간이라 끝없이 펼쳐지는 갯벌이 문전옥답처럼 마음을 포근하게 감싸안는다. 하지만 오늘따라 짙은 황사로 인해 주위의 사물이 흐리게 보이고 있으니 애석한 일이다.

매년 봄이 되면 중국에서 날아온 황사로 인해 곤욕을 치른다. 연례행사처럼 되풀이되는 황사 피해는 중국의 경제 발달과 자동차가 급속도로 늘어나면서 초미세먼지까지 합세하여 한반도를 급습하고 있으니 호흡기가 약한 노약자들이 고통을 받는 계절이다.

영광군에서는 두우리해수욕장에서 향화도까지 해안가를 중심으로 천일염길을 개척하여 그 길이가 35km에 이른다. 설도항에서 시작한 바닷길도 천일염길과 함께 8.5km를 걷게 된다. 방파제 안쪽으로 조성된 간척지에는 청보리의 물결이 싱그럽다. 온난한 기후로 이중경작이 가능한 남도 지방에서 부산물로 생산하는 보리의 수확 철이면 훈풍을 타고 물결치는 청보리가 장관을 이룬다.

장고도를 지나며 영광이 자랑하는 천일염전이 펼쳐진다. 영광의 천일염은 세계 5대 갯벌 중의 하나로, 미네랄 성분이 많은 서해안 갯벌에서 풍부한 일조량과 하늬바람이 만들어 낸다. 천일염은 보통 4월부터 10월까지 만들어지는데 품질의 우수성만큼이나 염전 풍경도 아름답다.

현대화 바람을 타고 소금 만드는 기법도 많이 발전하였지만, 태양에 의존해 생산하는 데는 변함이 없다. 작열하는 태양 아래 구슬땀을 흘리며 물 가두기부터 조정지 작업으로 인고의 작업 끝에 소금꽃이 탄생하는 것은 자연의 오묘한 이치와 인간의 의지가 담긴 걸작품이 아닌가.

영광군이 자랑하는 염전은 염산면 송암리, 야월리, 두우리와 백수읍 하사리에 주로 분포하고 있으며, 염산면에서는 소금 모으기, 운반하기, 수차 돌리기 등 염전 체험도 가능하다. 이제 향화도가 가까워오며 칠산타워가 그 모습을 드러낸다.

칠산타워는 전남에서 가장 높은 111m의 전망대를 갖추고 있다. 1층에는 여객 대합실과 매점, 특산품 판매점이, 2층에는 음식점과 회센터가 입점해 있으며, 3층에 하이라이트인 전망대로 구성되어 있다. 입장료가 2,000원이지만, 경로라는 이유로 공짜로 대접을 받으며 전망대에 올라서면, 가슴이 툭 터지도록 시원하게 스릴을 느낀다.

가장 먼저 시선을 끄는 곳이 광활하게 펼쳐지는 칠산 앞바다와 설도항에서 걸어온 천일염전 길이다. 주마등처럼 펼쳐지는 저 길의 끝자락은 경기도 김포시 대명항이다. 어느덧 2년이라는 시간을 공유하며 1,000km가 넘는 길 위에 나의 족적을 남기게 되었으니 감개가 무량하다. 그래서 길을 나서면 행복이 보인다고 하지 않던가.

바다 쪽으로 눈앞에 보이는 건설 현장은 영광군과 무안군을 연결하는 '칠산대교' 이다. 2012년 착공하여 2019년 8월 완공 예정인 칠산대교는 영광군 염산면 봉남리와 무안군 해제면 송석리 간을 잇는 해상 교량 1.8km와 접속도로 9.5km 공사가 한창인데, 공사가 완공되면 10분 거리로 단축된다고 한다.

이로써 영광군 답사도 끝이 나고 함평 땅으로 들어선다. 함평 해안은 방조제로 시작해서 방조제로 끝이 난다고 해도 과언이 아니다. 그만큼 해안선의 굴곡이 단순하고 지루한 여정이다. 한낮의 열기를 고스란히 받아 가며 방파제를 걸어가던 중, 산기슭에서 내려온 고라니

한 마리가 갯벌로 뛰어든다.

때마침 썰물이라 드넓은 해안가를 가로지르던 고라니가 육중한 철조망을 넘지 못하고 사투를 벌이다, 만리장성의 높은 벽 앞에서 고꾸라지는 모습이 애처롭기만 하다.

인적도 없는 곳에서 구원의 요청을 할 수도 없고, 나 자신도 철조망 안으로 들어갔다가는 나올 수 없는 시설물이라, 그저 고라니의 생존 본능을 기대하며 현장을 뜨고 말았다. 방파제가 끝나면 아주 작은 어촌을 지나게 된다. 바로 이곳이 함평항이란다. 이름도 무색한 어촌을 뒤로하고 무료하게 해안가를 지난다.

30여 분 후 안악해수욕장에 도착한다. 단조로운 콘크리트 해안을 벗어나 소나무와 고운 모래가 깔린 해수욕장이 반갑기만 하다. 규모는 작아도 함평군에서는 유일한 해수욕장이기에 안전 시설을 보강하는 공사가 한창이다. 그만큼 함평군을 지나는 해안선이 짧은 탓이다.

섬마을 선생님 노래비가 있는 광장을 지나며 월천방조제가 시작된다. 끝도 없이 아득하게 멀어 보이는 방파제 끝자락이 가물거린다. 그 길이가 자그마치 5km에 달한다. 서해안을 답사하며 이보다 긴 방파제를 수도 없이 지나왔지만, 새만금방조제 이후로 가장 긴 방조제이다.

방조제는 인간의 의지로 만들어진 구조물이다. 이로 인해 신남리를 중심으로 손불면 소재지가 있는 대전리까지 수천만 평의 문전옥답이 생겨나게 된 것이다. 방조제 중간에 있는 팔각정에 오른다. 20여 km를 걸어온 여독을 풀기 위해 자리에 누웠더니, 신선이 따로 없다. 갯벌에서 불어오는 해풍에 슬그머니 꿈속으로 빠져들고 30여 분간 즐긴 오수로 새로운 활력소가 살아난다.

석창리 해안가로 돌아서니 바다 건너편으로 오늘의 목적지인 돌머리해수욕장이 바라다보인다. 하지만 애석하게도 짙은 황사 덕분에 형체만 보이는 돌머리해수욕장은 주포만으로 둘러싸여 직선거리로는 2km에 불과하지만, 해안선의 길이가 6km에 달한다.

청명한 날이라면 큰 문제 될 일이 없겠지만, 초미세먼지 속에서 걸어온 25km가 무리였던지 가래 기침이 나오며 컨디션이 말씀이 아니다. 또한 내일의 일정으로 30여 km가 남아 있으니 더 이상 무리해서는 안 되겠다는 판단으로 석창리 해창마을로 들어선다.

함평읍과 손불면을 오가는 버스정류장이 있어서, 한 시간 동안 기다린 끝에 손불면을 순회하는 버스에 오른다. 조금 전 지나온 월천방조제가 반갑기만 하다. 버스로도 10여 분을 달린 끝에 손불면 소재지에 도착하니, 담쟁이덩굴로 장식을 한 면사무소 건물이 너무도 인상적이다.

손불면 시골 마을까지 순례하며 함평공용버스터미널에 도착하니 오후 4시경이라 해가 중천에 떠 있다. 3년 전에 아내와 함께 다녀간 함평나비공원을 찾아간다.

1읍 8개면에 인구 3만 4,876명(2015년 현재)이 상주하고 있는 함평군은 전라남도 북서부 해안에 위치한 군으로, 동쪽은 광주광역시와 나주시, 남쪽은 무안군, 북쪽은 영광군과 장성군, 서쪽은 서해안으로 연결되어 있다.

함평(咸平)이라는 이름은 조선조 태종(太宗) 9년(1409)에 함풍현(咸豐縣)과 모평현(牟平縣)을 통합하면서 함풍에서 '咸' 자를, 모평에서 '平' 자를 따 '咸平' 이라고 했다. 이 지역은 백제 때부터 고려 때까지 6개의 현(縣)과 향(鄕), 부곡(部曲)이 각각 1개소가 있었는데, 시대마다 명칭이 바뀌었다.

올해로 제19회를 맞이하는 함평나비대축제는 대한민국을 대표하는 생태관광 축제로서 어제까지 축제 기간이 끝이 나서 아쉬움이 남는다. 지난날의 함평은 '호남가' 첫머리에 "함평천지 늙은 몸이…"로 시작되듯이 농지가 많은 평온한 고을이었으나, 다른 지방과는 달리 특별한 문화재가 있는 것도 아니고, 천하절경도 없이 그저 평범한 고장이다.

산업자원이나, 관광자원이 전무한 함평이 지방자치제를 맞이하여 세상에 알리는 길을 모색하던 중, 함평천 정화 사업으로 마련된 고수부지를 활용하는 방법에 창안한다. 모두들 관심을 갖지 않는 친환경을 모티브로 하여 나비축제가 탄생하게 된 것이다.

"꽃길 따라 피어나는 웃음꽃 잔치"라는 슬로건을 내세우고, 1,000만 평의 유채와 자운영꽃 물결 사이로 수만 마리의 나비가 날아 어우러지는 감동의 장관을 연출한다. 세계 최초로 살아 있는 나비와 곤충, 자연을 소재로 새롭게 시도한 친환경 축제로 평가받고 있다.

친환경 농업의 선두주자인 함평군은 이 축제를 통해 다양한 생태체험 학습과 친환경 농업 체험, 민속풍습과 전통놀이를 즐길 수 있는 기회를 제공하며, 음악회와 각종 전시회 등 풍성한 문화예술 한마당을 펼치고 있다.

김은숙

누렁이

청명한 날이다. 포근한 햇살이 같이 놀자고 넓은 마당으로 들어온다. 좋은 일이 생기려는지 새들이 날갯짓하며 짹짹 지저귄다. 물속에 가라앉은 것만 같았던 집 안이 물속에 떠오른 듯하다.

이웃 사람들이 지나다니며 비긋이 열린 문으로 들어와 구경한다. 강아지들이 귀여운지 오랫동안 바라보며 부러워한다. 접종을 두 번 해서 그런지 건강하다. 아들이 강아지와 어울려 다니며 잘 논다. 부스럭부스럭 달그락달그락, 천상에서나 들릴 것 같은 유쾌한 소리가 들린다. 집 안 구석구석 시끌벅적 화기애애하다. 무엇이 그리 좋은지 아들이 해맑게 웃는 모습은 함빡 피어난 꽃송이 같다.

식구들이 강아지를 좋아해 여러 마리를 기른 적이 있었다. 누렁이가 만삭이라 힘겨워하더니 두 달 지나서 새끼를 낳았다. 기르던 개가 새끼를 낳은 건 처음이다. 개도 사람같이 입덧하는 것을 알았다. 평소와 다른 움직임이 보이거나 활발하지 않으면 유심히 봐야 한다. 음식을 가리지 않고 잘 먹었다. 언젠가부터 밥그릇을 쳐다보지 않아 걱정이었다.

몸과 행동으로 변화가 나타났다. 배가 불러오고 새끼 낳기 전 증상은 어둡고 조용한 곳을 찾아다닌다. 어떤 때는 바닥을 긁거나 침착하지 못한 행동을 한다. 변하는 모습을 보이면 출산이 다가오는 증상이다. 우연히 새끼 낳는 신비로운 과정을 지켜보게 되었다.

내가 입덧하느라 힘들던 지난 일이 오련히 떠오른다. 말 못 하는 동물이지만, 얼마나 힘들었을까. 무릇 어미 태를 자르고 태어나건 알에서 나건 이 세상에 저절로 탄생하는 생명은 없다. 한 송이 꽃과 나무도 아픔을 견디며 싹을 틔운다. 태어나지 말아야 할 생명은 없다. 하찮은 존재가 없듯 우리는 태어나야 할 운명을 안고 고귀하게 태어났다.

아침부터 한두 시간 간격으로 암컷 둘과 수컷 다섯 마리를 낳았다. 누렁이는 고통 속에서도 아프다고 소리 지르지 않는다. 스스로 탯줄을 끊고 강아지들을 혀로 핥으며 뒤처리하는 모습에 마음이 뭉클하다. 남편도 감정이 벅찬 모양이다. 마침 출근하지 않는 날이라 새끼들이 지낼 집에 문을 만들고 등도 달아 주었다. 나도 가만히 있지 못하고 강아지들을 위해 정성껏 바닥에 헌 옷과 신문지를 깔았다. 남편은 기술자라도 된 듯 척척 해낸다. 그 얼굴은 제 자식을 낳았을 때같이 기쁜 표정이다.

유치원에 다니는 아들은 강아지가 태어난 것을 모른다. 혼자서는 하지 않을 행동도 연년생이라 용감무쌍한 형제의 위력을 발휘한다. 동네 사람들은 우리 부부 얼굴은 몰라도 아들 얼굴은 다 알 정도로 소문난 개구쟁이다. 강아지를 귀찮게 만지고 친구들을 데려올 것이 뻔하다. 애들에게 들킬세라 남편과 대화할 때는 비밀이라도 되듯이 속삭인다. 이때같이 남편과 은밀하게 속삭인 적이 있었던가.

나흘째이다. 누렁이는 누가 가르쳐 주지 않아도 어미 노릇을 잘한다. 새끼들은 눈을 못 뜬다. 본능적으로 앙증맞게 꿈틀거리며 젖꼭지를 찾았다. 칭얼대며 얼굴을 파묻고 자는 모습이 사랑옵다. 꼼지락거리는 모습을 바라보고 있으면 깜찍해 시간 가는 줄도 모른다.

새끼에게 젖을 주려면 어미도 잘 먹어야 한다. 무엇을 해 줘야 하나 생각하다가 내가 아이 낳고 먹은 미역국이 생각났다. 많이 먹어야 한다며 안다미로 떠 주던 친정어머니 모습이 생생하다. 사람은 부부가 정성을 다해 아이를 키우는데, 누렁이는 옆에 아무도 없어서 가엾다.

겨울보다 여름에 초목이 왕성하게 활동한다. 강아지도 한여름 오이 크듯이 커지면서 젖이 모자랐다. 가루 사료를 사다가 끓여서 먹였다. 외출했다가 밥 줄 시간이 늦으면 큰일이라도 난 것처럼 부랴부랴 가스레인지 불을 켠다. 개는 뜨거운 것을 잘 먹지 못해 빨리 식으라고 찬물에 담갔다가 가져간다. 그러면 누가 먼저랄 것도 없이 밥그릇에 모여들어 먹는다. 그런 모습을 지켜보는 마음은 세상 부러운 것이 없는 심정이다.

강아지들이 차츰 커 가면서 우르르 몰려다닌다. 특이한 한 마리가 있는데 얼굴이 못나서 'ET'라고 이름 지었다. 먹을 것이 있으면 남겨놓지 않고 다 먹어서 올챙이배가 된다. 제대로 걷지도 못해 엉금엉금 기어다니는 모습이 가관이다. 그러다 지치면 사람처럼 하늘을 향해 발라당 누워 버린다. 햇볕이 튀는 뜨거운 여름이 내지르는 빛의 한가운데서 피서하듯 물그릇에 들어가 앉았다. 개들은 대부분 물을 싫어하는데 그놈은 별종인가 보다. 사람도 자식 중에 유별난 놈이 있기 마련이다.

사람들이 욕할 때 개를 들먹이는지 이해가 안 간다. 개새끼니 개판이니 하는 말은 모욕적이다. 출산하고 새끼 키우는 것을 보니 사람보다 못할 것이 없다. 살아가면서 사람이 개보다 못한 정치가와 범죄집단이 우글거린다. 방향 감각을 잃어버린 사람들, 무제한의 속도로 어디론가 질주한다. 인간의 윤리의식을 바라보자. 우리 누렁이는 이런 것을 몰라서 순수해 보인다.

화선지에 먹물이 번지듯 식구들의 미소가 집 안에 번진다. 행복 그 안에 안겨 취해 살고 싶다. 행복의 소리가 있다면 이런 소리가 날까. 마당에서 비눗방울이 흩어지며 낮은 음계로 울려 퍼진다. 세상이 요동을 치더라도 그 누구도 부럽지 않다. 쥐지 마라 터질세라. 불지 마라 꺼질세라. 모두 다 사랑스러운 내 새끼다.

김은희

파란 바가지

햇살을 받으니 따사롭다.

다육이의 잎가 끝이 수줍은 듯 빨갛게 물들은 것이 간밤에는 추웠던 모양이다.

햇살을 조금이나마 더 만끽하기 위해 수선화, 국화, 다육이 화분 옆 조그마한 벤치에 걸터앉았다.

앉자마자 나의 봄을 시샘이라도 하는 듯 세찬 바람이 머리와 바짓가랑이를 사정없이 뒤흔들고 있다. 잠시지만 따뜻한 햇살과 함께 여유를 지니고 있다.

국화는 국화인지, 쑥인지 헷갈릴 만큼 작은 순이 돋아 있고, 수선화는 제 모양을 한껏 뽐내는 듯 두 매듭 키만큼 올라와 있다. 그중에 통통하게 올라온 두 포기는 어쩌면 올해 꽃을 보여 줄 생각인 모양이다. 두 해 동안 제자리에서 눈, 비 맞으며 자랐다고 빼꼼이 노란 꽃을 피워 낼 것이다.

비가 시원하게 내렸으면 좋겠다. 비를 흠뻑 맞으면 저 아이들이 '룰루랄라' 홍얼대며 쑥쑥 자라날 터인데 반가운 비 소식이 없다.

기회는 이때이다. 겨울 강추위를 이겨 내고 나의 화초들 사이사이에 자리 잡고 있는 지저분한 잡초들을 제거할 기회이다. 미리 준비해 둔 호미를 들고 대충 작업복을 갖추고 101동을 드나들 때마다 눈살을 찌푸리게 하는 저들을 말끔히 치우는 것이다.

풀을 매는 동안 사람들의 인기척이 느껴졌지만 애써 외면하며 호미질을 했다.

"뭐해요?"

가녀린 국화와 수선화, 이제 옮겨 심은 무스카리 앞에 파란 바가지 주둥어리를 부여잡고 들여다보는 나에게 5살 꼬마 어린애가 망설임 끝에 의문을 던진다.

"응, 이게 잘 자라라고 물 주고 있어."

바가지로 물 주는 사람을 아파트에서 본 적이 없었겠지. 더구나 파랗게 모양없이 배불룩한 바가지로 물똥 뚝뚝 떨어뜨리며 물 주러 다니는 아줌마는 처음인 것이다.

'나에게는 이 어린 순보다 몇 갑절 귀하고 소중한 너희가 꽃보다 잡초가 무성한 화단이 아니라, 자연을 보며 아름답고 따뜻한 어른으로 성장하길 바라는 간절함이 있단다.'

다시 단비가 내린다. 그것도 시원하게 내리고 있다.

내 마음도 시원하고 물 많이 먹고 생생해질 화초들과 다육이들, 생각하니 기분이 좋아진다.

비를 흠뻑 맞고 난 화초들의 모양새는 사뭇 예전과 다르다.

윤이 나고 며칠만에 한껏 자란것만 같다.

화초를 키우면서 아이를 키운 것처럼 인생을 배운다라고 하면 너무 지나친 과장일까?

커다랗게 잘 자란 식물을 보는 것도 즐거운 일이지만 작고 여린 '순' 이 자라나는 과정을 적당한 햇볕쐬기, 김매기와 물을 주면서 지켜보는 과정 또한 즐겁고 재미있는 일이다.

매일 시간 날 때마다 들여다보며 별로 안 자란 것 같으면 물을 주곤 해서 처음에는 많은 화초들을 죽였다. 사랑이 지나치면 화가 되는 것을 그때 알았다. 물이 필요하면 그저 휘청거릴 뿐 그때를 알림으로 물을 주면 이내 되살아나는 것을 보았다.

딸아이의 방을 가끔 들여다보며 그 옛날에 관심과 사랑으로 돌보고 있다고 생각했는데 매일 목이 마르지 않을까 화초들을 들여다봤던 것처럼 지나친 관심, 간섭이었구나!

부모와 자녀 사이도, 부부 관계도, 모든 인간 관계는 적당한 관심이 필요한 것이리라. 한 발 떨어져서 나의 자녀를 볼 수 있고, 남편을 볼 수 있고, 엄마를 바라볼 수 있는 기다림과 사랑이 우리에게 필요하다. 배려가 필요하다.

이제 나의 화초들이 내게 알려 주었으니, 저기 바람에 한들거리는 화초들처럼 우리 아이들도 잘 자랄 것이다.

때로는 모진 비바람과 숨고 싶은 뙤약볕 아래에서도 말이다.

김제방

■

선진국 대한민국

대한민국은 선진국이다. 유엔무역개발회의(UNCTAD)가 2021년 7월 2일 한국의 지위를 개발도상국에서 선진국으로 의결함으로써 선진국이 되었다. 박정희 대통령이 있어 위대한 대한민국! 그의 국가 발전 전략은 세계를 놀라게 해 '20세기의 기적' 으로 칭송받으면서 발전을 거듭해 오고 있다. 한국은 후발 국가들의 롤 모델이 되고 있다. 2006년부터 15년간 경제협력기구(OECD)를 이끈 최장수 수장인 앙겔 구리아 총장은 2021년 6월 1일 물러나면서 "한국이 한 세대 만에 원조를 받는 나라에서 원조를 주는 나라로 놀라운 변신을 한 회원국이라는 것이 가장 자랑스럽다." 라며 한국 경제를 높이 평가했다. 그러면서 "한국은 가장 극적으로 변신한 국가의 상징" 으로 각국 정부에 한국의 그 비결을 공유해야 한다고 말하곤 했다.

이와 같이 박정희 대통령의 업적은 우리 국민뿐 아니라 세계가 인정하고 있는 사실이다. 역대 대통령들의 지지도 여론 조사에서 항상 선두를 달리고 있는 것도 다 아는 사실이다. 그런데 알 수 없는 일이 있다. 우리의 역사는 많은 변화를 겪어 왔다.

1457년 조선 제6대왕 단종(端宗, 1452~1455) 복위를 꾀하다가 제7대왕 세조(世祖, 1455~1468)에 의해 역모죄로 3족을 멸하는 형벌을 받은 성삼문 등 사육신은 제19대왕 숙종(肅宗, 1674~1720) 조에 이르러 복위되고 충신 반열에 올랐다. 235년 만의 일이다. 이는 장희빈 사건으로 많은 신하를 죽이고 실추된 왕권을 회복해 보려는 뜻이 담겨 있었고, 그 후에도 우리의 뒤집힌 역사가 여럿 있었다.

1894년 동학난이 동학혁명으로, 1948년 제주 4·3 폭동이 4·3 사건으로, 1960년 4·19 의거가 4·19 혁명으로, 1980년 광주 사태가 민주화 운동으로 격상되었다.

그런데 유독 1961년 박정희 대통령이 주도한 '5·16 혁명'은 쿠데타, 독재자로 격하되었다. 이웃나라의 예를 보더라도 없는 역사를 끌어다가 역사를 미화시키려 하는데 우리는 자랑해야 할 역사를 비하시켜 놓은 것이다. 이는 국가적으로 큰 손실일 뿐만 아니라 세계적으로 웃음거리가 되고 있다.

나의 직업은 공인회계사이다. 1974년 오일 파동으로 산유국들은 오일머니로 부자가 되면서 건설붐을 일으켰고, 한국 건설 회사들이 대거 중동에 진출하면서 공인회계사들의 해외 출장이 시작되었다. 나는 공인회계사로서 15년간 매년 감사 출장을 다니면서 고대 오리엔트 역사에 매료되었다. 오리엔트 역사에서 시작해 세계사에 접근하게 되었고, 세계사를 공부하면서 박정희 대통령의 치적은 세계사적(世界史的)이라는 사실을 알게 되었다. 세계사에 나오는 영웅들은 대개가 전쟁 영웅이었지만 박정희 대통령은 달랐다.

그 후 역사가는 아니지만 우리 역사의 왜곡은 나라의 기틀을 흔들리게 한다는 사실을 알고 바로 잡아야겠다는 생각에서 역사서를 집필하여 『세계사와 함께 읽는 재미있는 한국사(韓國史)』 등 12권(6,500여 페이지)을 출간하였다.

최근에는 그 역사 자료를 바탕으로 역사서사시(歷史敍事詩)라는 장르의 시집 『한강의 기적』 등 24권을 발간하였다. 우리의 자랑스러운 '5·16 혁명' 을 알리기 위한 작업이랄 수가 있다. 이를 해결해야 할 역사학계는 이념 논쟁에 매몰되어 있고, 국가 발전의 시동을 건 5·16 혁명은 우리의 기억에서 잊혀 가고 있는데, 국론 분열을 촉발시킨 5·18 민주화 운동은 문전성시를 이루고 있다.

5·18 민주화 운동을 부정하려는 것은 아니다. 코미디언 구봉서와 배삼용의 "형님 먼저 아우 먼저" 처럼 냉수를 마셔도 선후가 있다고 했다. 매년 5월 16일에는 쥐죽은 듯 고요하다가 18일이 되면 대통령까지 광주로 내려가 '임을 위한 행진곡' 을 열창하면서 5·18 정신은 헌법정신 운운하고 있다.

헌법 정신에는 5·16 혁명이 우선이라고 생각한다. 5·18은 차선책으로 생각해도 억울할 게 없을 것이다. 이제 우리는 선진국의 면모를 갖출 때가 되었다.

남들이 만들어 준 행운의 '8·15 광복절' 은 소임을 다하고 퇴색해 가고 있다. 36년간 일본의 식민지였다는 사실은 우리 세대에서 끝내야 한다. 이게 무슨 자랑이라고 대대손손 물려줄 수는 없다고 생각한다. 36년간의 일본 강점기(1910~1945)는 제2차 세계 대전에서 미국·영국 등 연합군의 승리로 1945년 끝났다. '8·15 광복' 은 우리에게 행운처럼 다가왔다. 그런데 우리는 우리 스스로가 독립을 쟁취한 것처럼 광복회를 조직하고 79년의 세월 동안 많이 우려먹었다.

언제까지 이럴 건가? 지금의 일본은 식민지 시대의 일본이 아니다.

대한민국은 세계 5위 군사력을 보유한 10위권 경제대국이다. 한국의 1인당 국민총소득이 2023년 기준으로 사상 처음으로 일본을 제치면서 인구 5,000만 명 이상 국가 중에서 6위를 차지했다. 2024년 공개된 스위스 국제경영개발대학원의 '2024년 국가경쟁력' 평가 결과는 더욱 놀랍다. 한국은 지난해 28위에서 올해 사상 최고 기록인 20위로 도약했다. 일본은 한국에 한참 뒤처져 38위였다. 한일 양국의 갑을(甲乙) 관계에도 근본적 변화를 불러오고 있다. 이제 '일본 콤플렉스' 에서 벗어나 광복절도 없애고 광복회는 퇴장시켜야 할 때가 되었다.

깊이 생각해 보면 '8·15 광복절' 은 변형된 '국치일(國恥日, 1919. 8. 29.)' 에 해당한다. 지금까지 우리 국민은 바보처럼 국치일에 태극기를 흔들고 만세를 부른 셈이다.

금년 8월 15일 광복절엔 대통령실과 여당, 광복회와 야당이 같은 시간, 다른 장소에서 기념 행사를 열고 서로를 향한 비판을 쏟아냈다. 광복회는 독립기념관장 인사에 반발하며 이날 오전 10시에 서울 종로구 세종문화회관에서 열린 정부의 공식 광복절 경축식 대신, 서울 용산구 백범김구기념관에서 기념식을 열었고 야당 인사 100여 명이 참석했다. 국가적인 추태가 벌어진 것이다. 차제에 광복절 국가기념일을 폐지하고 우리 고유의 '5·16 혁명' 을 복원하여 국가기념일로 정하는 것이 선진국다운 처사일 것이다. 나는 2024년 10월 9일 한글날 길일을 택하여 대통령·국회의장·대법원장·헌법재판소장에게 '5·16 혁명 복원 청원서' 를 제출하였다. 역사가들이 못하는 것을, 위정자들의 생각은 어떤지를 알고 싶어서다.

김종선

■

손편지의 단상

우편함에 편지가 그득하다. 이번엔 다 없애도 아쉽지 않을 것 같아 통째로 들고 나서다 그래도 혹시,

'어마! 이 카드가 아직 여기에….'

이 낯익은 그림 카드는 참으로 오래전 얘기를 끄집어 내기에, 화들짝 다시 눈길을 주며 회상에 잠긴다.

아름다운 호숫가 줄지어진 야자수 사이로 오토바이를 탄 두 젊은 남녀가 환호하며 달리는 모습, 간결한 내용, 수려한 필체. 글은 곧 그 사람이라 했던가. 많이 호감이 갔던 그림 엽서, 폭탄이 퍼붓는 당시의 월남 상황과는 거리가 먼 이 카드는 아마도 평화를 갈구하는 간절한 염원이 담겨 있는 듯했다.

1960년대 중반쯤인가 월남전은 치열했고 자유 수호란 이름으로 우리 군인들도 파병되었다. 당시 나는 초년병 선생으로 맡은 업무 중 하나가 위문품, 위문편지를 모아 우리 장병들에게 보내는 일이었다.

그러기에 자연히 뭉텅이 편지 보따리에 우표도 주소도 없는 내 편지가 끼게 되었고 그것이 한 장교의 손에 들어간 것이 인연이 되어 바로 위 카드를 첫 답신으로 받은 것이다.

얼굴도 그 무엇도 모르는 그와의 편지는 꽤 오랜 기간 이어지면서 어느 정도 그의 실상을 그릴 수 있을 만큼 되었을 때쯤 그가 꺼낸 한 구절, 이미 한 여자의 남편임을 암시하는 글귀였다. 조금씩 가까워지면서 그는 더 숨길 수가 없었던 모양이다. 이 편지를 띄우고 무조건 산야를 달리면서 자신의 화를 풀었다고 했다.

젊은 나이고 추호도 의심의 여지가 없었기에 놀라웠지만, 실제 한 번도 본 적이 없는 대상을 반려자로 점 찍은 것은 아니었어도 그와의 인연은 여기서 끝이라고 답을 내리고 있었다. 거짓말을 못 하는 솔직함에 조금은 일그러진 무겁고 어두웠을 그의 얼굴이 스쳤지만 더는 불행의 출발점을 만들지 말자고 생각을 굳혔다. 그러나 누가 보아도 분홍빛 사연 같은 것은 찾아볼 수 없었다 하더라도 쌓인 편지의 부피와 무게는 그의 정성과 따뜻함이 고스란히 담겨 있었기에 파문이 일었다.

이후 나 역시 결혼을 하게 되었고 그가 전장에서 무사히 돌아왔지만, 갑자기 뇌경색으로 쓰러지는 불운은 그 엷은 기억들조차 없애야 했기에 두툼한 편지 뭉치를 한 줌의 재로 날려 버렸는데 숨어 있던 이 카드 출현은 아련한 추억을 되살리고 글의 소재까지 되다니, 아마도 이 엽서처럼 어딘가 마음 한구석 흐릿하나마 그의 잔영이 숨어 있었던 모양이다.

얼마 전 우리 아파트 그늘막에 지인 몇이 모였다. 그때 우르르 초등생 몇이 모여들더니 먹고 떠들며 장난이 한창이다. 그 모습을 보던 한 지인,

"저쯤의 아이들을 키울 때가 가장 행복했었지."

나는 고개를 저었다. 나름대로 의미야 있겠지만, 어쩜 내 인생에서 송두리째 빼내고 싶은 고단한 시절이었다고 답했다. 그 무렵 직장과 가정 사이에서 하늘 한 번 쳐다볼 겨를 없이 짊어진 삶의 무게가 지금 생각해도 눈물 날 만큼 힘겨웠기 때문이다. 그럼 언제냐고? 조금은 부유했던 가정의 부모님 사랑 속에 마냥 즐거웠던 어린 날들, 그리고 초년병 선생 시절이었다고….

그 시절을 그래도 일생에 행복했던 기억으로 되살린 일은 아마도 위 주인공을 비롯한 몇 친구들과 주고받은 편지들이 내 삶 속에 아주 깊숙이 소중하게 자리하고 있었기 때문이라고…. 당시 갑자기 어머니를 잃은 슬픔도 먹고살기 힘든 시련도 그 위로의 사연들로 조금씩 치유할 수 있었기에….

당시 통신 수단이란 손편지가 고작이었다. 내가 살던 이 시골 동네는 TV는 물론 전화 한 대도 없었기에 시골 한 자취방 호롱불 밑에서 낡은 라디오를 벗 삼아 쓰다 지우고 또 쓰고 그 정성 어린 편지들, 오색 꿈들이 오순도순 담기던 그 순수성을 지금 어디에서 찾는단 말인가! 때로는 즐겨 읽던 책 속 주인공들의 이야기, 젊음의 고뇌와 기쁨도 어설프나마 편지글에 실어 나르던 그 풋풋한 시절의 추억들, 그 어찌 소중하지 않으리! 아마도 그때는 빨간, 큰 가방 둘러멘 우체부를 기다리던 맛으로 살았지 싶다. 그러기에 지금까지 아름답고 그리운 추억으로 영원히 지워지지 않을 소중한 자산으로 남겨진 것 같다.

'그래. 세월의 강물을 누가 막을쏜가. 이것이 인생이거늘!'

요즘 젊은이의 어쭙잖은 시선이 나를 응시한다.

"이 꼰대 할머니야, 지금 이렇게 빨리 돌아가는 디지털 시대에 그 아날로그적 촌스러운 이야기를 들먹이냐고!"

물론 나도 컴퓨터 자막을 누르고 전자메일로 편지 쓰며 검색으로 길도 찾는다. 또한, 많은 사람이 찾는 블로그를 운영하는 신식 할머니로 문명 이기의 편리성을 잔뜩 누리고 있다.

그러나 어쩐지 내 가슴은 윤기가 없고 어쩌다 찾는 영화관에서도 도대체 감동할 작품이 보이지 않는다. 수십 년이 흐른 지금도 내 시야엔 영화 '모정'과 '애수'의 장면이 감동으로 다가오고 '해바라기'와 '닥터 지바고'의 잔잔한 영화 음악이 가슴을 적신다. 어쩌다 접하는 책 속에서도 젊은 날 빠져든 『테스』와 『부활』의 느낌은 찾을 수 없다. 글을 쓸 때도 그렇다. 컴퓨터 자판에 익숙할 법도 한데 솔직히 고백하거니와 백지에 펜을 들었을 때 술술 잘 풀린다. 왠지 기기 앞에 앉으면 무언가 제어받는 느낌이다. 물론 원고 수정하기도 좋고 파지도 생기지 않으니 그 편리 더 말할 나위도 없지만, 물론 세대 차이의 격차와 관점, 고루한 의식의 문제일 수도 있겠지만, 결코 그것만은 아닌 것 같다. 요즘 젊은이들 그 영민한 머리로 약삭빠르게 돌아가는 세상을 모르는 바 아니지만, 꼬집을 수 없는 2% 허전하고 삭막한 느낌, 아마도 인간 본연의 정서적 사고나 지혜가 부족한 듯한 우려, 나만의 걱정이 아니길 바란다.

하루가 멀다고 변화하는 요즘 세상에 긴 사연의 손편지를 쓸 시간도 여유도 필요도 대상도 없지만, 고작 몇 마디의 문자 메시지, '잘 있지? 잘 있어.' 안부가 고작이니 왠지 허전하고 아쉽고 슬프다.

그러나 어쩌랴. 세상은 변했고 변화하고 드디어 제4차 혁명 시대로 돌입했다. 고리타분한 옛일로 숨어 살기에는 현실이 허락지 않는다. 그러나 잊을 수도 잊혀서도 안 될 이 자산도 역시 소중히 간직하고 싶다. 그것은 바로 개인이나 사회나 국가나 지난날의 소중한 인적·물적 자산이기에 축적된 거름이라고 말하고 싶다. 거름이 없다면 어떻게 씨를 뿌려 좋은 열매를 얻을 것인가. 어찌 오늘의 부유함이 있겠는가! 그러기에 역사와 고전은 귀하고 소중하다. 둔필승총(鈍筆勝聰)이란 말이 있다. 어설픈 기록이라도 총명한 기억보다 낫다는 말로 기록이 기억을 앞선다는 뜻이다.

아무튼, 한 눈은 뒤를 보고 한 눈은 앞을 보면서 그 순수했던 아름다움만은 잃지 않은 채 지금 여기 오늘을 잘 살아 볼 일이다.

김충석

■

문인님들 왜 아호를 쓰시지 않는가요

국어사전에 아호(雅號)는 명사, 문인, 화가, 학자 등이 본 이름 외에 호(號)나 별호(別號)를 높여 부르는 말이고, 자(子)는 학덕이 높거나 학설을 편 사람임을 나타냄이라고 쓰여 있습니다.

내가 알기로 조선 14대 선조 임금 시절, 이율곡 선생은 이이, 이퇴계 선생은 이황, 충무공 이순신 장군의 호는 덕암(德巖), 자(子)는 여해(汝諧)였습니다.

절에서 스님이 되려면 속세의 이름을 버리고 법명을 받아 쓰는데, 임진왜란과 정유재란 당시 전라좌도수군절도사(약칭 전라좌수사) 겸 삼도수군통제사 이순신 장군을 도와 승병을 이끌고 나라를 구한, 서산대사 휴정(休靜)의 속명은 최여신, 사명대사 송운(松雲)의 속명은 임응규, 최근 무소유로 유명했던 법정 스님의 속명은 박재철이었습니다.

이승만 대통령은 우남 이승만, 안창호 선생은 도산 안창호, 백범 김구, 의암 손병희, 철기 이범석, 설산 장덕수, 초대 광주시장과 거창 사건 주인공 4선 의원 월파 서민호, 연설 잘한 4선 국회의원으로 교보생명보험과 대한교육보험 회장도 한 천마 이도선 등이 있습니다.

춘원 이광수, 위당 정인보, 육당 최남선, 남강 이승훈, 노산 이은상, 육사 이원록, 소월 김정식, 영랑 김윤식은 문인으로 모두 큰 업적을 남겼고, 예술가나 연예인 중에 아호나 예명 쓰시는 분도 많이 있습니다.

국제 봉사 단체인 지역 로타리클럽에 가입하여 회원이 되면, 이름 대신 호를 본인이나 선배가 지어 줘, 주회(週會)나 각종 회합이 있는 국내외 어디로 가나 통합니다.

그런데 언제부터인지 법으로 아호나 호나 별호를 못 쓰게 했는지, 무슨 일이 있었는진 잘 모르겠지만, 본인의 저서나 중앙·지방 문예지에 아호를 쓰지 않고 본명만 쓰고 있어, 그 이유를 잘 몰라 여러분들의 고견을 듣고 싶어 넋두리를 늘어놓았습니다.

김형애

■

악화는 양화를 구축한다

푸른 하늘에서 찬란하게 쏟아지는 햇살은 우리 마음의 어두운 구석을 쓸어 내고 밝은 기운을 부어 준다. 뿐만 아니라 그리운 사람들을 만나 함께 식사라도 하거나 차라도 마시고픈 생각이 가슴에서 회오리로 치솟는다. 차를 몰고 녹색의 숲으로 달려가고픈 마음을 진정시킬 수 없는 오월이다.

헌데, 매일 신문지상이나 TV 뉴스에서 보는 우리나라 정치·사회·경제면은 어둡기만 하다. 4·10일 선거 후 더욱 암울한 국회가 우리를 실망시키고 있다. 재판중인 사람이 국회의원 불체포특권을 누려 야당 대표로서 있는 것도 부족하여 자기편의 변호사를 비롯한 많은 사람들을 국회의원 후보로 등록시켜 대거 당선되어 국회를 장악하였으니, 앞으로 국회를 바라보는 국민은 뭘 기대할 수 있을까 하는 생각이 든다. 그들을 당선시킨 국민들이 쌍수를 들어 기뻐할 것인지 두고 볼 일이다. 징역 2년의 형을 받고도 당을 창당하여 이미 형을 받은 사람들을 받아들여 재판한 판사나 검사들을 오히려 소송하겠다며 매일 기염을 토하는 세상.

공의와 정의를 부르짖는 사람들을 오히려 이상하게 보는 세상이 되었다. 가짜와 허위가 진짜와 진실로 둔갑하여 미련한 국민들을 현혹하는 사회가 우리나라다. 사회악을 끼치고도 어떻게 국민을 위한다며 훤한 대낮에 얼굴을 버젓이 쳐들고 당당하게 큰소리치며 다닐 수 있나 말이다. 러시아, 중국, 북한을 빼고 말이다.

오늘 새벽에 갑자기 영국의 경제학자, 토마스 그레샴의 법칙이 생각났다. 그는 "악화는 양화를 구축한다(Bad money drives out Good.)"는 말을 했다. 이 말의 뜻은 가치가 낮은 화폐가 가치 높은 돈을 몰아낸다는 뜻이다.

이 법칙은 돈에만 적용되지 않는 듯하다. 나쁜 사람들이 정의로운 사람들을 제치고 떳떳하게 양심적인 사람들처럼 활보하며 국민들의 판단을 흐리게 하고 있으니 말이다. 이 나라 국민들에게 지혜 주셔서 올바른 판단력과 분별력을 주시기를 오늘도 하늘 아버지께 간절히 기도드린다.

우리나라를 주님의 손에 부탁하오니 긍휼을 베푸시어 하나님의 창조 질서가 회복되는 나라 되게 하옵소서.

오월의 찬란한 햇살이 이 땅 위에 영원히 머물기를 바란다. 장미의 향기가, 아카시아 향기가, 찔레꽃의 향기가 우리나라를 감싸 국민들에게 큰 기쁨이 되기를 파아란 하늘에 흰 구름을 보며 기원해 본다.

남기수

■

한강 북춤

서울에 거주하면서 자주 찾는 곳이 두어 군데 있다. 혼탁한 마음이라도 정리하고 싶을 때 혼자 불쑥 찾고 싶은 충동을 느끼는 곳이다. 그 하나는 북한산이요, 하나는 한강이다. 내가 사는 곳에서 지하철로 두서너 정거장만 가면 북한산이고, 자전거로 30분이면 한강 곁에 선다. 산은 계절이 바뀌면 바뀌는 대로 격에 맞는 빛깔을, 강은 강대로 흐르는 소리까지 맞춰 기쁘면 기쁜 대로, 슬프면 슬픈 대로, 영혼을 안아 주는 품이 있어 좋다. 젊었을 땐 여가 선용을 주로 산을 찾았으나 나이가 들어 가며 무릎이 시큰대고 완만한 산길에도 힘이 부쳐 산보다 강을 찾게 됐다.

요즘 같은 봄날은 날씨도 따뜻하고 강바람도 훈훈해 한강과의 낭만을 찾기에는 그저 그만이다. 지난해 길 건너 자전거포에서 남이 타던 자전거를 싼값에 구매한 것이 내 이곳을 드나드는 교통편이자 강 나들이 벗이 됐다. 그러니까 고물 자전거가 내 강 친구로 제값을 톡

톡히 한다고나 할까. 오늘도 새벽바람을 안고 한강을 찾았다. 강바람은 아직도 조금은 찬 기운을 뱉는다.

한강 곁에 섰다. 유유한 강물이 시야를 덮는다. 거칠게 누운 철교 위에 가로등이 빛을 잃어 가는 시간, 강 건너 늘어선 고층 아파트 무리가 상자를 쌓아 올린 것처럼 어렴풋하다. 막 달려온 햇귀가 강물 위에 앉으며 황금 편린을 만든다. 긴 돛대를 올린 요트에 번거로움이 지난 한가함이 돈다. 어제의 번잡을 지난 도시의 휴식이라고나 할까. 아니면 마지막 타는 촛불이 더 밝듯, 또 다른 번잡을 시작하기 직전의 휴식이라 할까. 도시의 역사는 번잡과 휴식을 윤회하며 창조되는 산물이기에 이 시각의 한강은 그런 철학적 의미가 있어 좋다.

우리 역사에 한강은 힘의 요세(要塞)였다. 한강을 차지하려고 고구려 백제, 신라가 싸웠다. 또 한강을 따라 북으로는 강원도, 남으로는 충청도에 이어지는 수로였다. 이를 반대로 말하면 내국에서 바다 넘어로 또 다른 세상으로 이어지는 관문이다. 그래서 한강은 민족의 혈맥이요, 또 다른 시작이다. 근래 우리나라 문학사 중 한강을 이야기한 문인은 여럿으로 그들은 저마다 다양한 문장으로 묘사했다. 나에게 한강을 주제로 한 시구(詩句)를 고르라면 한 20여 년 전에 작고한 제해만(諸海萬, 1944~1997) 선생의 시구를 떠올린다. 그는 자기의 시(詩) 〈한강 소금(漢江小昑)〉에서

강가에 오면 길들을 만나고
강가에 오면 영혼들을 만나고
빛다운 빛, 바람다운 바람을 만난다.

—제해만, 〈한강 소금〉 부분

라고 적었다.

그는 한강은 우리들의 영원한 의식이며, 과거와 현재, 미래까지도 아우르는 은근히 조왕신(竈王神) 같은 존재로 등장시켰다. 신달자 시인은 그의 시 〈아리수 사랑〉에서 "아침마다 푸르른 강이 태어나고, 천년 생명의 메아리가 울었다. 아리수여 아리수여, 다시 새천년을 잉태하는 푸르른 여자"라고 하였다. 이토록 한강은 우리 가슴에 영원한 어머니처럼 앉아 있다.

그러나 한강을 감성적인 글귀만으로 표현하기에는 한계가 있다. 당(唐), 청(淸)의 수탈과 일제 치하의 민족 수난, 동족상잔의 비극인 6·25, 4·19, 5·16과 그리고 세계 10위권 경제 대국을 일으킨 기적 등은 강을 안고 살아온 우리의 역사가 숱하게 잠겨 있기 때문이다. 하지만 한 시대를 변화시킨 르네상스적 문화 기적은 없다. 새것 하나를 시작하면 밤낮없이 열심히 끝을 보는 것도 좋지만, 때로는 안전하고 변하지 않는 인간적인 정서와 기대가 우리를 더 만족하게 한다. 민족의 혼이 담긴 한강이라고 입으로만 떠드는 몇몇 학자들의 입에 발린 소리를 들을 때마다 거부감과 아쉬움이 앞설 때도 있다.

강변 붙박이 장의자에 앉아 유유히 흐르는 강물에 시선을 던진다. 안전을 위한 철제 펜스에 '낚시 금지' 라고 쓰인 고딕 글자 밑에 물고기 한 마리에 빗금을 그려 놓은 판자 그림이 걸려 있다. 이 나라 국민이 이 나라 강에서 낚시 좀 하면 어떠랴. 보기에도 흉한 그림을 붙여 놓고 통제하는 것은 정부가 환경 오염을 시인하고, 낚시를 할 수 있는 시민의 자유를 무언중에 속박하고 있는 것이 아닌가!

한강에 나설 때마다 아름드리 침묵하는 조국의 긴 역사를 본다. 이 세상을 떠나신 아버지와 어머니의 주름 깊은 얼굴을 본다. 늘 갈구는 아내와 아들딸, 손자들도 그려진다. 여태 사는 동안 변해 가는 미래의 자화상도 그려진다. 심지어는 넉넉지 않은 나에게 돈 떼먹은 후배를, 그것도 그의 딱한 형편을 듣고 남에게 빌려서 준 사정을 외면한 배신감도 한강 물에 삭혔다. 누구에게 사소한 일에 모진 말을 하고서 가슴 아파 반성하고플 때도 한강을 찾았다. 그러고 나면 텁텁한 내장에 냉수 한잔을 마신 기분이다.

지난해 이맘때 아내와 함께 이탈리아 피렌체를 여행한 적이 있다. 피렌체는 르네상스를 일깨운 '미켈란젤로', '레오나르도 다빈치' 와 '단테' 가 활동한 도시다. 이 도시에 피사를 거쳐 지중해로 흘러가는 '아르노강' 이 있는데, 이곳 토스카나 지방 사람들에겐 생명의 젖줄이다. 강의 규모를 보면 한강과 비교해 게임도 안 될 개천 수준이었지만, 강물은 맑고 주위에 늘어선 붉은 지붕을 한 건물들은 18세기 중세 유럽풍의 아름다움을 조화롭게 노출하고 있었다.

아르노강은 이 나라 역사만큼 다양한 이야기를 간직하고 있다. 피렌체가 낳은 시성(詩聖), 알리기에리 단테(Alighieri Dante, 1265~1321)는 그와 여덟 살의 숙녀인 베아트리체(Beatrice, 1266~1290)의 아름다운 사랑을 등장시켜, 중세 유럽의 르네상스를 탄생시킨 『신곡(La divina commedia)』을 썼다. 한강보다 초라한 강이지만, 단테라는 세기의 시인과 그의 순수한 사랑이 인류 역사를 변천할 수 있게 했다. 사람이 사는 세상은 결국은 신이 아닌 인간의 사랑이다. 800년이 지난 지금도 수많은 사람들이 아르노강을 찾아 그들의 사랑과 희망을 기린다. 난 이곳에서 한강을 생각했다. 그리고 인간의 사랑을 생각했다. 왜 우린 아르노강의 기적 같은 문화 기적은 없을까? 왜 우린 단테와 베아트리체 같은 사랑의 기적은 없을까?

사람 사는 것이 순탄하고 희망적인 순간의 연속만은 아니다. 때로는 절망하고 고독하고 울부짖고 싶을 때도 있다. 지난 시간, 한강에 검은 그림자가 드리웠을 때 그 꼴이 보기 싫다 떠나기도 했다. 하지만, 한강과는 핏줄처럼 끈끈한 정이 있어 결국 침묵하는 이 강을 다시 찾았다. 이젠 아르노강의 르네상스 기적처럼 우리의 조국 한강에도 한 시대 역사를 전환하는 인간의 사랑으로 르네상스 계기가 되기를 바란다. 그러고 나서 유유한 한강 물 앞에 서서 우리 모두가 덩실덩실 북춤 추는 그날을 기다린다. 그래서 난 오늘도 한강을 찾는다.

남복희

■

우리 집에 보석이 있어요

어릴 적 예쁜 옷감 모으기를 좋아했다. 와이셔츠 네모진 상자에 가지런히 옷감을 모으는 것이다. 엽서 크기만 한 옷감을 두 번 접어 옷감 가게처럼 반듯하게 옆으로 진열하곤 했다.

남쪽 소도시에 포목 도매업을 하셨던 외갓집에서 처음 본 알록달록 옷감은 소설 속 풍경처럼 휘황찬란했다. 색과 무늬, 재료의 다양함을 보고 막연하게 그림, 색칠하기, 도안 등에 호기심을 갖게 되었다.

여중 시절 외갓집에 이모, 외삼촌이 구독하시던 책, 《현대문학》이 있었다. 가끔 펼쳐 본 책 속의 내용은 알 듯 모를 듯했으나 표지, 삽화, 광고 등이 눈에 들어왔다. 알 수 없는 내용들도 고상한 듯 약간 철학적인 것 같았다.

대학을 졸업하고 교사 시절에는 고등학교 시절에 부족했던 책 읽기가 다시 이어졌다. 조금은 익숙했던 《현대문학》을 보기 시작했다. 책 속에서라도 여러 문인과 화가, 조각가, 시인, 소설가 등을 만날 수 있어서 참 좋았다. 근무 학교를 옮길 때면 그동안 보았던 책을 원하는 친구에게 주기도 하고 다락이 있는 집에 모으기도 했다. 따로 시간을 내지 않고 구독하는 책에서 많은 걸 배웠던 것 같다.

나에게 종이책은 참 스승이었다. 학창 시절 교과서를 중요시하고 담임선생님이 환경 미화로 적어 주신 표어나 칠판 한쪽에 매일 적어 주시는 금언 등이 기억에 오래 남곤 했다. 학행일치, 햇빛 있을 때 건초를 준비하라. 시간은 금이다. 일찍 일어나는 새는 먹이를 찾는다 등 바쁜 생활 속에서 잠깐 시간이 나면 오래된 종이책을 찾게 되며 경전처럼 마음을 다잡고 종이책을 대한다.

우리 집 현관 작은 공간에 옛 책을 두는 곳이 있다. 30년이 지난 《현대문학》이 열한 권 있다. 색이 누렇게 변하고 글씨도 작아 보기가 어렵지만 광고, 삽화, 표지는 멀쩡하고 변하지 않았다. 익숙하고 내 취향 문인의 글은 여러 번 읽어도 맛이 난다. 제목까지도 잊지 않고 기억이 되며 손자 이름을 정할 때도 문학책 속 주인공 이름도 후보로 세운 적도 있다.

근무 학교가 교통이 불편한 벽지일 때, 마이크로버스를 타고 출퇴근할 때도 희망은 옛 문학책이었다. 모서리가 닳도록 가지고 다니며 부러운 것 없이 마음이 부자가 된 듯 힘이 나는 것은 종이책이었다. 종이책에 적힌 깊은 사유의 작품은 우리를 인간 되게 하고 희망을 품게 하는 비타민이다. 글 좋아하는 사람이 바라는 작업실을 준비하면 폼나게 진열하려고 모아둔 《현대문학》 몇 권은 나에게 둘도 없는 보석, 보물이다.

마음이 한가로울 때 또 다른 평화를 생각할 때 찾는 것이 오래된 종이책이다. 문명의 발달로 문명의 이기 핸드폰이 모든 걸 장악한 지금에도 고향 찾듯 가끔 옛 종이책을 찾고 새로운 산소를 공급받는다.

오랫동안 보관한 60년 된 릴케 시집은 올이 풀려 조심스럽게 모시고 있다. 자줏빛 표지에 음각된 릴케 모습은 그대로이다.

오늘은 30년 전《현대문학》공익광고협의회 작품 광고를 보면서 배울 점이 컸다. "이 광고를 소중히 하세요."로 시작해서 조부모님 란에 "맛있는 음식보다 말벗이 필요합니다."

그 아래 부모님 란에는 "부모님을 힘 솟게 하는 한마디를 습관처럼 하세요." "또 부모님을 절망에 빠지게 하는 이런 말은 제발 버리세요."

그 아래 선생님 란에는 "안 듣는 데서도 꼭 존칭합시다."라고 적혀 있는 광고 문안이 우리가 배워야 할 윤리 교과서였다. 어지러운 사태가 많이 나타나는 이 시기에 눈에 들어온 광고도 또 하나의 보석이다. 우리 집에 보석은 종이로 만든 오래된 책들이다. 수수한 옛 종이책의 광고 모델과 문구를 접하면 마음이 편안해지고 정이 샘솟는 것이 신기하다. 아니 행복하다.

옛것만 고집하는 것이 아니라 오래된 것의 좋은 점과 현대의 발전된 내용을 균형있게 접목하여 우리만의 귀한 꽃을 피우는 일 또한 행복으로 가는 길이 아닐까. 오래된 물건에는 그 시대의 향기가 숨어 있다. 핵가족에서 맛볼 수 없는 대가족 시대의 너그러움도 종이책에 비교할 수 있을지. 개인적으로 음악은 현대음악을 좋아하면서 종이책의 매력에 빠지는 나의 복잡한 체질은 무언지 누구에게 물어볼까.

남정우

아버지의 눈물

장마철이라 그런지 운동이 부족해서인지 잠이 오지 않는다. 천둥소리와 번개가 치고 많은 비가 내리고 있었다. 어릴 적에는 비가 오면 좋아했고 청소년기에는 멋있다며 일부러 비를 맞고 다니기도 했었다. 쏟아지는 빗소리가 크게 들리자 여학생 시절에는 지금 이 나이가 아니면 비 맞는 우리를 보고 정신병자라고 할 거라며 웃으며 비를 맞고 다녔었다.

지난 시절을 생각하자 쏟아지는 빗물이 얼마나 내리는가 보고 싶어졌다. 베란다로 나가 가로등 불빛에 떨어지는 빗방울을 바라보았다. 빗줄기 속에 앞마당을 꽉 메운 자동차의 등줄기가 바둑판이 되어 내 눈에 들어왔다. 그 차들을 하염없이 바라보고 서 있자 문득 아버지가 계신 병원으로 달려가고 싶어진다. 아버지는 지금 어머니가 그리워서 눈을 뜨고 계시지나 않으신지 측은한 마음이 들었다.

거동도 못하시게 불편하신 아버지는 어머니가 심근경색으로 쓰러지자 돌보아 줄 사람이 없어 노인 병동에 입원시켜 드렸다. 자식들이 면회만 가면 우시는 아버지가 생각나고 지금도 울고 계시지나 않은지 염려가 되었다. 이런저런 망상을 하고 있던 차에 새벽은 밝아 왔다. 아침을 먹고 나자 궁금하던 나는 둘째 올케한테 전화를 하려 하자 그쪽에서 먼저 전화벨이 울렸다.

어머니를 모신 둘째 동생이 인터넷에 글을 올렸는데 메인에 실렸다고 읽어 보란다. 컴퓨터를 켜고 동생이 써 놓은 아버지에 대한 글을 읽었다. 그 글을 보고 나자 마음이 너무 아팠다. 글을 읽고 언니에게 말이 하고 싶어 수화기를 들었다. 언니는 전화를 받자 내가 걸으려고 했었는데 하며 자기도 하고 싶은 말이 있었다고 한다. 언니의 말인 즉 어머니가 병원에서 퇴원하던 날 동생과 함께 아버지 병실로 문병을 갔었단다. 아버지는 어머니를 보자 장모님이냐며 전혀 모르는 사람처럼 말씀을 하시더란다. 딸도 며느리도 다 알아보시는데 유독 어머니만 못 알아보신다는 표정이었단다.

몇 분쯤 시간이 지난 뒤에 언니의 눈에는 아버지의 얼굴에서 보이는 게 있었다고 한다. 숨기고 싶어 하던 아버지의 눈에 고인 눈물이었다. 보아서는 안 될 것이라 눈을 돌렸지만, 아버지는 당신의 눈망울을 누가 볼세라 깜박거렸고 눈물을 감추려고 애를 쓰시더란다. 맏딸인 언니는 아버지가 불쌍해서 어찌할 바를 몰라 했었다는 이야기였다. 동생이 돌아간다고 말을 하자, 아버지는 그래 빨리 가라 하시더니 어머니에게 들킬까 봐 눈을 지그시 감으시더란다. 노령이신 아버지의 안타깝고 가슴 저린 굵은 눈물이 볼 위로 한없이 흘러내리더란다.

병실을 나오자 어머니는 아버지가 당신을 못 알아보신다며 서운한 표정을 짓고 계셨단다. 지아비의 안타까운 서러운 눈물이 유독 당신

눈에는….

언니는 올케가 어머니를 모시고 돌아간 후 서울로 올라오며 아버지가 불쌍하고 우시는 표정이 눈에 밟혀 엉엉 울다 돌아왔어야 했다. 언니의 절규를 들으며 눈물로 통화를 했다. 그 전화를 끊고 난 후 나는 '아버지 죄송합니다.' 하고 소리 없는 눈물만 흘렸다.

내 마음에도 세차게 쏟아붓는 빗물을 보자 얄궂은 마음이 아버지의 눈물이라 생각을 했다. 파킨슨병으로 거동도 못하시고 일으켜 세우면 발발 떨기만 하시는 아버지. 혼자 서시지도 못하시는 가엾은 모습에 가슴이 터질 것만 같았다. '아버지, 불쌍한 아버지' 하며 불러보았다. 빗소리에 파묻혀 대전까지 날아가지도 못하고 귓전에서 맴도는 것이다.

아버지는 내 어머니가 자식들을 편애하는 말이 듣기 싫으셨던지 나를 육 남매 중 제일 잘 살 거라고 하셨었다. 나중에 누가 잘 사나 보자시던 아버지, 그가 지금은 기저귀를 차고 자리에 누워 당신의 아내도 몰라보는 척하신다. 사나이의 마지막 가는 길에 사랑하는 아녀자에 대한 못다 한 배려인 것 같았다. 이 땅의 수많은 남편들에게 경종을 울리는 '아내 사랑'인가 보다.

잠을 깨고 어둠속에서 아버지를 생각하게 하는 것도 불효한 자식을 일깨우는 일이라 고맙게 생각했다. 조금 전 라디오에서 어느 청취자의 사연 중에 돌아가신 아버지께서 오랫동안 병석에 계셨기에 설마하며 자주 찾아뵙지 않았는데 갑자기 떠나셔서 괴로웠다는 글을 읽어 준다. 그 사연을 듣고 나자 내 양심이 나를 깨우치게 하는 것 같았다.

인터넷에 올라온 동생의 글에는 이런 말도 쓰여 있었다. 큰누나와 같이 아버지 병실에 다녀온 몇 주 후 어머니를 모시고 두 번째 면회를 갔었단다. 아버지께서는 어머니에게 눈길도 안 주시더니 돌아갈 시간이 다가오자 갑자기 아주 큰 소리로 엉엉 우시더란다. 정신이 어찌된 사람처럼, 아니 부끄러움도 모르시는 아이처럼 말이다. 동생 내외는 당황스러웠고 아버지를 모시지 못함을 내내 죄송스러워했다는 이야기였다.

돌아서지 않는 발길을 돌리신 어머니는 아버지 면회를 하고 오신 후부터는 말수가 적어지고 자기를 못 알아봐서 서운하다는 말도 잊으신 것 같더란다. 그런데 이상하게도 어머니 눈가가 빨가시고 누가 볼세라 눈물을 훔쳐 내더란다. 그리고 밤에는 뒤척이며 잠도 못 주무시는 것 같았단다. 남편도 아내도 서로의 마음을 모르는 척 하시던 분들이 소리 내어 마음껏 울지도 못하시고 참고 사시면서 괴로워하신다는 글이었다.

동생은 두 분을 바라보면 꼭 닮은 자기 자신의 노년을 본 듯하다며 부모님 오래오래 사시라는 말로 끝을 맺는다. 두 분은 부부로 만나 육십오 년을 사셨는데 아버지의 마음을 어찌 어머닌들 모르리까. 마음 편히 살다 오시라고 일부러 모르는 척한 것을 다 아시는 것 같다는 애달픈 사연이었다. 그리고 간병인이 올케에게 했던 말이 생각이나 울지 않을 수 없었다. 할아버지는 자식들이 면회 왔다 가면 아주 괴로워하신단다. 한동안 애를 못 새기고 참는 모습이 확연하단다. 어머니와 함께 살았던 그 시절이 그리워 어쩔 줄을 몰라 하시는 우리 아버지….

파킨슨병으로 발음에 걸음에 마비가 와서 정상인이 듣기에도 알 수 없는 말을 하신다. 그런 말을 보청기를 두 개나 끼고도 전혀 들리지 않는 어머니는 반도 못 알아들을 때가 많으셨다. 그렇기에 아버지는 답답하다며 어머니에게 자주 화를 내셨기에 서로 간에 악연처럼 자주 싸우셨다. 어찌되었던 간에 지난날을 후회하는 두 노인이 너무나 안쓰럽고 불쌍하다.

이제는 지나간 시간이 되었고 어머니가 가정을 꾸리기에 건강이 허락할 수 없는 처지가 되어 버렸다. 누구의 도움이던 받아야 살 수 있는 연세가 되신 두 분이시다. 어머니께서는 혼자서는 자기의 몸도, 아버지의 시중을 들 수도 없는 병든 노인이 되었다는 사실을 인정하기가 고통스럽겠지만 어쩔 수 없었다.

입원한 병실에서 아버지는 그래도 지아비의 도리를 끝까지 하려고 어머니에게 모르는 척 고개를 돌리시는 멋진 남편이셨다. 그 마음을 아는 이 딸들은 아버지의 숨겨진 높은 덕망이라 생각하며 고마워해야겠다. 또 한편으로는 어머니에게 아버지는 그 간의 작은 잘못이라도 뉘우치고 털고 가라는 마지막 선물이라 생각하고 싶었다.

아버지!

아버지는 이제 저세상으로 가실 때까지 가정이라는 굴레에서 어머니에게 밥 먹여 달라, 일으켜 세워라 하시며 살다 가시기에는 너무나 늦어 버렸어요. 아버지! 자식들을 용서해 주세요. 제발 부탁드리겠어요. 잠을 이루지 못하는 이 밤에 동생의 글이 저의 가슴을 미어지게 하네요.

그 글을 보고 또 언니와 통화한 말들이…. 어머니 당신을 위한 기도하실 때에는 이다음 천상에서 아버지와 다시 만날 기회가 온다면 부부가 아닌 절친한 남자 친구가 되게 해달라고 기도하세요. 아마 당신이 믿는 하느님은 그 깊은 뜻을 알고 이루어 주실 거라 믿고 싶어지네요. 어머니!

아버지 어머니, 사랑합니다. 영원히….

도월화

■

들숨과 날숨

입추가 지나자마자 새벽바람 끝에 잠깐 시원함을 느낀다. 아침에 맨손체조 대신, 발끝치기를 한다. 자리에 누운 자세로 삼백 번쯤 두 발끝끼리 부딪치는 것이다. 멈춘 후 잠시 조용히 머물러 들숨과 날숨을 지켜본다. 단전 호흡에 들어갈 때는 운동과 병행하면 효과적이다. 절로 숨이 깊어져서 자연스럽다. 코로 천천히 심호흡을 하며 들숨과 날숨을 고르면 온몸의 세포들이 이완하는 듯하다. 속이 탁 트이면서 화평한 기운이 몽올몽올 피어오른다.

아직 늦더위야 계속되겠지만, 순간적이나마 아침결에 숨 쉬는 청량한 공기가 새롭다. 숨 막히는 열대야에 시달리다가 하루아침에 어김없는 자연의 변화를 실감한다. 절기를 나눈 옛사람들의 지혜에 다시금 놀란다. 입추와 말복은 겹칠 때가 많으나, 올해는 입추가 말복보다 이틀이나 먼저 들었다. 천문학에 무지한 나는 시인에게서 까닭을 찾아본다.

마지막 과실을 익게 하시고
이틀만 더 남국의 햇볕을 주시어
그들을 완성시켜, 마지막 단맛이
짙은 포도주 속에 스미게 하십시오

—릴케, 〈가을날〉 부분

릴케(Rainer Maria Rilke, 1875~1926)의 시, 〈가을날〉에 나오는 구절이다. "이틀만 더 남국의 햇볕을 주시어" 짙은 포도주 속에 스미게 하시라고 기원하고 있다. 시인과 농부는 이처럼 자연이란 배에 방향 설정하는 키와 노를 드리우고 두 손 모아 기도하는 자세로 살아가나 보다. 인생의 키와 노는 감사와 긍정적 마음이 아닌가 한다. 억울한 수모도 담담하게 받아들이면 업장 소멸이 된다지 않는가. 배꼽 아래의 단전으로 깊고 천천히 들숨과 날숨을 쉬면 세상만사 고맙게 여겨지고 평온해진다.

감사와 긍정의 마음은 들숨과 날숨같이 중요하다. 어릴 적 내가 살던 동네에 무척 예민한 아이가 있었다. 화가 나면 숨 넘어갈 듯 울어댔다. 어른들은 연신 "숨 쉬어!"라고 외쳤다. 제풀에 파랗게 질린 애를 다독이며, 숨 멎을까 봐 걱정이라고 수군거렸다. 숨만 잘 쉬어도 건강하단다. 음식은 며칠 안 먹어도 살 수 있지만, 산소 공급 없이는 몇 분만 지나도 위험하다고 한다. 삶에서 산소처럼 중요한 것이 감사와 긍정적인 마음이 아니겠는가.

우리 애들이 초등학생일 때, 온 가족이 운동 삼아 단전 호흡 수련원에 다녔다. 가르치는 원장은 불로장생한다는 선인 같은 풍모에, 기골이 장대했다. 연세를 종잡을 수 없었다. 아마도 청년기에는 중년쯤으로, 중년기엔 청년같이 보일 분인 듯했다. 노인이 돼도 늙지 않고 늘

장년으로 살아갈 분 같았다. 들숨과 날숨에 오랜 내공이 쌓여 몸에 배인 것인가.

배꼽 아래의 단전으로 숨을 깊이 쉬며, 산소와 기 에너지를 받아들이라고, 원장님은 수련 시간마다 강조했다. 들숨, 날숨, 들숨, 날숨 해야 되는데 들숨, 날숨, 날숨…만 쉬게 되는 부작용이 나면 위급해질 수 있다고 하였다. 실제로 부정적인 생각 속에 나도 모르게 들숨을 놓치고, 숨이 차면서 회의적이 되기도 한다. 삶도 자칫 감사하는 마음을 놓치면, 비관적으로 치달아 위험스러워질 수 있다. 나뿐만 아니라 남에게 좋은 에너지를 보내며 한세상 살아가야 하지 않겠는가. 모두가 들숨과 날숨을 단전으로 심호흡하면 좀 더 따뜻한 세상에서 살아갈 수 있을까.

딸 바보라고 일컬어지는 한 배우가 인터뷰에서 말했다. 아빠로서 대학 졸업하는 딸 걱정이 된다고 한다. "이 험난한 세상 어찌 살아갈지…" 라고. 살다 보면 서릿발 같은 세상 견뎌낼 때도 만나는 게 인생이 아니겠는가. 군자란처럼 추운 겨울을 경험하지 않으면, 봄에 꽃을 피우지 못하는 것을 춘화 현상이라고 한다. 숨죽여 자중하는 세월, 천천히 들숨과 날숨을 단전으로 쉬면 긍정적이고 감사하는 삶에 도움이 된다.

들숨과 날숨은 생명 유지 그 자체로서 오묘하다. 들숨과 날숨은 마음의 평화와 직접적인 관계가 있다. 명상과 호흡, 체조나 산책, 누워서는 발끝치기라도 하면서 복식호흡을 하면 절로 깊은 숨을 쉬게 된다. 복식호흡은 심호흡이다. 요가, 명상은 단전으로 심호흡을 하며 심신을 수련한다. 마음의 평안뿐만 아니라 몸의 건강에 좋다고 백과사전에도 나온다. 태초에 창조주가 진흙이요, 먼지인 인간에게 생명의 호흡을 불어넣었다고 하지 않는가. 감사와 긍정적 마음이라는 인생의 키와 노를 놓치지 않으려면, 우주와 연결되는 들숨과 날숨을 단전으로 깊이 호흡해야 하는 것인가. 들숨과 날숨을 심호흡하며, 나와 우주 자연의 연결 고리를 단단하게 이어야 하는가.

이 가을 손 모아 기도드리고 싶다. 오곡백과가 익어 가는 계절, 신의 자비로 '이틀만 더 남국의 햇볕을 주시고', 모두가 들숨과 날숨을 심호흡하며 좀 더 나은 소망을 품게 해 주시길 기원한다. 낙엽을 보면서도, 봄이면 다시 새잎이 난다는 희망적인 생각을 가다듬고자 한다. 가끔 부정적인 생각이 들면 즉시 인생이란 배의 키와 노를 다시 잡아 긍정 에너지로 바꿔야겠다. 들숨, 날숨을 호흡할 때마다, 감사와 긍정적 마음의 중심을 잡는다면 짙은 포도주 빛 인생의 향취를 느끼지 않겠는가.

문상기

■

자물쇠

누구나 한 번쯤 절절한 사랑에 빠져 본 사람은 안다. 그 황홀한 순간들이 끝없이 지속되기를 바란다. 시간도 흐름을 멈추고, 이 상태로 화석으로 변해 영원히 함께하고 싶을지도 모른다.

아니면 영원히 변치 말자는 약속의 증표를 어떤 신령한 장소에 두고, 다시는 열지 못하게 튼튼한 자물쇠로 잠근 뒤, 하나뿐인 열쇠마저 끝도 없이 깊은 심연으로 던져 버리고 싶을 것이다.

몇 해 전인가, 고등학교 때 친구들과 함께 중국 장가계(張家界)국립공원을 둘러본 적이 있다. 그곳은 중국의 첫 번째 국립삼림공원이자 유네스코의 세계자연유산 중 유일한 특급 보호 구역으로 지정돼 있는 유명한 관광지다. 억만 년 풍상에 암석이 깎이고 침수와 붕괴 등으로 생긴 깊은 협곡과 깎아 세운 듯한 기암절벽은 마치 절묘한 한 폭의 산수화를 보는 듯하였다.

장가계국립공원 관광 코스에는 유명한 천문산 귀곡잔도(鬼谷棧道)

가 있다. 귀곡잔도란 '귀신만이 다니는 험한 골짜기 좁은 길' 이라는 뜻이다. 수백 미터 까마득히 내려다보이는 협곡의 중턱 암벽에 선반 같이 놓여진 좁은 벼랑길이 아득히 뻗어 있다. 발밑으로 흐르는 짙은 구름 틈 사이로 언뜻언뜻 비치는 밑바닥은 깊이를 가늠하지 못할 정도여서 현기증이 난다.

그 벼랑길 한 중간쯤, 돌출된 곳에 협곡 전체를 조망할 수 있는 전망대가 있다. 추락 방지를 위해 가드 라인처럼 설치해 놓은 철책에 헤아릴 수 없이 많은 자물쇠가 다닥다닥 붙어 있었다. 세상에 이렇게 많은 자물쇠가! 눈앞에 펼쳐진 광경에 압도돼 할 말을 잃었다. 아주 오래된 것들은 손으로 만지면 금방 바스러질 듯 녹슬었고, 어떤 것은 새것으로 반짝반짝 윤이 난다. 모양도, 크기도 가지가지다. 세상의 모든 종류의 자물쇠가 다 모인 것 같다. 자물쇠 박물관이 있다면 바로 여기라는 생각도 들었다.

북적이는 관광객들 틈에 유난히 눈길을 끄는 한 쌍의 젊은이가 있었다. 유럽이나 미국에서 온 듯, 여자는 빨간 긴 머리에 하늘색 선글라스, 하얀 얼굴색과 코 주위에 흩어진 약간의 주근깨가 돋보였다. 남자는 큰 키에 군인처럼 짧은 머리, 짧은 콧수염을 기른 섬세한 용모의 청년이었다. 청년은 어른 주먹만하게 큰 둥근 모양의 자물쇠를 들고 그걸 매달 자리를 찾는지 여기저기 기웃거렸다. 여기까지 갖고 오기에 제법 무거웠을 성싶다. 자물쇠엔 하트 모양이 그려진 빨간 플라스틱 판이 달려 있었다.

그들은 철책 귀퉁이에 비좁은 틈서리를 간신히 찾아내 그걸 매달았다. 그리고 마치 세리머니를 하듯 남의 시선을 아랑곳하지 않고 긴 입맞춤을 했다. 여자는 마침 옆에서 이 광경을 무심히 바라보고 있던 나에게 사진을 찍어달라고 부탁했다. 그들은 약속의 증표인 그 자물쇠를 사이에 두고 포즈를 취했다. 기념 촬영이 끝난 후 열쇠를 계곡 아래로 힘껏 던지며 뭐라고 소리쳤다. 깊은 계곡 바닥 바위 틈새에 떨어진 열쇠는 다신 아무도 찾지 못할 것이다. 기적처럼 그것을 도로 찾아 다시 열지 않는 한 그 자물쇠는 그들의 약속이 영원히 지켜지길 바라며 비구름 넘나드는 그 협곡 벼랑길을 지키고 있을 것이다.

귀곡잔도의 좁은 벼랑길을 걸으며 나는 벽 안의 연인들을 생각했다. 비록 장난스레 보이지만, 변치 말 것을 다짐하는 사랑의 의식은 얼마나 순수하고 아름다운가. 그러나 그들이 매달아 놓은 큼직한 놋쇠자물쇠와 햇빛에 반짝이며 깊은 계곡으로 사라지던 열쇠가 머리에 떠오르자 나도 모르게 어떤 쓸쓸한 그림자가 가슴 한 녘에 드리워짐을 느꼈다. 세월이 흐르면 그 자물쇠도 계곡을 훑으며 올라오는 거센 바람과 안개비, 시간의 무게에 눌려 녹이 슬 것이고, 언젠가는 삭아 없어질 것이다. 그 언약의 증표가 서서히 풍화되어 갈 때 그들의 눈부신 젊음도, 사랑도 점점 그 빛을 잃어 갈 것이다.

사랑에 빠지면 황무지도 장미화원으로 보인다고 한다. 그러나 한때 가득 차 넘치던 사랑의 술잔이 언젠가 바닥을 드러낼 때, 호박으로 변해 버린 신데렐라의 황금마차처럼 장미꽃밭은 황무지로 변해 있을 것이다. 연인의 뜨겁던 살결의 부드러운 촉감, 오월의 산들바람처럼 귓가를 스치던 속삭임, 달콤한 숨결, 그 사랑하던 순간들의 황홀한 느낌을 허망하게도 우리 몸은 그리 오래 기억하지 못한다. 마치 무성영화 시대 낡은 흑백영화의 정지된 화면 같은 스산한 풍경만 기억 속에 남아 있을 것이다. 자물쇠에 영원을 약속하는 연인들의 장난스런 의식도 어쩌면 사랑의 덧없음을 예감하고 그것을 지켜보려는 안타까운 몸짓인지도 모른다.

자물쇠의 주인들 가운데 그때의 약속을 지키며 살고 있는 커플은 얼마나 될까. 얼마나 많은 연인들이 가슴속에 녹슨 자물쇠를 아픈 이별의 상흔인 양 안고 살아가고 있을까. 한편 만나고 헤어짐을 너무 쉽고 가볍게 여기는 젊은이들이 많은 요즘 세태이고 보면, 귀곡잔도 가파른 벼랑 끝에 매달린 자물쇠의 의미도 한낱 즉흥적인 심심풀이 장난에 불과할지도 모른다는 생각이 든다. 허기야 그런 하찮은 것에 심각한 의미를 부여하는 것이 오히려 구세대인 나의 고리타분한 발상 탓인지도 모르겠다. 그러나 아직도 많은 연인들이 그 자물쇠가 그들의 약속을 지켜 주는 주술적인 마력을 지닌 부적 같은 것이라고 믿고, 그들이 약속을 지켜 간다면 그 나름대로 의미가 있지 않을까 하는 생각도 해 본다.

영국 계관시인 윌리엄 워즈워드는 청춘을 '초원의 빛, 꽃의 영광'에 비유했다. 아름다운 시절은 빨리도 지나간다. 잠시 한눈파는 사이, 젊음은 도둑고양이처럼 잽싸게 우리 곁을 스쳐 지나 안개 낀 숲속으로 사라진다. 청춘의 캠프파이어가 끝나고, 열정의 밤도 새벽으로 향할 때, 뜨겁게 타오르던 불길이 재를 남기고 서서히 사그라져 갈 때, 연인들은 귀곡잔도 가파른 벼랑 끝에 그들이 매달았던 자물쇠의 기억을 떠올릴지도 모른다.

'연애 시절의 아름다운 추억은 부부에게 소중한 문화재다. 중매결혼한 부부에겐 이런 문화재가 없다.' 어느 작가의 소설 속에 이와 비슷한 구절이 있다. 맞는 말인 것 같다. 문화재가 가치 있는 것은 물질 그 자체보다 그 속에 담겨 있는 역사적인 의미와 소중한 기억 때문이리라.

여행길에 우연히 만나 사진을 찍어 준 그 서양 젊은이들, 그들이 바라는 좋은 결실을 맺으리라 믿고 싶다. 그리고 혹여 언젠가 위기의 갈림길에 섰을 때, 그 자물쇠가 지난날 행복했던 시절을 추억하게 하고, 사랑을 다시 회복하는 계기가 되었으면 한다. 그때 귀신만 다닌다는 그 벼랑길 한 모퉁이에서 쓸쓸히 녹슬어 가고 있을 볼품없는 자물쇠가 그들만의 소중한 문화재임을 알게 될 것이다.

미영순

■

어쩐 일로

난 어쩐 일로 글을 쓰게 되었을까? 아마도 1959년 초가을, 어느 비바람이 무섭도록 몰아치던 날의 그 가엽고 초라한 이미지 때문이 아닐는지….

태풍이었을까? '서울창신국민학교' 6학년 17반, 80여 명 아이들이 앉았기엔 좁아터진 교실에서의 수업 시간. 창문 유리를 깨뜨리고 말겠다는 듯 몰아치는 빗줄기는 몹시도 사나웠다. 창틀에 고인 물이 넘쳐날 것 같아, 신문지를 쑤셔 막은 유리창이 금방이라도 교실 안으로 떨어질 것 같아 눈을 뗄 수가 없는데 그 요란함이라니…. 반장이랍시고 맨 앞줄에 앉았는데도 선생님 말씀이 들리기도 안 들리기도 하여 고개를 흔들어 보는데, 맨 뒷줄 언니처럼 큰 아이가 갑자기 "선생님, 여기 지붕에서 빗물 떨어져요." 세상에 그런 북새통이 또 있을까. 청소용 양동이를 받쳐 놓고, 닳아 빠진 시커먼 대걸레로 물을 닦아 내고 선생님과 언니 같은 아이들이 난국(?)을 수습하는 동안 나라는 아이는 큰 소리로 "앞자리 작은 아이들은 얌전히 제자리에 앉아 있어!" 어쨌거나 원 상태로 돌아온 듯했지만, 교실 밖 비바람은 더 세차게 몰아치고 있었다. 그땐 휴전 후 얼마 되지 않은 때라서 제때 학교 다니지 못하고 15, 16살에 6학년인 큰 언니들이 한 반에 대여섯 명씩은 있었다.

담임선생님께선 아무 일도 없었다는 듯 가르치시기에 열심이셨지만, 아이들은 소리 없이 겁먹은 눈빛을 주거니 받거니…. 갑자기 교실 앞문에 수위 아저씨가 비치는가 싶더니, 100년 넘은 학교의 더는 낡을 데라곤 남지 않은 교실 문이 드륵 덜커덩 열리면서 앙앙 울어대는 여섯 살 남짓의 계집아이를 앞세우고 아저씨가 들어서셨다. 방아쇠가 당겨졌다는 듯 총알처럼 튀어 나가는 내 옆자리, 둘이서 부둥켜안고 울어 재꼈다. "집이 날아갔어! 아~아앙…."

선생님과 큰 언니들이 뒤켠 청소용 양동이에 제멋대로 처박혀 있던 비닐우산 중 제일 파랗고 깨끗해 보이는 것으로 골라서 쥐여 주며 빨리 엄마한테 가라고 둘을 내보냈다. 엄마는 기동차 정거장 안 시장에서 뭔가를 파느라 이리저리 쫓겨 다니는 아줌마라고 들은 적이 있었다.

내 옆자리 아이, 내가 눈곱만치도 좋아할 데라곤 없던 아이. 퀴퀴하게 냄새나는 옷, 앞자락엔 말라붙은 밥알 몇 알갱이가 떨어질세라 붙어 있고, 소매 끝은 허옇게 말라 버린 콧물 자국. 제 이름만은 간신히 쓸 줄 알아서 선생님께서 내 옆자리를 부여해 주셨다. 선생님 뜻은 알고도 남았지만 내가 미워 죽겠다는 얼굴로라도 그 애를 쳐다본 적은 단 한 번도 없었던 것 같다. 내가 정말 정말 참을 수 없었던 건 그 쩝쩝대는 점심시간, 어쩌라고 입에 밥을 넣을 때마다 혀를 길게 내빼고 하늘을 올려다보는지…. 그래서 내 얼굴은 늘 그 아이의 반대쪽으로 꼬여져 있었다.

이렇듯 싫어해서, 동생 어깨를 꼭 끌어안고 울며불며 선생님께 등 떠밀려 나가는 그 애가 내 목구멍을 쥐어짜는 듯했다. 목구멍 안에서는 찝찔한 거 같기도 비릿한 것 같기도 한 무엇인가가 조금씩 넘어가는 듯했다. 내 자리가 창가 운동장 끝 교문이 내려다보이는 쪽이어서 아이 둘이 운동장 안으로 들어서는지를 힐끔힐끔 내려다보곤 했다. 드디어 나타났다. 파란 비닐우산에 달라붙은 다리 네 가락이. 교실이 3층이라서 아이 둘은 2cm나 될까 말까 하게 느껴졌다. 창가 쪽 아이들이 "간다, 간다…." 나지막하게 상황을 중계하다 말고 하나같이 우는 소리로 "엇—! 우산이 뒤집혔어~." 아까부터 내 목구멍을 쥐어짜며 넘어가던, 차마 내보이지 못했던 눈물, 마침내 흐윽—ㄱ 책상에 엎드리며 눈물을, 아니 눈물이 터져 흘렀다. 차마 보기 어려워서, 그래서 뒤집혀 내동댕이쳐진 우산에서 멀어져 가는 아이 둘을 내려다보았다. 안 보이는 데도 자꾸만 자꾸만…. 지금도 난 그 아이 둘을 보면서 자판을 두드리고 있다.

그날 저녁 난, 잠이 들 수가 없던 것 같다. 화강석 양옥 이층집에서 사는 나로서는 집이 날아가는 상황도 우산이 뒤집혀지는 상황도 상상하기가 어려운 일이었다.

『폭풍의 언덕』보다도 훨씬 무섭게 비바람이 몰아치는 밤을 꼬박 앉아서 보냈다. 뭔가를 해야만 한다는 생각이었던 것 같은데, 그 뭔가가 뭔지를 얼른 찾아낼 수가 없어서 날밤을 새웠나 보다. 새벽이 아침으로 바뀌어질 때쯤 빗소리가(조선 말 선교사가 지었다는 우리 집 유리창은 죄다 이중으로 되어 있어 외부의 빗소리 따위는 들리지 않지만), 내 마음속의 빗소리가 조금은 잠잠해졌다고 느껴져서일까? 책상 위에 새 국어 공책을 꺼내 펼쳐 놓고 의자를 당겨 앉았다. 목구멍을 쥐어짜던, 안타깝고 가엽고 안쓰럽고 무엇보다도 미안한 마음이 그 생생한 영상을 써 내려갔다. 쓰지 않고서는 견딜 수가 없어서. 학교 숙제로 써내야 했던 일기 아닌 내가 쓸 수밖에 없어서, 쓰고 싶어져서 쓴 맨 처음의 글인 셈이다. 이리저리 생각한다던가 더 멋지게 표현을 하려고 궁리하는 따위는 있을 수가 없었다. 그저 눈물을 흘리듯 글자들이 줄줄 흘러내렸던 것 같다.

중2 때부터 학생 잡지에 글을 써 내고 고료라는 거를 받아도 보았고, 백일장에서 장원이라는 것도 해 보았지만 내 꿈은 '작가'에 있지는 않았다. 심사위원이시던 조지훈 선생님께도 "글쓰기는 취미로만 할 거예요. 책도 읽고 무용도 하고 음악도 하고 스케이트도 타고…." 지금도 나의 글쓰기는 취미일 수밖에 없다. 기분에 겨워서, 쓰지 않는다면 내 기분이 아까워서 글을 쓰는 것 같다. 그 기분이라는 게 좋아서이기도, 언짢아서이기도, 너무 무덤덤 심심이 지겨워서이기도. 지금도 이 지워지지 않는, 앞으로도 지워지지 않을, 그 애 둘의 영상을 나는 격한 기분에 겨워 써 내려갔다. 오늘도 그날처럼 비바람이 창문을 흔들어대길래.

박경화

■

양고기를 앞에 놓고 한 식전 기도

영국에서 시무하시는 신부님께서 전화를 하셨다. 한국에서 주교님 한 분이 오셔서 스코틀랜드의 한 성당에서 설교를 하시는데 통역이 필요하니 도와달라는 용건이었다. 통역이라니.

내 영어란 게 색채 공부를 하던 런던 본부에 가서 새로운 강의를 듣거나, 케임브리지의 집에 가는 길에 기차가 출발 시간이 지나도록 떠나지 않아 역에 나와 있을 남편과 아이 생각에 난감하여 왜 기차가 출발하지 않는지 옆 사람에게 물어보는 정도, 딸이 다닐 학교 교장 선생님을 만나 아이를 부탁하고 막스 앤 스펜서에서 편한 옷들을 살 수 있는, 생활에 불편하지 않을 정도인데, 주교님의 설교를 통역하라니 말도 안 되는 부탁이라는 생각이 들었다.

더 난감했던 건 내가 거절인지 사양인지 하느라 쩔쩔매는 와중에 신부님 말씀이 주교님께서 아직 원고를 안 보내셨다는 거였다. 신부님께서는 설교가 있는 내일 아침에는 보내 주실 거라며 당신이 원고를 가지고 나를 태우러 오시겠다고 하셨다. 그래도 설교 원고를 읽을 시간이 아예 없을 수 있다는 생각을 하진 않았던 것 같다.

스코틀랜드로 가는 차 안에서 원고를 주셨지만 멀미 때문에 읽지 못한 채 성당에 도착했다. 성당은 이미 빈 자리가 없을 정도로 신자들로 꽉 차 있었다. 막상 그곳에 도착해서는 신부님께서 이끄시는 대로 성직자들과 이 사람 저 사람 인사하느라 나는 원고를 아예 꺼내지도 못하고 미사에 들어갔다.

미사가 끝나고 회장님 댁인지 교인 집으로 가 앉았을 때는 내 초록색 실크 블라우스는 등이 흠뻑 젖어서 차려입은 재킷의 안감까지 축축해져 있었다. 그 댁으로 가는 동안 한기가 몸속까지 스며들었던 이유였다. 지금도 그 원고 속의 '주교관' 이나 '부제관' , 무슨 축일 등, 성경에 나오는 특별한 어휘들을 생각하면 머릿속이 아득해지곤 한다. 어쩌면 내가 『성서(Good News Bible)』 필사를 시작할 결심을 하게 된 계기가 바로 스코틀랜드의 그 성당에서 진땀을 흘렸던 위의 사건(?) 때문이었는지도 모르겠다.

원래 그곳에서 식사를 하게 되어 있었던 모양인데 차를 타고 케임브리지로 돌아가는 줄 알았던 나는 식사 초대를 받은 줄도 몰랐고, 그분 댁에서 사람들과 같이 양고기 스튜를 먹게 될 줄은 더더욱 몰랐었다. 양고기라니.

식사 전에 같이 간 분들과 담소하면서 나는 계속 내가 통역한 '주교관' 의 번역이 bishop' s house가 맞는지 아니면 '주교관' 을 뜻하는 명사가 따로 있는지 궁금했지만 돌아오는 길에 집까지 데려다주실 신부님께 여쭤봐야겠다고 벼르고 있었다. 그런데 식사가 나올 때까지 한 30분은 더 되는 것 같은 시간에 할 말도 딱히 없던 터라 옆에 앉아서 예의로 이런저런 얘기를 나누던 분에게 묻고 말았다.

그런데 정작 나를 난처하게 했던 일은 '주교관' 번역이 아니었다. 자리에 앉아 와인도 나오는 꼭 무슨 반상회 같은 분위기로 잡담들을 나누는 시간이 좀 길게 느껴질 때쯤 식사가 나왔는데, 그날 식사의 주요리가 양고기스튜였다. 영국에 있는 동안 한 번도 먹어 본 적이 없었는 데다 커다란 그릇에 국물과 양고기를 가득 넣어서 한 사람 앞에 한 그릇씩을 돌렸던 것 같다. 일단 양이 너무 많아서 그릇을 하나 달라고 해서 고기 한 덩이와 국물을 조금 담아 내 앞에 놓긴 했다.

식사 준비를 하는 동안 조금씩 풍기던 누린내가 스튜가 나오자 온 방에 가득 차서 괴로울 정도였는데, 고깃덩어리를 보고 있으려니 기가 막혔다. 내가 한 덩어리를 덜어 놓자 옆에 앉아서 나랑 이야기를 나누던 분이 얼른 한 덩이를 더 덜어서 내 그릇에 담아 주며 자기네도 자주 먹지는 않는다고 했다. 냄새가 역해서 도저히 못 먹을 것 같았지만 그래서는 안 될 것 같았다.

그날 양고기를 입에 넣기 전에 나는 기도했다. 제발 삼킬 수 있게 해달라는, 내 인격과 교양과 예의범절이 총동원된 필사적인 기도였다. 내가 식전 기도를 바치는 버릇이 생긴 게 그때 이후인 것 같다. 지금도 나는 혼자 밥을 먹을 때 식전, 식후 기도를 한다. 어두운 다음에야 집에 도착한 나는 식구들에게 '진땀 뺐다' 라고 말했지만, 마음속에서는 온갖 생각들이 오가고 있었다.

그날 성당에서 설교를 하신 한국에서 오신 주교님께서는 사실 영국의 기도원인지 교육 기관인지 기억나지 않지만 어쨌든 성직자들이 수도 생활을 하는 곳에서 지내신 적이 있다는 거였다. 묵언 수행이었다면 모를까, 분명히 영어로 기도하고 소통하셨을 텐데 왜 설교를 한국어로 하셨는지 이해가 되지 않았다. 그리고 또 영국에서 시무하시는 신부님께서는 당신이 통역을 하시지 않고 구태여 배냇 신자도 아닌 내게 설교 통역을 하라고 하셨는지 그것도 이해가 되지 않는 일이었다. 대학 때 외국어 실험실 영어 조교로 있던 내가 실험실 수장이신 김진만 교수님을 따라 성당에 나가기 시작한 거였는데, 지금도 '설교' 통역이 말도 안 된다는 생각에는 변함이 없다.

가끔 그때 통역을 하면서 쩔쩔맨 생각을 하면 등에 식은땀이 난다. 지금도 여전히 그렇다. 그러나 다시 생각해 보면 나는 상황을 즐기고 있었던 것도 같다. 대학 시절, 여석기 교수님의 지도로 영어 연극 〈꽃의 영광(Glory in the Flower)〉(윌리엄 인지(William Motter Inge, 1913~1973) 대본으로 윌리엄 워즈워스(William Wordsworth)의 시에 나오는 〈초원의 빛(Splendor in the Grass)〉과 쌍을 이룸)을 공연했을 때, 강당에 가득 찼던 청중들 생각이 날 때가 있다. 그 무대에서 강신철 선배와 블루스를 추었었는데, 그때 내 남자 친구였던 김인환이 내가 저녁 공연을 하는 줄 알고 연극이 끝나고 우리가 무대인사를 하고 있을 때에야 왔었다. 황당했지만 다행이다 싶었던 그때와 비슷한 느낌이었다고 할지 그랬던 것 같다.

설교 통역 사건 이후, 영어 성경 필사를 하고 영어로 주기도문을 천 번씩 썼는데도 나는 지금도 여전히 영어를 유창하게 하시던 아버지를 따라갈 수는 없다는 생각을 한다. 아버지였다면 '주교관' 통역을 bishop' s house라고 당당하게 통역하셨을 것 같아서이다. 다른 명사가 있다고 해도 틀린 건 아니니까. 몇 년 전 교수님께서 영어 수필들을 소개하는 칼럼을 맡을 수 있는지 물어보셨을 때 손사래를 쳤었다. 그때 '영미 수필 칼럼' 대신 썼던 글이 바로 수필문학의 '색채 에세이 연재' 였다.

가끔 그곳에서 영어학으로 대학원을 가기보다는 색채 공부를 했던 게 맞았다는 생각을 하기도 한다. 영국에 있는 동안 내가 선택했던 건 아버지께서 주시는 학비를 받아 가면서 약속했던, 영어학 전공으로 대학원에 들어가서 공부를 계속하고 아이와 함께 그곳에 남는 게 아닌, 런던의 색채연구소에서 공부한 색채 분석이었다. 그렇게 한국에 웜 톤과 쿨 톤을 기반으로 하는 퍼스널 컬러 이론을 소개했고, '한국색채연구소' 의 교수로 한동수 소장님과 함께 한국인을 위한 새로운 색채 시스템을 개발했다. 내 인생은 무채색이라고 생각했는데, 쓰다 보니 모험으로 가득 채워져 있는 듯하다. 그게 무채색이든 유채색이든 후회는 없다.

박순혜

■

소

어느 우사 곁을 지나다가 발걸음을 멈추었다. 넓은 우사는 대낮인데도 컴컴하다. 바닥은 질퍼덕하고 고약한 냄새가 진동한다. 황금색으로 윤기가 흘러야 하는 소들의 털은 오물이 된통 묻었다. 말라 거뭇거뭇 딱지가 앉아 있기도 해 지저분하기 짝이 없다. 이 소들이 큰 눈을 껌벅이며 나를 바라본다. 소의 큰 눈망울이 서러움 가득해 보인다.

옛날엔 여러 마리 소를 한군데에 때려 넣어 기르는 걸 못 보았다. 소 한 마리가 외양간이란 이름의 공간에서 지냈다. 흙벽돌로 지은 외양간은 바닥에 마른 짚을 자주 갈아 넣어 주어 언제나 뽀송뽀송했다. 지붕은 짚으로 엮은 이엉을 두껍게 덮어 놓았는데 여름 내내 잎 푸른 박덩굴로 뒤덮여 있어 덥지 않다. 땅거미 짙어지면 하얀 박꽃이 한 송이 두 송이 수줍게 피기 시작하는 외양간 지붕, 가을이면 달덩이 같은 둥그런 박들이 가을 낭만을 불러일으켜 주는 그런 외양간에서 소는 귀한 대접 받으며 지냈다.

쇠죽은 세제를 안 쓰고 설거지한 개숫물과 쌀뜨물로 콩깍지와 작두로 썬 짚과 등겨, 콩 부스러기를 넣어 끓인다. 소는 식구들 식사 앞서 그 죽을 먹는다. 개에겐 주인보다 먼저 밥을 주면 안 된다는 말이 있는데 다 같은 가축인데도 소에겐 식구들에 먼저 주니 소와 개의 대접은 사뭇 달랐다. 소는 개처럼 주인이 주는 먹이를 허겁지겁 퍽퍽 먹지를 않고 아주 천천히 품위 있게 먹는다. 그러니 대우가 다르다 어떻다 혹여 개가 섭섭해할 일도 아니겠다.

농번기가 되면 소의 나들이가 잦다. 외양간에서 나와 들로 일하러 가는 나들이다. 콩밭 골을 딸 때는 콩잎을 뜯어 먹는다고 입에다가 얼금얼금 엮어서 만든 볏짚 부리망을 씌웠다. 눈앞의 콩잎이 얼마나 먹고 싶었을까. "이랴~" 하면 부지런히 걷고 "워워~" 하면 걷던 걸음 멈추는 소, 밭도 논도 거뜬히 갈아엎는 소를 볼라치면 소에게 잘 먹이고 식구 대접하는 심정을 알 것 같았다.

요즘은 추수가 끝나고 난 가을 들판에 예전에 못 보던 덩치 큰 하얀 물체가 한 풍경 한다. 소 사료이다. 볏짚을 그대로 소에게 먹이면 소화가 되지 않고 영양학적으로도 효율이 떨어진다고 한다. 그래서 마르기 전의 생 볏짚을 공기가 못 들어가게 비닐로 싸서 암모니아 가스를 주입시켜 전용 트랙터를 이용하여 압축해 놓는다고 한다. 그 이름 곤포 사일리지다. 오래 보관해도 불량 세균을 막아 주어 곰팡이가 피지 않는단다. 볏짚이 부드러워져 소가 먹기에 좋으며 먹는 양이 늘어난다고도 한다. 국립축산과학원의 개발이 경탄스럽다.

그러나 그 사료가 옛날 가마솥에서 끓여 준 따뜻하고 구수한 그 쇠죽 맛과는 비교도 할 수 없을 것 같다. 곤포 사일리지는 사람의 편리를 위해 개발된 소 사료이지 결코 소를 위한 사료는 아니란 생각이다. 쇠죽을 끓여서 먹인 소는 50년을 살지만 날 풀을 먹으면 20년을 넘기 어렵다고 하는 한 가지 예를 생각해도 그렇다. 소를 사람의 먹잇감으로 사육하는 마당에 단시일에 살찌면 되지 장수가 무슨 소용이 있겠는가.

소를 보노라면 소띠생 지인이 자신은 소띠라서 일복이 많다고 한 말이 떠오르기도 한다. 요즘의 소는 일하는 소가 아닌데 그래도 소띠생이 자신을 일복 많다고 하려나?

가축들은 다 소리를 내는데 소는 어찌하여 조용한 묵언의 짐승인지? 돼지는 배가 고프면 꿀꿀 소리를 질러댄다. 개는 또 낯선 사람을 보면 컹컹 얼마나 시끄럽게 짖어대는가. 닭은 병아리 때부터 삐약삐약 많이도 수다스럽다. 장닭은 새벽을 알리는 꼬끼오 소리를 내는가 하면 낮에도 거드름 피우고 다니다가 목 길게 뽑아 한 번씩 꼬끼오 소리친다. 암탉 역시 알을 낳을 때는 골골 소리를 내다가 알을 낳고는 알 낳았다는 신호를 몇 번의 꼬꼬댁 소리로 알린다. 닭집이 허술하여 살쾡이가 닭을 물어 갈 때는 꽥꽥 소리를 얼마나 크게 지르는가. 그런데 소는 도대체가 소리가 없다. 도둑놈에게 끌려가면서도 한숨 같은 소리라도 내지 않는다. 그래서 목에다 움직이면 소리 내는 방울을 달아 놓기도 한다.

아, 소도 제 새끼 팔려 가는 날은 "움무우~" 하며 서럽게 울긴 한다. 그러나 소는 하도 소리를 안 내는 짐승이라 말을 잘 안 하는 사람을 일러 소 죽은 귀신이 덮어 씌었다고까지 하는 것이다.

우사에서 나를 바라보는 소들, 사람이 얼마나 그리웠으면 송아지까지 단체로 몸을 돌려 바라볼까. 소들은 무슨 말인가를 나에게 하고 싶어 하는 것 같다. 아무도 일을 안 시키는 소, 본래의 주어진 일을 농기계에 빼앗긴 소가 할 일은 아무것도 없다. 하고 많은 날을 주는 사료 먹고 오물 냄새 맡으며 우두커니 서 있는 게 소들의 일이다. 소들의 눈망울에서 나는 느낀다. 한 맺힌 절규를.

'아, 정말이지 고역입니다. 원래 일하기 위해 태어난 우리였는데 어쩌다가 세상에서 놀고먹는 제일 편한 동물이 되었습니다. 편한 게 편한 것이 아니란 걸 절실히 느낍니다. 멋대가리 없는 숫자 찍힌 노란 귀걸이도 귀찮습니다. 주야장천 서서만 있어야 하는 이런 짐승이 어디 또 있습니까? 이랴 워워 주인의 지시 받으며 논갈이, 밭갈이를 하고 싶습니다. 길마로도 좋고 달구지로도 좋습니다. 무거운 짐 실어 나르고 싶습니다. 정말이지 우리 소도 한 번씩 신선한 공기 마시며 바깥 구경을 하고 싶습니다. 일하고 싶습니다.

사람들이여! 사람들이여! 우리 소들에게 일! 일! 일 좀 시켜 주십시오.'

박인목

■

해프닝

나이 먹으니 예고 없이 찾아온다는 치매 증상이 제일 무서운 것 같다. 어제 출근 시간 지하철역에서였다. 분명 지하철을 내려서 한 층을 걸어 올라와 오른쪽으로 꺾으면 곧 개찰구가 있고, 거기를 통과해서 왼쪽으로 90도 꺾으면 곧장 내 사무실 방향인 7번 출구가 있다. 마침 개찰구를 통과할 즈음, 반가운 친구 목소리가 스마트폰에서 들린다. 오랜만이라 이런저런 사연들을 주고받으며 출구를 나온 것까지는 좋았다. 그런데 바깥으로 나오니 전혀 생소한 주변 모습이었다.

아무리 주위를 둘러보아도 생소한 간판들만 눈에 들어온다. 분명 제대로 나온 것 같은데…, 혹시 한 정거장 먼저 내렸나? 교차로엔 버스들이 질주하고 있고, 느낌상으로 잘못 내리지는 않은 것 같았다. 몇 번 주변을 왔다 갔다 하다가 나왔던 출구를 되짚어 내려가 보았다. 이상했다. 있어야 할 구두점도, 스마트폰 판매업소의 총각도 보이지 않는다. 아니, 이 사람들이 밤새 나 몰래 이사라도 갔단 말인가?

개찰구 근처까지 가서 다시 되돌아와 보기로 했다. 아니나 다를까, 내가 나온 출구는 정반대 방향이었던 것이다. 왜 헛갈렸을까. 아침부터 귀신이라도 씌었는지 알다가도 모를 일이었다.

'까짓것 대수롭지 않게 여겨야지.' 맘먹고 사무실로 들어섰다. 컴퓨터를 켜고 일을 시작하려 하였으나, 곰곰 생각할수록 궁금하다. 이건 보통 일이 아닐지도 모른다는 걱정(?)에 머릿속은 안개가 모락모락 피어올랐다. 나만은 예외일 거라고 여겼던 치매가 드디어 찾아왔구나 하는 두려움까지 왈칵 일었다. 늘 집 근처 역에서 네 정거장 오면 7번 출구를 나와서 사무실이 있는 건물까지는 채 오십 미터도 안 되기 때문에 눈을 감아도 다 외울 정도인데…. 치매 증상이 모르는 사이 중증에 이르렀는지 겁도 났다.

미국 UCLA 장수센터의 그레이 스몰 박사는 "우리의 두뇌도 몸의 다른 부분들처럼 늙는다."라면서 "두뇌가 늙었다는 증거 중의 하나가 건망증"이라고 하지 않았는가. 그렇다면 내 두뇌도 이제 건망증이란 말이렷다. 요즘 자주 스마트폰에 실려 오는 안내문자가 갑자기 생각났다. 얼마 안 있어 사람들이 이런 문자를 받게 될지도 모를 일이다. "ㅇㅇ구에 사는 74세 남자를 찾습니다. 키 175센티이고 검은 바지에 회색 상의를 입고 있는, 이 치매 어르신을 보시는 분은 ㅇㅇ 경찰서로 연락 바랍니다." 내가 이렇게 변한다고? 안 될 일이지….

직원들에게 아무 말도 하지 않은 채 사무실을 나섰다. 궁금증을 꼭 풀어야 했다. 내가 치매 초기의 건망증인지, 아니면 다른 문제인지 현장에서 확인할 필요가 있었다. 나는 정확한 실상을 확인하기 위해 지하철을 타고 거꾸로 한 구간을 갔다가 반대편에서 오는 차로 갈아탔다. 아까처럼 나는 내렸고, 평소처럼 한 층을 걸어서 올라온다. 그리고 개찰구를 통해서 일단 왼쪽으로 꺾었다. 그런데 별일은 없었다.

평소와 그대로 7번 창구로 나오게 되었으므로. 그렇다면 아까는 왜 반대편으로 나왔을까. 참 이상한 일이었다.

잠시 역 구내를 오가면서 무슨 큰 사건 해결을 담당한 탐정이라도 되는 듯 갸우뚱하다가 저쪽 개찰구에서도 사람들이 나오는 것을 보는 순간 머릿속에 형광등이 반짝였다. 아침에 내렸던 지점은 훨씬 앞쪽이라는 사실을 알아챈 것이다. 앞쪽에서 내렸으니 개찰구를 통과해서 7번 출구로 가려면 오른쪽으로 나가야 당연한 일이었다. 집 앞에서 차를 타는 지점이 늘 정해져 있지만, 그날은 훨씬 앞쪽에서 탔던 것이 원인이었다. 그러니 내리는 지점도 당연히 앞쪽일 수밖에. 일단 중증 치매는 아니고, '착각' 일 뿐이라고 스스로 유리하게 결론을 내렸다. 쓸데없는 일에 허비한 한나절이 억울했지만 그래도 다행이라 여겼다.

지하철에서의 해프닝은 오늘도 연속이었다. 어르신 카드를 집에 놓고 왔다. 지하철역에 도착하고 나서야 알았다. 다시 집으로 가야 하나 망설이다가 일단 현금으로 승차해 보기로 했다. 운전면허증을 신분증 조회 박스에 올렸더니 '신분증을 인식하였습니다.' 라는 문구가 화면에 떴다. 나도 할 수 있겠구나. 그럼 별것 아니겠지…. 내친김에 오백 원 동전이 없어, 만 원짜리 지폐를 화폐 투입기에 넣어 보았다. 그런데 고것이 자꾸만 되돌아 나온다. 몇 번을 되풀이해 봐도 마찬가지다.

여기까지로구나…. 별수 없이 카드를 가지러 집으로 가야 할 것 같았다. "한 번만 더!" 하며 용기를 내 보았지만, 의욕만으로는 안 되는 거였다. 기계 앞에서 쩔쩔매고 있는 나를 사람들이 힐끗힐끗 쳐다보며 지나간다. 괜히 얼굴이 화끈거리는 기분이다. 할 수 없이 직원 호출 버튼을 눌렀다. 곧바로 예쁜 여직원이 달려왔다. 그녀는 식은 죽

먹듯 간단하게 해결해 준다. 지폐를 잘못 넣어서 그런 것이었다. 직원에게 고맙다는 말을 몇 번씩 하고 차를 탔다.

군 고위 장성으로 복무하다가 퇴역한 친구 이야기가 떠올랐다. 퇴역 후 몇 달 동안은 사회생활에 적응이 잘 안 돼 고생했다는 이야기. 시내버스나 지하철 타는 법도 몰라서 쩔쩔맸다고 했다. 사회 적응을 도와주는 참모의 도움을 상당 기간 받았다는 말에, '뭘 그렇게까지' 라는 생각까지 했었다. 그런데 평소에 별일 아닌 것에도 막상 해보면 잘 안 되는 것이 사람 일인 것을 이제야 알았다. 나이도 한몫했겠지만.

나이 먹을수록 겁먹지 말고 뭐든지 도전해 봐야겠다. 젊은 사람들에게 물어보는 것도 방법이지만, 늘 그리할 수도 없는 노릇 아닌가. 이것저것 해보면서 배우는 것이 치매를 예방하는 데도 도움이 될 것 같아서다. 퇴근 시간에는 아침에 겪은 시행착오 덕분에 능수능란하게 게이트를 통과하였고, 보증금 오백 원도 잘 챙겼다. 나는 무슨 큰 일이라도 해결한 사람처럼 의기양양해졌고, 저녁 식탁에서 아내한테 자랑하였다. 아내는 짐짓 놀라는 기색이 역력하다. 얏호~. 이틀에 걸쳐 지하철에서 있었던 치매 해프닝을 해결한 나는 이제 무서울 게 없어졌다.

박정례

■

복숭아 이야기

좋아하는 과일 중의 하나가 복숭아다. 복숭아 가운데에서도 물이 많고 속살이 아주 연한, 백도이다.

젊어서는 사과를 많이 먹었는데, 이제 복숭아를 많이 찾고 또 많이 먹는다. 이리 된 데에는 입맛이 변한 탓도 있겠지만, 미용 정책적인 영향도 있다. 늙은 피부의 회춘에 좋다는 소리를 어디서 듣고나서부터다.

뜻대로 안 되는 세상에서 그나마 복숭아가 있다는 것은 감격이다. 세월에 쪼그라드는 피부에 그나마 위안과 희망의 감정을 불러일으켜 주는 탓이다.

요새는 참말이지 복숭아만 찾는다. 그 물기 뚝뚝 떨어지는 부드러운 속살을 먹고 있노라면, 그 맛은 제껴두고라도 마음이 우선 편안해진다. 이제 얼마 남지 않은 이승에서의 시간 동안 복숭아란 과일과 많이, 함께하게 되리라는 예감이 온다.

낙원에 있는 과일로 유명한 것은 사과이다. 특히 서양 사회의 경우에 그러하다.

아담과 이브가 낙원 에덴동산에서 쫓겨날 때 먹었던 과일이 사과였다. 사과를 먹으면 선악을 판별하게 되어 에덴동산에서 쫓겨나게 될 거라는 경고를 사전에 들었음에도 불구하고, 아담과 이브가 그 경고를 무시하고 사과를 먹은 탓이었다.

아무래도 서양 사회에서 사과는 지식과 밀접한 관련이 있는 것 같다. 서양 사회에서 사과가 부각된 때는 지식이 크게 발전하기 시작한 때와 겹친다. 아담과 이브의 사과도 그렇지만 뉴튼의 만유인력의 사과도 그렇고, 최근 아이폰을 만든 스티브 잡스의 사과도 다 그와 같다.

어려서 나는 사과를 좋아하고 많이 먹었는데, 나의 경우에는 사과를 먹었다고 해서 똑똑해지지는 않았던 것 같다. 예나 지금이나 이 모양 이 모습인 걸 보면. 어쩌면 내가 서양 사람이 아니어서였을지도 모르겠다.

서양 사회에서 낙원에 있는 과일은 사과가 유명하고 대표적이지만, 낙원에 있는 과일에 사과만 있는 것은 아니다. 복숭아도 낙원에 있는 대표적인 과일 중의 하나이다. 특별히 동양 사회에서는 복숭아가 낙원을 대표하는 대표적인 과일로 여겨졌다.

동양 사회에서는 낙원을 무릉도원(武陵桃源)이라 표현하곤 하는데, 무릉도원에서의 그 도(桃)가 복숭아다. 낙원은 곧 비할 바 없는 복숭아정원인 것이다.

낙원의 천도복숭아를 먹으면 죽음이 소멸되고 영생을 얻는다는 얘기가 전해 온다. 이 얘기를 전해 들은 손오공이 무릉도원을 찾아가 깽판 치고 천도복숭아를 빼앗아 먹었다는 일화가 『서유기』에 나온다.

복숭아는 사과처럼 무서운 과일이 아니다. 복숭아를 훔쳐 먹었다고 해서 결코 낙원에서 쫓겨나는 일은 없다. 죽음이 소멸되고 영생을 얻을 뿐. 사과와는 영 거꾸로다.

낙원에서 쫓겨난 인간이 낙원으로 되돌아가는 방법은 복숭아를 먹으면 되는 일일지 모른다. 천도복숭아 말이다. 사과는 영생을 잃게 하고 죽음을 가져온다지만, 천도복숭아는 이와는 반대로 죽음을 소멸시키고 영생을 가져온다 하니 말이다.

그러나 복숭아에 마냥 좋은 이야기만 가피되어 있는 것은 아니다. 나쁜 이야기도 있다.

도화살(桃花煞)이라고 하는 게 있다. 요녀(妖女)나 요남(妖男)의 이야기인데, 대체로는 요녀의 이야기이다. 복숭아꽃의 살기를 맞으면 요녀의 운명을 벗어날 수 없다는 것으로, 이를 경계하는 의미에서 나온 말이다. 도화살을 맞은 요녀의 운명이란 어쩔 수 없이 힘들고 가슴 아프고 고통스럽지 않을 수가 없다.

이런 도화살 얘기가 나온 건, 복숭아꽃이 너무 아름답기 때문이 아니었나 싶다. 너무 아름다운 것에선 사람들이 황홀경을 느끼지만, 또 위험스러움도 느끼게 마련이다.

복숭아꽃은 정말이지 예쁘다. 예쁘기로 소문난 꽃들 가운데 몇 손가락 안에 꼽힐 만한 꽃이며, 초봄에 피는 꽃 가운데에서 단연 압도적이다. 초봄에 피는 꽃 가운데에서 아름답다고 소문난 게 벚꽃이지만, 그 소문에는 허장성세가 꼈을 수 있다. 복숭아꽃을 보고 나면 초봄에 피는 꽃들 가운데의 으뜸은 단연 복숭아꽃이라고 할 게 틀림없다. 벚꽃은 피어 있는 꽃보다는 지면서 바람에 흩날릴 때 더욱 예쁘고, 진짜 아름답다.

복숭아꽃은 피어 있는 그 모습 자체가 아름답고 예쁘다. 몹시 화사하고 화사하다 못해 화려할 정도다. 도화살이란 얘기가 괜히 나온 게 아닌 게다.

어려서 복숭아를 먹다 죽다 살아난 기억이 있다. 속살을 다 먹고 남은 복숭아씨다. 그 왕방울만 한 복숭아씨가 내 장난감이었다.

그 씨를 입안에 넣고 오물오물거리면 그렇게 재밌을 수가 없었는데, 그 복숭아씨를 버리지 못하고 입에 넣었다 뺐다 하면서 며칠을 그렇게 가지고 놀곤 했었다.

그러다 어느 날엔가 그게 말썽이 일었다. 입에 넣고 오물거리며 장난을 치던 그 복숭아씨가 목 속으로 쏙 하고 들어가 기도에 걸렸던 것이다. 기도에 걸린 그 복숭아씨가 숨을 막아, 기가 막혔다. 숨을 쉴 수가 없었다. 막 허덕대기 시작했고, 조금만 더 시간을 지체했다면 지금 이러고 앉아 과거의 일을 그리는 나는 없었을지도 모른다.

허덕이는 내 모습을 본 엄마와 큰오빠가 내게로 득달같이 달려왔고, 날 거꾸로 세우고는 세차게 등을 쳐대기 시작했다. 한 서너 차례 그랬을까, 기도에 막혀 있던 복숭아씨가 신통하게도 쏙 하고 입 밖으로 튕겨 나왔다. 그때의 시원함이라니. 그 톡 하고 튕겨 나오는 복숭아씨의 모습이 또 얼마나 신기하고 재미났던지. 물론 나중의 얘기다. 숨통이 트이고 좀 시간이 지나서 생각해 보니까 그랬다는 것이다.

어머니는 내게 다시는 복숭아씨를 가지고 장난치지 못하게 했다. 그때 이후로 내가 복숭아를 잘 안 먹게 된 이유이지 싶다.

복숭아를 다시 찾게 된 건 불과 몇 해 전이다. 늙은 피부 관리에 좋다고 해서. 하지만 복숭아씨를 갖고 어린 시절 그때처럼 장난을 치고 있지는 않다. 다시 그런 장난을 치고 싶은 마음이 언뜻언뜻 솟아오르고, 그때처럼 바보같이 씨를 잘못 삼켜 기도에 걸리게 되는 실수를 범하지 않을 자신이 만만함에도 불구하고.

나이 탓일까. 하지만 언젠가는 다시 한 번 어린 시절의 그 장난으로 되돌아가고픈 마음이 은근히는 있다.

사람은 언젠가는 돌아가게 마련이다. 서양 사람들은 그 돌아갈 곳이 사과나무가 있는 에덴동산인 듯하지만, 우리 같은 동양인에게 그곳은 아무래도 복숭아 피어 있는 무릉도원이다.

산수도 훌쩍 넘어 버린 이 나이가 되고 보니 돌아간다는 것의 의미가 아무래도 예사롭지가 않다.

도연명은 〈귀거래사(歸去來辭)〉를 쓰고 돌아갔다던데, 도연명처럼은 하지 못한다 하더라도 그가 쓴 〈귀거래사〉를 읽어 볼 정도의 여력은 가져야 하는 게 아닐까 싶다.

연습이 필요해 보인다는 것이다.

하여간 그곳이 어디이든, 그 돌아갈 자리에는 복숭아가, 복숭아꽃이 흐드러지게 피어 있기를 바랄 뿐이다.

박중호

아! 옛날이여

선달 그믐날의 단상이다. 어느덧 2023년 12월 31일 일요일이다. 어제 아침부터 우리 동네에 눈이 내려 천지가 하얀 도화지로 변했다. 불행 중 다행인지 기온은 많이 내려가지 않아 쌓인 눈이 얼지 않고 어젯밤에도 녹아내렸다. 휴일이라 내가 평소 하는 일이 모두 정지다.

평소 같으면 아침을 챙겨 먹고 손자 아이 초등학교 등굣길을 도와주고, 이어서 다른 손자 아이 어린이집에 데려다주고, 동네 문화센터의 헬스장에 운동하러 가는데 오늘은 모두 쉰다. 내일도 새해 첫날이라서 공휴일이다. 마음에 여유가 생기고 게으름을 피우려 한다. 심심해서 TV에 눈이 간다. 잠깐 보는데 특별히 보고 싶은 프로가 없다. 걷기 운동을 위하여 서둘러 집을 나섰다. 집 옆에 있는 왕릉에 눈 구경을 겸하여 운동하러 갔다.

눈[雪]으로 덮인 왕릉이 눈이 녹아 없어져 내가 바라는 만큼의 하얀 천지는 아니다. 소나무와 사철나무가 뒤집어쓴 하얀 눈 덩어리는 모두 어디로 가 버리고 없다. 땅에는 눈이 있으나 산책로 길에는 녹고 있는 눈이 죽으로 변해 질퍽거려 신발 적시기 딱 좋은 상태다. 그리고 매우 미끄럽다. 입구에서 검표하는 직원이 길이 매우 미끄러우니 조심하라고 말한 이유를 금방 알겠다. 발을 딛기가 매우 조심스럽다. 걸어서 가기가 정말 힘들다. 비 오는 날 황토로 된 산비탈 비포장길에 자동차가 다녀서 죽이 된 도로와 똑같다.

그래도 왕릉 주변 잔디밭에는 눈이 남아 있다. 마음과 정신이 깨끗해진 것 같다. 스마트폰을 들고 연신 눌러댔다. 충분하지는 않지만, 눈 쌓인 들판을 보는 듯한 흉내는 낼 수 있어 본전은 했다. 시간이 지날수록 길은 여전히 더 미끄럽고 죽 같은 형태는 더 심하다. 눈이 녹을 때 가장 미끄럽다. 나무들을 가까이 만날 수 있는 경사진 오솔길은 네 군데 모두 출입 금지한다는 팻말이 서 있다. 영상의 기온으로 변해 녹는 눈은 정말 정말, 매우 매우 미끄럽고 끈적끈적하다. 조심조심한다고 하며, 좋은 땅을 찾아 걷는다고 걸었으나 일부러 찾아 신은 등산화는 젖어서 물이 들어와 양말과 발을 적신다. 경사도가 있는 길을 피하고 평지로만 두 바퀴를 돌고, 전화기 사진을 수십 컷 찍고 두 시간여 동안 일만 보의 걷기를 하고 인근 지하철역으로 가서 500원짜리 자판기 커피 한 잔을 마시고 사진 좀 정리하고 집에 돌아왔다. 점심시간이다.

아내가 만들어 놓은 김밥 한 줄에 간식거리를 들고 다시 TV 앞에서 앉았다. '전국노래자랑' 이다. 내가 좋아하는 프로그램이다. 송해 아저씨의 사회는 아니지만, 우리 같은 일반인들의 장기자랑이 순수해서 좋다. 오늘은 연말 결선이어서 그런지 잔치판이 커졌다. 평소에는 15명 정도가 참가하는데 오늘은 20번까지 번호가 매겨져 있다. 평소 2명이던 심사위원도 6명이다. 그리고 방방곡곡에서 온 사람들이다.

참가자 나이도 최연소자는 12세이고, 최연장자는 75세다. 그야말로 남녀노소가 다 모였다. 방청석에 앉은 가족들은 응원하기에 야단(惹端)법석이다. 잔치가 흥겹다. 술을 먹지 않고도 이렇게 흥겨울 수 있는 끼가 정말 대단하다. 한국의 가수들이 세계를 쥐고 있는 한류의 이유를 다시 확인할 수 있는 시간이었다.

잔치 끝 마당으로 시상을 하는데 인기상이 2팀, 장려상, 우수상, 최우수상을 순서대로 시상한다. 그것으로 끝나는 줄 알았다. 평소에 그렇게 했다. 그런데 대상이 있단다. 방송사 사장이 발표하고 시상을 한다. " '아 옛날이여' 를 부른 14번 이주은" 이라고 발표한다. 상 받으러 나오는 사람이 글쎄 이게 웬일이야! 꼬마가 나온다. 오늘의 최연소 참가자가 대상(大賞)이다. 경남 함안의 초등학교 6학년이다. 노래 제목이 '아 옛날이여' 다. 기가 막힌다.

이 꼬마가 노래를 부를 때 태도와 솜씨가 예사롭지 않아서 그냥 보통 아이가 아니라고 생각했다. 음악을 모르는 내가 들어도 혼을 쏙 빼 가는 듯한 성량과 호소력 그리고 당당함의 태도가 하늘을 찔렀다. 어린 소녀가 연기하며 부른 노래가 간장을 시원하게 한다. 소름이 끼칠 정도다. 무슨 상이든 상은 분명 받겠다고 내가 괜히 자신했다. 신동이다. 노래가 끝나자, 사회자가 나이를 물어보았는데 12살이라 했다. 지금 생각하는 '아 옛날' 이 언제냐고 물으니 동생이 있는데 동생같이 어렸을 때라고 한다. 그러면서 동생이 말을 정말 안 듣는다고도 한다. 형제 간에도 세대 차이가 있는 모양이다. 젊은 가수들의 트로트에 많은 국민이 환호하고 심취해 있다는데 또다시 한 꼬마 트로트 가수 '이주은' 이 등장할 것 같다. 한없는 축하를 보낸다. 올바르게 잘 자라 힘들고 어려운 세상의 우리에게 즐거움을 주는 훌륭한 가수가 되었으면 좋겠다. 많은 응원을 보내야겠다.

이젠 내 곁을 떠나간/ 아쉬운 그대기에/ 마음속의 그대를/ 못 잊어 그려본다/ 오~ 달빛 물든 속삭임/ 별빛 속에 그 밀어/ 안개처럼 밀려와/ 파도처럼 꺼져 간다/ 아~ 옛날이여/ 지난 시절 다시 올 수 없나/ 그날/ 아니야/ 이제는 잊어야지/ 아름다운 사연들 구름 속에 묻으리/ 모두 다 꿈이라고

아~ 옛날이여/ 지난 시절 다시 올 수 없나/ 그날/ 오 오 오 아~ 옛날이여/ 지난 시절 다시 올 수 없나/ 그날/ 오 오 오 아~ 옛날이여/ 지난 시절 다시 올 수 없나/ 그날/ 그날이여

— '아 옛날이여' 가사

가사를 옮기면서 또박또박 읽어 보니 이별한 연인과 옛날에 있었던 아름다운 추억을 새긴다. 그 시절로 돌아가고 싶지만 할 수 없는 현실을 안타까워하면서, 그때를 그리워하며 하소연을 '아 옛날이여'로 독백하는 것으로 들린다. 우리 나이의 사람들은 세상을 살면서 정신적 육체적으로, 가정과 사회적으로 힘들 때 하늘을 쳐다보고 '아 옛날이여' 를 부르짖으며 좋았던 지난날을 그리워하는 이들이 많다. '아! 옛날이여' 를 노래하고 읊고 싶은 사람도 많을 것이다. 나도 그렇다. 가사를 다시 음미해 보니 내 이야기이고, 우리 주변의 이야기 한 편이다. 이렇게 저렇게 세월은 간다. 이별, 아쉬움, 꿈, 시절, 그날, 사연, 묻음, 아~ 옛날이여….

'전국노래자랑' 의 여운을 담고 조용히 앉아 오후에 고독을 즐기며 생각해 본다. 섣달그믐날을 보내고 있는 오늘! 지난 일 년의 일들이 줄줄이 생각난다. 과거를 거울삼아 현재를 살고, 과거를 바탕으로 미래를 바라본다. 내 인생에서 다시 볼 수 없는 2023년을 넘기고 있다. 올해는 유난히 더웠고, 너무나 추운 일 년이었다. 한 해의 마지막 날

인 오늘 해넘이를 보기 위해서, 새해의 첫날인 내일 아침 해돋이를 보기 위해서, 집을 비우고 바다로 산으로 떠나는 이들이 많을 것이다. 그리했던 지난날이 머리를 스친다. 코로나 후 오랜만에 모임이 자유로워져서 도심에도 야단법석이라는 미디어의 소식이 들린다. 요란함을 뒤로하고 난 이번엔 모든 걸 생략하고 집을 비우지 않고 조용하게 보내고 맞이하기로 한다. 훗날 아~ 옛날이여! 외치지 않도록 내년엔 더 잘 살아야겠다.

박찬홍

법과 도덕

짐승이 무서워 무기를 만들고, 인간이 무서워 법을 만들고, 죽음이 두려워 종교를 만들었다는 말이 있다. 아주 먼 옛날에는 사나운 짐승들이 인가(人家)에까지 출몰해 가축을 물어 가고 때로는 인간에게까지 위해를 가해 옴으로 짐승들을 퇴치하기 위해 무기를 만들었다는 말이 설득력이 있다.

하지만 인간은 짐승을 정복한 지 오래고, 이제는 인간이 무서워 무기를 만들고 또 법을 만들고 있다. 언제 어느 인간들로부터 침략을 받을지 모르기 때문에 방어용으로 무기를 만든다고는 하지만 때에 따라서는 그것이 침략용으로도 변질될 수 있으니, 결과적으로는 인간은 인간이 무서워 무기를 만들고 있는 것이다.

석기 시대부터 철기 시대를 거쳐 오늘에 이르기까지 무기는 인류 문명의 최첨단을 달리고 있다. 어디 무기뿐인가. 인간의 지능도 발전하면 발전할수록 사악(邪惡)해져 범죄 지능도 최첨단을 향해 달리고 있다. 그 범죄 지능이 인간 사회에 위해를 가하기 때문에 인간이 인간들의 범죄를 막고 또 다스리기 위해 법을 만드는 것이다.

그러기 때문에 어느 나라건 입법 기관이 존재해 법을 만들고 있다. 우리나라 역시 수많은 국회의원들이 법을 만들고 있지만 법에 대한 신뢰도가 점점 희박해지고 있다. 법이란 만인이 공히 지킬 수 있도록 공평해야 하는데 당리당략에 치우친 법률이 제정되는가 하면, 제정 공포된 법마저 지켜지지 않는 양상이 계속되고 있으니 말이다.

특히 현 세태를 보면 입법을 하는 국회의원들이 전기톱과 망치를 들고 국회 내의 기물을 파괴하고, 백주에 국회의원이 국회 내에서 테러를 당하고, 공무를 집행하는 경찰공무원이 시위 군중에게 감금되어 폭행을 당하고, 민주주의의 이름으로 민주주의를 송두리째 갉아먹는 파렴치한 사람들이 판을 치며 서울 도심을 무법천지로 만드는데도, 정부에서는 법과 원칙에 따라 엄정 대처한다면서도 말만 할 뿐 실천을 하지 않으니 어찌 이 나라를 법치 국가라 할 수 있겠는가.

속담에 윗물이 맑아야 아랫물이 맑다고 했다. 윗물이 맑지 못했으니 어찌 아랫물이 맑을 수 있겠는가. 입법을 하는 국회의원들이 위법(違法)을 하고, 권좌에 앉은 힘 있는 사람들이 위법을 하니 누가 누구를 탓하랴.

문민정부가 그러하였고, 국민의 정부가 그러하였으며 참여정부 역시 예외는 아니었다. 보도매체에서 흘러나오는 뉴스를 보면 너무나 가증스럽다. 어느 정권보다 도덕성을 강조해 오던 참여정부가 아니었던가. 그런데 그들이 부정에 연루되어 줄줄이 쇠고랑을 차는가 하면, 대통령은 스스로 목숨까지 끊었으니 부끄럽고 불행한 일이다.

모두가 자기와의 싸움에서 진 사람들이다. 누구나 금전의 유혹 앞에서는 자기의 양심과 욕심이 싸움을 한다. 양심은 받으면 안 된다

하는데 욕심은 이것도 기회라면서 받으라 한다. 남이 받는 것은 뇌물이지만 내가 받는 것은 성금(誠金)이요, 헌금(獻金)이라고 착각을 하면서 챙기고 만다. 결국에는 죽음의 구렁텅이로 빠지고 만다.

그러기에 어느 사람의 말에 의하면 "쥐는 쥐약인 줄 모르고 먹지만 사람은 쥐약인 줄 알면서도 먹는 어리석음을 범한다."라는 것이다.

우리는 예로부터 법이 아닌 도덕으로 사회를 지탱해 왔다. 유교를 모태로 한 삼강(三綱) 오륜(五倫)의 기틀 속에서 살아왔기 때문에 형법(刑法) 몇 조를 따질 필요가 없었으며 민법(民法) 몇 조를 따질 필요도 없었다. 부모에게는 효도하는 것으로 알았고 나라에는 충성하는 것으로 알았으며 벗과는 신의(信義)를 지키며 웃어른은 존경하고 아랫사람은 사랑하는 것으로 알고 살아왔기 때문에 법의 필요성을 느끼지 않았다.

일제(日帝) 말기의 일이다. 대동아 전쟁으로 재정이 궁핍한 일제는 우리나라에서 많은 것을 수탈해 갔다. 쇠붙이라면 숟가락, 몽둥이까지 빼앗아 갔으며 추수 때만 되면 공출이라는 명목으로 많은 식량을 빼앗아 갔다. 그러고도 양이 차지 않으면 부락마다 찾아다니며 식량을 뒤지기까지 했다.

그럴 때마다 식량을 빼앗기지 않으려고 쌀가마나 벼가마를 후미진 산골짜기에 던져두었는데 몇 날이 지나도 훔쳐 가는 사람이 없었다. 배들은 고팠으나 남의 물건에는 손을 대지 않았다. 그만큼 도덕성이 살아 있었다.

그런데 6·25 전란을 겪으면서 외계의 문명이 물밀듯이 들어오고, 또 농경 사회에서 산업 사회로 변모되면서 추락하기 시작한 도덕성은 이제 거론하기조차 어려운 경지까지 이르고 말았다.

그 한 예가 실증하고 있다. 2009년 3월 20일자 《동아일보》의 기사를 보고 놀라지 않을 수 없었다. 지적장애 10대 소녀를 백부(58세)와 숙부 2명(43세, 40세)이 그리고 소녀의 할아버지(88세)까지 성희롱과 성폭행을 하였다고 하니 경악할 일이 아닌가.

이제 법도 도덕도 없는 무정부 상태가 된 것만 같다. 도덕은 강제성이 없으니 되돌릴 수 없고, 법은 법을 집행하는 공권력까지 힘을 잃었으니 사회의 악순환은 계속되지 않을까.

더욱이 우리나라는 다문화(多文化) 사회로 접어들고 있다. 각 국가마다 종교가 다르고 관습이 다르고 성장 과정이 다른 사람들과 어울려 살아야 하는 난제(難題)를 안고 있다. 이 난제 속에서 사회를 안정시키려면 법치(法治)가 확립되어야 하는데 그렇지 못하니 문제다.

보도매체의 발달로 우리는 서구 선진국들의 뉴스를 시시로 보면서 경찰관들이 현행범을 체포하는 장면을 볼 수 있다. 그들은 법을 어긴 범죄자에게는 무자비하리만치 심한 폭력을 가해도 별 지탄을 받지 않는다. 더구나 그로 인해 최상급자가 책임을 지고 물러났다는 소리는 들어보지 못했다.

지난 4월 27일 AP통신에 따르면 미국 워싱턴의 수단 대사관 앞에서 인권 탄압에 항의하는 시위를 벌이다 경찰이 쳐 놓은 폴리스라인을 넘은 여당 하원의원 5명이 수갑을 찼다. 하지만 그들은 경찰의 체포에 순순히 응했다. 자기 자신들이 법을 어겼기 때문이다.

그것이 바로 법치주의요, 민주주의며 미국의 힘이다. 그러기 때문에 다인종 사회로 구성된 거대 미국이 세계를 지배하고 있는 것이다.

우리나라 같았으면 어떠했을까. 경찰청장이 모자를 벗고, 주무 장관이 물러나고, 대통령까지 사과를 했어야 할 사태가 되지 않았을까.

우리도 배워야 한다. 민주주의란 자유만 있는 것이 아니다. 그 뒤에는 책임과 의무가 있다는 것을.

오늘밤에도 시청 앞 광장에서는 시위 군중과 경찰들의 몸싸움이 이어지고 있다. 언제쯤 가야 저 추한 모습이 사라지고 참다운 법치국가로의 기틀을 다져갈지 의구스러운 마음 금할 길 없다.

박향숙

■

사주팔자

이름 짓기 프로젝트가 시작되었다. 곧 태어날 첫 손녀를 위해 온 가족이 지혜를 모으기로 했다. 같은 값이면 다홍치마라고 하지 않던가! 예쁘고 부르기 쉬운 이름이면 금상첨화겠는데 딱히 떠오르는 이름이 없다.

남편이 나를 추켜세운다. 첫딸 이름과 가족의 세례명을 모두 내가 직접 지었으니 손녀 이름도 지어 보란다. 꺼져 가는 불씨가 살아나듯 뇌세포가 슬슬 살아난다. 나이도 잊고 칭찬에 춤추는 고래가 되어 버리다니 피식 웃음이 난다. 생각한 끝에 '현지' 나 '지현' 이라는 이름을 추천했다. 아들은 주변에 같은 이름을 사용하는 사람이 있는데 정말 별로라고 한다. 힘 한번 제대로 못 써 보고 초장에 탈락이다. 손녀가 현명하고 지혜로운 사람으로 자랄 수 있는 이름이면 좋겠다는 생각만 머릿속에 꽂혔다. 주인 허락도 없이 이미 터줏대감이 되어 버린 지혜 '지(智)' 자는 머릿속에서 나갈 생각을 하지 않는다.

예전에는 부모나 집안 어른들이 이름을 지어 주셨다. 작명가에게 생년월일시와 성씨, 본관을 가르쳐 주고 작명비를 주면 좋은 이름을 뽑아 주었다. 이름이 마음에 들지 않아도 어른들이 지어 준 이름이니 당연하게 받아들였다. 요즘은 인터넷에서 작명 앱을 다운받아 사용하면 멋지고 좋은 이름을 마음대로 선택할 수 있으니 정말 편리한 세상이다. 어렵게 지어진 이름이 다 좋지는 않은 모양이다. 어떤 사람들은 이름으로 인해 놀림을 당하거나, 나쁜 사주를 고쳐 볼 목적으로 개명도 한다. 문제는 같은 이름을 사용하는 사람이 너무 흔해서 탈이다. 이러다 옛 친구의 그리운 이름도 기억에서 지워지지 않을까 걱정이다.

아들이 태어났을 때다. 시아버지께서 집안의 가운데 돌림자인 중, 석, 효 중에서 '효' 자를 넣어 효경이라는 이름을 지어 주셨다. 한자는 알아서 사용하라고 해서 남편이 한문으로 '효경(孝京)' 이라는 멋진 옷을 입혔다. 몸에는 맞지 않아도 입기는 쉬웠다. 왠지 어울리지 않는 옷을 입힌 것 같았지만, 이미 출생신고를 끝냈다. 사람들이 때때로 아들의 이름에 대해 한자 풀이를 물어보았다. '효도 효' 에 '서울 경' 이라고 말하면 모두가 고개를 갸우뚱했다. 시주하러 오신 스님도 이름이 사주와 맞지 않다며 바꾸어 보라고 했다.

은근히 고민이 되었다. 어른이 지어 주신 이름이라 개명하자니 뜻을 거스르는 것 같고, 그렇다고 아들을 데리고 한자를 바꾸러 법원에 가는 것도 쉽지 않았다. 꿈보다 해몽이라 했겠다. 효경(孝京)이를 재해석하기로 마음먹었다. '서울 가서 효도할 사람' 이라고 하고 보니 그럴듯했다. 그날 이후로 사람들이 아들 한자 이름에 관해 물으면 '서울 가서 효도할 사람' 이라 했다. 아들은 스님의 기우와는 달리 이름에 날개를 달았다. 대학교 졸업 후 누구나 가고 싶어 하는 대기업에 바로 취직하고 같은 직장에 다니는 며느리를 만났다. 서울까지 가지 않아도 서울 사는 며느리 덕분에 자동으로 효도하게 된 셈이었다.

기다리던 첫 손녀가 태어났다. 아들이 결혼한 지 5년 만에 전해 온 제일 기쁜 소식이었다. 출산이 두 달 정도 남았는데 며느리가 조산기가 있어서 한 달 가까이 병원 신세를 졌다. 그동안 온 가족이 가마솥의 엿물처럼 마음을 졸여 왔다. 마침내 손녀 이름도 결정되었다. 아들이 장모님의 추천을 받아 '예지' 로 짓기로 했단다. 지인 중에서 '예지' 라는 이름을 가진 사람들이 모두 훌륭하게 잘 되어 있다고 했다. 부르기 쉬운 데다 특히 내가 원하는 '지' 자가 들어 있다. 글로벌 시대에 영문으로 바꾸어도 자연스러워 손색이 없을 것 같았다. 아직 한자 이름은 정하지 않아 작명 앱의 도움을 받아 보기로 했다.

휴대폰에 작명 앱을 다운받았다. 작명 원리는 소리 오행, 소리 음양, 사주 오행과 자원 오행, 81수리, 수리 음양의 다섯 가지로 구성되어 있다. 좋은 이름은 타고난 사주와 조화를 이루는 것이라고 한다. 사주는 선천 기운이고 이름은 후천 기운이다. 타고난 사주를 보면 누구나 부족한 오행의 기운이 있게 마련인데 이름을 통해 사주에 부족한 오행의 기운을 보충해 선천 기운과 후천 기운이 어울려 중화를 이룬다고 한다. 한자 획수에 따라 장래의 운명이 달라진다니 이건 아닌 것 같다. 그냥 학문의 일부로 마음 편하게 받아들이기로 했다.

작명 앱을 열었다. 생년월일시와 한글 이름을 적어 놓고 좋은 이름이 나올 때까지 계속 한자를 바꾸어 보았다. 밝다, 어질다, 성인이라는 뜻의 '예' 와 지혜 '지' 를 넣었더니 다섯 가지를 모두 만족한다. 산삼이라도 캔 듯 쾌재를 부르며 안사돈에게 카톡으로 내용을 보냈다. 다음 날 바깥사돈이 남편에게 조심스럽게 전화했다. 지인인 철학과 교수가 지어 준 이름이라며 새 이름을 보내 주었다. '예' 로 사용한 한자가 요즘 사용하지 않는 한자라 바꿔서 지었다고 한다. '법식 예' 와 '뜻 지' 를 사용하여 '例志(예지)' 라고 지었는데 안사돈은 손녀가 판검사가 되기를 은근히 원하는 모양이다. 다른 것은 좋은데 수리 음양에서 청년 운이 나쁘다. 종합적 총 운에서 상쇄된다고는 하나 사춘기에 애를 먹으면 곤란할 것 같아 다시 찾아 바꾸니 모두가 좋게 나오는 한자가 있다. '재주 많고 슬기롭고 지혜롭다' 는 뜻의 '埶智(예지)' 로 바꾸어 아들에게 카톡으로 보냈다. 아들이 마음에 든다며 출생 신고를 마쳤다.

뉴스를 보면 지금도 이름 없는 아이들이 종종 있다. 출생은 했지만, 어른들의 잘못으로 주민등록이 되지 않아 교육의 손길도 의료 혜택도 받지 못하는 아이들이 있다고 한다. 그림자처럼 살아 있는 아이들이다. 이름은 사람의 존재를 나타내는 소중한 의미를 지닌다. 김춘수의 시 〈꽃〉에서 "내가 그의 이름을 불러주기 전에 그는 다만 하나의 몸짓에 지나지 않았지만, 내가 그의 이름을 불러주었을 때는 그는 나에게로 와서 꽃이 되었다" 라고 했다.

푸른 하늘 하얀 솜구름 사이로 꽃같이 고운 손녀의 얼굴이 보인다. 눈을 감고 가만가만 이름을 불러 보면 내 입가에 잔잔한 미소가 샘솟는다.

"예지(埶智)야! 사주팔자는 이름으로 고치는 것이 아니라 네가 열심히 해서 만들어 가는 거란다."

방경희

그 여자의 안산

그 여자는 안산*이 바라다보이는 건너편 아파트에 살고 있다.

남서쪽 방향의 창문을 열면 비스듬히 누운 안산의 전경이 한눈에 들어온다. 그 안산이 봄부터 사계절 나날이 물감을 바꾸어 가며 한 폭의 수채화를 철 따라 곱게 그려 주고 있다.

1월 달의 겨울은 매섭게 춥다.

어젯밤 내리다 만 눈 자국이 산기슭에 희끗희끗 남아 오히려 볼품이 없다. 눈이 오려다 잠깐 주춤거리며 서성이고 있었나 보다.

여전히 그 여자는 겨울 안산을 걸으면서 찾아올 봄날의 따뜻한 온기를 기다리며 그리움을 찾아, 아니 시(詩)를 찾아 오늘도 안산에 오른다.

---

*안산(鞍山): 서울 서대문구 연희동, 현저동, 홍제동에 걸쳐 자리 잡고 있는 높이 296m의 그리 높지 않은 산이며 다른 이름으로는 무악이라 하여 무악산이라고도 한다. 연희숲속쉼터와 메타세쿼이아 숲길, 숲속의 무대, 북 카페, 정상에 봉수대가 있다.

주말이 아닌 평일에는 올라오는 사람이 많이 없으니 그야말로 산이 텅 비어 있다. 그래서 너무 쓸쓸하고 심심함을 느낄 때도 있지만 그런 한적함이 오히려 혼자 이 안산을 독차지하고 있다는 만족감에 스스로 즐기는지도 모른다.

산중턱(만남의 장소) 정자 입구에는 김춘수의 〈꽃〉 시비(詩碑)가 있다. 발걸음이 저절로 그곳에서 멈춰 선다. 발이 이곳을 기억하고 있다가 여기까지 오면 항상 걸음이 저절로 멈춰 선다.

버릇처럼 정자 기둥에 걸린 낡은 벽시계를 쳐다본다. 만나기로 약속한 사람이 없으니 누가 와서 기다리고 있을 리가 없는데도…. 그러나 그 여자는 두리번거리며 꼭 누가 올지도 모른다는 우연을 바라면서 한참을 머뭇거리다 텅 빈 산허리를 돌아 깊숙이 걸어 들어간다.

아무도 없다. 빈 하늘 아래 벗은 겨울 나무들이 적막한 이 안산을 지키고 있을 뿐이다. 그러나 그 여자는 여기 오면 스스로 시인이 된다. 하얀 자작나무숲에서는 자작나무를 위해 시를 써서 바치고, 빈 까치집 둥지에는 새봄에 돌아올 산새들을 위한 시를 지어 넣어두고…. 노란 낙엽 몇 개 떨어져 쓸쓸히 앉아 있는 산속 나무의자에도 가을 시 한 줄 써서 앉혀 놓고…. 자꾸 뒤돌아보며 돌아 나온다.

마른 나뭇가지 끝에는 가 버린 날들의 추억의 조각들을 주렁주렁 걸어 놓고, 오기도 한다.

안산은 그래서 그 여자의 시가 솟아나는 샘터이다.

봄날은 따뜻한 꽃 노래를 짓고 여름날엔 무성한 녹음 속을 걸어가며 추억에 흠뻑 젖어 노래하고, 가을이면 그때 그 사람 옛 그림자 떠올라 그리움에 젖은 가슴 달래 가며 또 그렇게 그 여자는 거기서 아픈 시를 짓고 내려온다.

때론 한 조각 시어 하나 찾지 못하고 빈 가슴으로 그냥 내려올 때도 안산은 오히려 무성한 시의 정원으로 아름답게 존재하고 있다.

어떤 날은 소설의 배경으로 써 보기도 한다. 누구를 주인공으로, 어디쯤, 어떤 사연을 엮어 나갈 것인가?

안산의 아침은 찬란한 해돋이로 시작하여, 점점 퍼져 나가는 햇살이 산허리를 감돌아 모든 생명들을 깨워 놓고…. 한낮에는 그 생명들이 서로 어울려 함께 춤추며 노래하게 하고, 노을 지는 저녁에는 거기 찾아간 인생들에게 잔잔한 위로의 묵시를 써 주기도 한다.

오늘은 메타세쿼이아 숲길까지 깊이 들어가 본다. 그리고 문득 눈앞에 자꾸 나타나 밟히는 그 사람의 손을 잡고 함께 대화도 하며 걷는다. 그러므로 혼자 걸어도 전연 외롭지도 심심하지도 않다. 심장으로 따뜻한 열기가 퍼지면서 발걸음이 더 경쾌해진다.

산모퉁이 둘레 길을 몇 구비를 돌아오는 동안 벌써 그와 나눈 대화가 아직 끝나지 아니하였지만…. 오늘밤 잠들기 전에, 아마도 그는 또 한 편의 시를 위하여 안산의 깊숙한 속살을 세밀히 스케치 해놓고 설레며 잠들 것이다.

얼마 안 있으면 안산 아래 홍제천변 언덕에 노란 개나리꽃이 피기 시작하면 그는 또 재빨리 물레방아 길로 해서 홍제천 돌다리 건너까지 내려가 안산으로 들어오는 봄을 제일 먼저 반가이 맞이하며 봄과의 교감을 은밀히 속삭일 것이다.

안산에 들어온 새봄의 서기가 자기에게 젊은 날의 생기를 되찾아 준다고 감사히 생각하기도 하고…. 그 봄이 가고 나면 여름이 찾아와 안산을 초록으로 물들일 때 그때도 그 여자는 무성한 안산의 신록을 노래하며 시를 읊고…. 가을바람 불어오면, 안산과 함께 서러운 가을 노래를 짓고, 겨울 오면, 앙상한 안산을 위하여 또 다른 비감의 악보도 만들 것이다.

그리고 그 여자의 가슴에만 살아 있는 한 사람에게 안산의 온갖 매력을 이야기하며 혼자 흥분하고 들떠 있을지도 모른다.

그러므로 그 여자는 이 안산 깊숙이에서 고운 시어를 건져 내어 아름다운 시를 짓는 시인이고 싶다.

배병수

다음의 화약고(火藥庫)

우리나라는 오랫동안 농업을 위주로 생활하며 인심 좋고 순박한 민족이었다. 북극이나 남극처럼 사방에 얼음만 있는 곳도 아니며, 아프리카처럼 피부가 변할 정도로 햇볕이 따갑지도 않고 사계절이 뚜렷하여 생활하기에 알맞으며 산세가 아름다워서 금수강산이라 하였다. 이와 같은 우리나라를 나는 복 받은 곳이라 생각했다.

우주의 많은 별 중에서도 오직 지구만 생물이 살아가기 좋은 곳이다. 인류가 생존하기에 편리하도록 모든 자원은 산과 바다와 사막의 모래밭에도 널브러져 있다. 사람이 생활하면서 부족한 자원이 있으면 채취하여 사용하거나 원료를 가공시켜서 우리가 필요한 물품으로 제조하면 된다. 요술 방망이처럼 바다 밑이나 높은 산의 흙더미와 사막의 모래밭에서도 헤쳐 보면 필요한 자원이 쏟아져 나온다. 보기에 따라 지구는 보물로 꽉 찬 보물창고 같다. 필요로 하는 자원은 그때마다 알아서 시간 차이를 두고 척척 공급해 주고 있는 듯하다. 이 같은 지구의 고마움을 알고 사람들은 지구를 사랑하고 아껴야 할 일이다.

현실은 그게 아닌 듯해서 안타깝다. 지금 여러 나라에서는 전쟁에 대비한 군사 장비 제조에 열을 올리고 있다. 스위치를 터치만 하면 순식간에 멀리 있는 지역을 흔적도 없이 날려 버릴 수 있는 미사일을 개발하거나 시험 발사를 계속하고 있다. 가장 빠르고 가장 강력한 신형 무기를 제조하는 데 각 나라가 경쟁적으로 연구를 하고 있어서 문제가 심각하다. 쉼 없이 생산된 전쟁 물자들이 우리 인간을 살상하기 위해 만들어지고 있는 것이기에 언젠가 사용이 된다면 나도 예외일 수는 없을 것이다. 순간에 내 가족과 내 친지가 화염에 사라질 수 있다고 가정하면 소름이 끼친다. 그런데 소름 끼치는 일이 지금 이 시각에도 일어나고 있는 것이 현실이어서 문제가 심각하다.

약 2년 전에 러시아가 우크라이나를 침공한 것이 처음엔 일부 지역에서 국지전으로 잠시 벌어진 일이려니 하였지만, 시간이 지날수록 전세는 더욱 확전되고 치열해지며 많은 살상자가 속출하고 있어서 문제가 갈수록 심각하다. 뿐만 아니라 이스라엘과 이란의 전쟁도 날이 갈수록 많은 살상자가 속출되고 있으니 이럴 땐 유엔의 감시 기구도 별 영향력이 없는 것 같아 씁쓸한 마음이다. 전쟁을 좋아하는 국민은 없을 것이다. 전쟁이 끝나면 승자와 패자 관계없이 피해는 서로 처참하다.

우리는 소원을 이루어지게 바랄 땐 천지신명(天地神明)께 의존하기도 한다. 이때 천지는 무한한 우주의 깊이와 그 안에 존재하는 수많은 생명의 조화를 말할 것이다. 그 조화 속에서 우리를 주재하고 보호하는 신령을 천지신명이라 하는 것 같다. 사계절이 있고 눈이 내리며 비가 오는 것도, 하늘과 땅의 조화이지 싶다.

비가 오면 '비가 온다', '비가 내린다' 라고 말한다. 그러다가도 비가 한동안 내리지 않아서 농작물이 타들어 가면 농부의 마음도 농작물처럼 새까맣게 타들어 간다. 이처럼 비를 절박하게 기다릴 때 하늘에서 구름이 몰려오면서 줄기차게 비가 내리면 너무나 반가워서 '비님이 오신다' 라고 말하는데 이럴 때 우리나라 사람은 선량하기 그지없다고 보인다. 우리는 농경 시대부터 농업을 농자천하지대본이라 여기며 선량하게 살아온 후손이다. 하늘은 언제나 우리가 필요한 정도로 비를 내려 주면 좋으련만 그러지 못한 때가 종종 있다.

지난해(2023년)에는 우리나라에 저수지마다 물이 없어서 바닥을 보이는 곳이 많았다. 내가 거주하는 광주광역시에도 수원지에 물이 바닥을 보이니 시간제 급수를 할 수밖에 없다고 시민들에게 식수 절약하자는 운동을 펼쳤고 여러 곳에 현수막도 걸었다. 물이 없어야 물이 귀하고 물의 고마움을 알 수 있다는 말에 수긍이 갔다.

지난해엔 물이 부족하고 기상이변이 많다 보니 농작물도 흉년이 되었고 가을철에 거둬들이는 과일도 흉년이 되어 상품의 질은 떨어지고 값은 뛰었다. 하늘은 무심하지 않아서인지 올해엔 봄부터 비가 많이 내렸다. 비가 많이 내리니 바닥을 보인 저수지마다 저수량이 많아져서 수자원공사 직원들은 기쁨을 감추기 어려웠을 것이다. 하지만 과유불급(過猶不及)이라 한때는 너무 많은 비가 내리니 홍수 피해가 여러 곳에서 나타났다.

우리나라는 외부로부터 많은 침략을 받았어도 남의 나라를 침공한 예는 없다. 하늘과 땅에 부끄러움이 없이 농업을 천직으로 알고 정직하게 살아왔으며 자연에 순응한 우리 국민은 전쟁을 싫어했다. 그러나 세계의 정세는 다음의 화약고는 한반도에서의 남북한 대립이 될 것이라고, 예측하는 사람이 많으니 걱정만 할 때가 아니라 총명하고 명석한 인재가 화급히 나서서 지혜를 모아야 할 때이다.

서양호

■

일체유심조(一切唯心造)

일체유심조(一切唯心造), 그 뜻이 궁금하다.

그 뜻을 살피는 데는 분별과 언어의 의미를 먼저 헤아려 봄이 타당하다. 뜻을 살피면 분별과 해설이 따르고 해설은 언어로 표현되기 때문이다.

사람들은 보통 사물이나 가치, 관계 등을 분별하며 살아가는데 그 분별 또한 언어를 통해 표현된다. 분별은 자기가 쌓은 정보에 의해 이루어지며 정보는 사람이 세상을 살아오면서 스스로 체득한 경험과 학습에서 얻어진 것이다. 사람들이 지닌 정보에는 주관적인 면과 객관적인 면이 혼재해 있다. 이 점에 유의하면 사람들의 개인적 정보에 따라 분별한 뜻을 절대적인 선(善)이라 하기에는 무리가 따른다.

그 절대적일 수 없는 분별이 일상생활에서 언어로 표현될 때는 왜곡이 따르게 마련이고 심지어 말장난이 되고 마는 예도 있다. 말장난이나 언어를 왜곡하여 사용하는 경우를 언어도단이라 한다. 불교에서는 궁극의 경지를 언어도단(言語道斷) 심행처멸(心行處滅)이라고 하는데 깨달음의 경지는 모든 분별이 사라진 자리를 의미한다.

언어는 그 자체가 상징하는 개념 한계성을 지닌다. 그래서 깨달음의 세계는 언어로써 분별할 수 있는 세계가 아니며 언어의 길이 끊어지고 마음 작용이 사라진 언어도단 심행처멸의 자리다.

그러나 불법이 아무리 훌륭하다 해도 언어를 통하지 않고서는 그 가르침을 전할 수가 없다. 그러기에 부처님의 팔만사천법문이 있는 까닭이다. 언어에는 한계가 있으므로 부처님 가르침을 전하는 경전도 의미 전달에는 한계성이 있을 수 있다. 부처님의 가르침이 아무리 위대하다 해도 그 가르침을 접하는 우리는 우리 식대로 이해한다. 법문(法文)을 접하는 사람들은 각자의 처지에서 자기 식대로 자기의 언어로 분별하며 이해하기 마련이다. 일체유심조는 큰 법문이다. 이 법문을 살펴보기에 앞서 언어나 분별을 먼저 살핀 이유도 그 때문이다.

일체유심조라는 하나의 가르침에 대한 이해는 다양하다. 그 말속에 담긴 일체(一切)와 심(心)과 조(造)를 어떤 의미로 해석하고 이해하는가에 따라 견해를 달리하게 된다.

그 말을 흔히들 '마음먹기 나름' 또는 '생각하기 나름' 의 뜻으로 해석하기도 한다. 일체(一切)는 모든 것으로 풀이해도 좋겠다. 이 경우 마음[心]은 '의지나 생각' 이라는 뜻으로 풀이된다. 그러나 세상살이가 자신의 의지나 생각대로만 펼쳐지지는 않는다. 이런 풀이를 잘못 이해하면, 모든 것을 개인의 잘못으로만 돌려 버리는 위험이 따른다.

다른 한편의 해석으로는 '모든 것은 마음에 의해 그렇게 본다' 로 풀이하기도 한다. 이때의 마음[心]은 '저장과 생성' 의 의미를 지니며 '본다' 라는 말은 '인식한다' , '이해한다' 라는 뜻인데 조(造)가 그렇게 풀이되는 것이다.

또 다른 한편으로 '모든 것은 마음이 실제로 만든다' 라는 뜻으로 확대하여 해석되기도 한다. 일체(一切)의 범위가 확대 이해된 경우다. 이때의 마음은 '저장과 생성' 의 뜻이며 조(造)는 실제로 만든다는 의미다. 확대된 범위로 모든 것을 포괄시키다 보면 자기 스스로 지닌 마음에 의해 모든 것이 만들어지는 결론에 이르게 된다. 이런 결론은 때로는 도취나 신비주의에 빠지기도 해 주체인 자신을 상실할 가능성도 있어서 쉽게 동의하기가 주저된다.

일체유심조란 뜻을 포괄적으로 유추해 보면 '마음에 저장되고 생성된(마음먹은) 생각으로 바라보는 대상을 인식하고 이해하여 모든 것을 결정해 낸다' 라고 생각하면 어떨까?

또 다른 한 면을 살피면 생활인에게 일체유심조는 어떤 영향을 미치고 있는가가 궁금하다. 사람들은 '마음먹기' 나 '생각하기' 나름이라는 보편적 인식으로 마음속에 지닌 정보나 이해를 바탕으로 자기 삶의 길을 결정하며 걸어간다.

길은 사람이 다니는 통로다. 삶의 방향이나 지표가 무형의 길이라면 도시와 산과 들, 하늘과 바다에 나 있는 길은 유형의 길이다. 길은 물리적인 통로를 넘어서 인간 존재와 삶의 방향성을 상징하는 개념이다. 길은 내면의 탐구와 자아실현의 과정으로도 해석될 수 있으며 과정은 계속되는 성장과 변화를 의미한다. 길을 걷는 과정에서 발견되고 만들어지는 크고 작은 경험과 의미들은 자신의 마음에 의해 만들어져서 궁극적으로 삶 전체의 가치를 형성하게 된다.

길은 목표 설정과 도전을 상징하고 삶에 의미와 목적을 부여한다. 삶에 체화된 다양한 경험과 선택은 길을 걷는 과정에서 생성된 것으로 인간의 선택과 자유의지를 상징한다.

사람들 각각이 걷는 길은 자신의 선택 결과다. 그 선택이 자신의 삶을 결정한다. 인간은 삶이 지속되는 한 끊임없이 배우고 경험하며 그 과정에서 성숙해진다. 길을 걷는다는 것은 단순한 이동을 넘어서서 삶의 의미를 찾으며 성장하면서 타인과 소통하는 인간의 본질적 활동을 의미한다. 삶이란 길에서 획득되고 조성된 경험과 시간은 인간을 보다 훌륭한 존재로 변화시키는 요소다. 그 바탕에 일체유심조가 자리하며 그 길의 방향타가 된다.

모든 도전의 과정에는 실패가 따를 수 있지만 좌절하거나 포기하지 않는, 꺾이지 않는 의지와 열정은 마음먹기에 달렸다.

일체유심조다.

서태양

■

인연의 끝자락에서

타향살이 30여 년, 정년 퇴직 후에도 살던 아파트를 처분하지 못하고 한 달에 한 번 정도 경주를 방문하고 있다. 그런데 연초부터 경주 아파트 베란다의 식물들을 정리하는 것이 어떠냐는 아내의 조심스러운 제의가 있었다. '제때 물을 주지 못해 식물들을 고생시키고, 본인도 늘 초조하게 마음을 쓰느니 차라리 다른 사람들에게 나누어 주는 것이 좋겠다.' 라는 것이다. 일리가 있는 얘기긴 하지만, 20여 년 나와 삶을 함께해 온 정든 벗들과 이별을 해야 하고, 그동안 내 삶의 흔적이 사라지는 것 같아 생각만 해도 가슴이 미어져 쉽게 결정을 내리지 못하고 마음의 갈등만 키우고 있었다.

퇴직 후 경주에 대한 나의 미련을 늘 못마땅해하는 아내가, 내 마음을 헤아려 주지 못하는 것 같아 내심 섭섭했지만 생각해 보자고 애매한 대답을 해두었었다. 그런데 결정을 해야 할 마지막 순간이 오고야 말았다. 마침 문경에 출장 갈 일이 생겼는데, 내려간 김에 경주까지 들러서 이번 기회에 화분 문제를 꼭 해결하고 와야 한다는 것이다. 장기간의 유럽 여행을 앞두고 있기 때문이다.

어린 시절 시골 고향에서 추석 명절을 쇠기 위해 우리 물방앗간에서 기르던 돼지를 잡아 동네 집집이 나누고는 돼지고깃값을 받지 못해 애를 먹었던 그 시절이 떠올랐다. 어머니는 나를 내촌 김씨네 집에 가서 돼지고깃값을 꼭 받아 오라고 보내셨고, 그 집은 이미 몇 차례나 방문한 적이 있었지만, 돈은 주지 않고 오히려 돈 받으러 온 나를 어린애라고 무시하고 야단치며 문전박대했었다. 그때마다 빈손으로 집에 돌아갈 수도 없고, 다시 그 집 대문을 두드리기가 두려워 문 앞에 서서 어린 가슴 조이며 얼마나 고민하였던가. 한참을 망설이다가 대문을 두드리고는 두려워 도망가기도 하고, 몇 번을 되돌아가다가 용기 없는 자신을 질책하며 다시 대문을 두드려야 했던 진퇴양난의 그때 그 순간이 가슴속 불덩이가 되어 울컥하고 올라왔다. '그래, 이젠 퇴직을 했으니 어차피 혼자만의 경주 생활이 아닌, 아내와 함께 인천 본가에서의 새로운 삶을 살아야 할 시기가 아닌가?'

어머니와의 약속을 위해 용기를 내어 대문을 다시 두드렸듯이, 이제 아내의 간곡한 부탁을 위해 마음은 아프지만, 식물 친구들과의 인연을 이쯤에서 접기로 마음먹었다. 고민 끝에 경주 용담정 솔밭 입구에 한옥 전원주택을 새로 지은 절친 이 교수에게 전화하여 화분 정리 계획을 얘기하고, 내일 아침 9시 전후해서 내 아파트로 화분을 실으러 와 달라고 약속을 해두었다.

문경에서 용무를 끝내고 경주로 향했다. 떠나보낼 식물 가족들의 모습과 함께했던 시간들, 장차 그들의 운명, 이런저런 생각에 속도감도 모르고 고속도로를 달리다 보니 평소 멀-게만 느껴졌던 경주에 쉽게 당도했다. 집에 들어서자 내일이면 보내야 할 베란다 식물 가족들을 눈으로 사진을 찍듯 애절한 마음으로, 하나하나 가슴속에 담으며 마지막 물을 듬뿍 주었다. 온갖 생각에 밤새 잠도 오지 않고 아침 일찍 일어나 베란다로 나갔다. 힘든 일이긴 하지만, 이 교수가 도착하기 전에 식물들과 마지막 석별의 정도 나눌 겸 화분들을 밖으로 내가기 좋도록 일일이 내 손으로 직접 거실로 옮겨 놓기로 마음먹었다. 거의 수명이 다한, 그리고 나만의 귀한 벗으로 의미를 부여했던 잡초는 내 손으로 미리 정리하는 것이 좋을 것 같아 직접 거둬 내고, 다른 화분의 식물과 에어컨 실외기까지 온 베란다를 제 마음대로 종횡무진 감고 있는 마 줄기는 아침 내내 줄기가 상하지 않도록 조심해서 풀어주었다.

애써 단단히 붙들고 놓지 않으려는 마 줄기들을 억지로 하나하나 풀면서 번거롭거나 짜증스럽기보다는 오히려 한없이 미안한 생각이 들었다. 나무줄기에서 내린 수많은 잔뿌리가 화분에 뿌리를 박고 열대의 멋을 뽐내던 학장 취임 기념 선물 팬더, 어린 모종이 자라 지금은 품위와 아름다움으로 기대와 사랑을 받고 있는 학생 조교가 주고 간 수국, 20여 년간 해마다 한 개씩 귤을 수확하여 가족과 알뜰하게 나눠 먹고 있는 귤나무, 추운 겨울 수종도 모르고 입양하듯 길섶에서 데려온 사철나무, 그리고 꾸준하게 살아남아 준 난 화분들, 각자 첫 인연들을 떠올리며 거실 바닥에 신문지를 깔고 차례대로 옮겨 놓았다. 머리와 얼굴에 맺힌 땀방울이 범벅이 되어 눈물처럼 흘러내렸다. 보내야 할 식물들을 내어놓고 아침밥을 먹자니 그들 생각에 밥맛이 없어 먹는 둥 마는 둥 간단히 식사를 끝내고 말았다. 더욱이 이 교수가 수국을 비롯해서 일부 화분만을 골라 가겠다는 의사를 추가로 보내왔었다.

잠시 후면 이 교수의 선택에 따라 달라질 그들의 운명을 생각하니,

극심한 경쟁 사회에서 가는 곳마다 비교에 의해 선택을 기다리는 오늘날 청년 구직자들이나 매한가지란 생각이 들었다. 안타깝게도 송별을 앞둔 이 순간 식물 친구들을 위해 내가 할 수 있는 것은 '행운을 빈다.' 라는 작별의 말밖에 아무것도 떠오르질 않는다. 영원한 이별인 죽음 앞에서조차 더 좋은 곳, 극락이나 천국행을 위한 명복(행운)을 빌 수밖에 없듯이…. 결국 그것은 남은 자의 위안을 위한 가장 형식적이고 손쉬운 마지막 고별의 한 방편일 뿐이란 생각이 들었다.

전화벨이 울리고 곧 이 교수가 아파트에 도착했다. 도움을 청한 아파트 경비원도 함께 올라왔다. 송별을 위해 거실에서 다시 대문 앞 복도까지 내어놓았던 화분들을 엘리베이터에 실어 아파트 입구로 옮기기 시작했다. 그런데 이 교수가 의외로 가장 큰 팬더는 열대식물이라 마당에서 겨울을 나기가 어려울 것 같아 인수를 포기하겠다는 것이다. 우리 집에서 가장 오래되고 귀하게 여기던 대장 나무가 한순간에 갈 곳 없는 천덕꾸러기 신세가 되고 만 것이다.

'이 일을 어떻게 할 것인가!' 난감한 상황에 한동안 마음의 갈피를 잡을 수가 없었다. 일단 대장 나무를 아파트 화단에 분리해 놓고 나머지 식물들만 차에 싣기로 했다. 착잡한 심정으로 차에 화분을 싣는 동안 온통 '이 나무를 어떻게 구출할 것인가?' 하는 방법만을 궁리하고 있었다. 생존에 위험이 있긴 하지만 아파트 화단에 심든지, 아니면 이웃이라도 찾아다니며 "귀하고 아까운 나무이니 잘 키워 보라." 라고 권유해 볼 심산이었다. 화분 싣기가 끝나고 차를 떠나보내기 전 이 교수에게 "이 식물 친구들을 나를 대하듯 잘 보살펴 달라."라고 신신당부를 했다. 그때 아파트 경비 아저씨가 남겨 놓은 팬더를 보며

"이 나무 보통 나무가 아닌 것 같은데, 제가 한번 키워 보면 안 되겠습니까?"

'아, 이렇게도 반갑고 고마운 일이!'

다행히 대장 나무의 연륜과 가치를 알아보시고, 본인이 기꺼이 가져가겠다는 뜻을 밝혀 겨우 한숨을 돌렸다. 인연의 끝자락에서 나 역시 이젠 이들의 행운을 빌어야 할 때가 된 듯싶다. 몇 억겁을 돌고 돌아 언젠가 다시 만날 그 인연을 기대하며, 마음속에 영원히 남기기로 했다. 오랜 세월 갖은 어려움을 견디며 나와 함께해 준 식물들이 고마울 뿐이다.

그들의 행운을 빈다.

성낙수

한강의 노벨문학상 수상에 부쳐

2024년 노벨문학상을 한국의 한강 작가가 받게 되었다는, 스웨덴 한림원의 발표가 나온 지 한 달이 지난 지금, 우리나라 많이 팔린 책 10위 안에 그 작가의 작품 여덟 개가 들어 있다고 한다. 물론 노벨문학상을 받은 작가의 작품은, 두고두고 전 세계인이 읽게 됨이 상례이기 때문에 놀랄 일은 아니지만, 참 바람직한 현상이라고 아니할 수 없다.

더군다나 이 일은 언제부터인가 우리나라가 물질적인 문명에 편향되어, 인문학적인 면을 소홀히 여기게 되었고, 과학 기기의 발달에 의존하여, 독서율이 급격히 떨어져 가는 시대에 그나마 획기적인 전환을 가져오지 않나 하는 희망을 가지게 한다. 자연과학의 발전도 중요하기는 하지만, 장기적인 면에서의 국력과 국위는, 인문과학에서 결정되는 것이라는 점에서 보면, 더욱 다행이다.

이번 노벨문학상은, "1901년 이래 117명의 노벨문학상 수상자 가운데 여성은 18번째이며, 한강은 한국인 첫 수상자"라는 외신의 보도가 아니라도, 우리의 반만 년 역사에서 가장 빛나는 문화·문명에서의 영광이자, 팔천만 겨레의 자랑이라고 할 만하다. 또한 그동안 소외받아 온, 한겨레 여성들의 문학적인 소질을 여지 없이 드러낸 쾌거라고도 할 수 있다.

일반적으로 알려지기에 노벨문학상은, 작가의 문학적인 자질과 내용도 중요하지만, 그의 민족적인 특성과 문화, 그리고 전통과 역사 같은 바탕에도 많은 비중을 준다고 한다. 그런 면에서 보면, 우리가 이제야 이 상을 받은 것은, 너무 늦은 것이 아닌가 하는 생각이 든다. 그렇지 않아도 여러 번 우리가 이 상을 받게 된다는 소문이 돌기는 했지만 무산되어, 왜 그런지 의아한 생각이 들기도 했었다.

한강 작가가 이 상을 받게 된 것을 스웨덴 한림원은, "한강은 자신의 작품에서 역사적 트라우마와 보이지 않는 규칙에 맞서고, 각 작품에서 인간 삶의 연약함을 폭로한다."라며 "그녀는 신체와 영혼, 산 자와 죽은 자 사이의 연결에 대한 독특한 인식을 가지고 있으며, 시적이고 실험적인 스타일로 현대 산문의 혁신가가 되었다."라고 평가했다고 한다. 노벨 문학위원회 위원인 스웨덴 소설가 한 사람은 한강에 대해, "부드럽고 잔인하며, 때로는 약간 초현실적인 강렬한 서정적 산문을 쓴다."라고도 했다 한다.

세계 여러 나라에서 한강의 작품을 평하는 내용에서 작가가 소재와 배경으로 삼은, 근대 우리나라의 불행한 사건들을 부각하고 있지만, 실제로 우리 겨레의 심중에 자리 잡고, 유전인자로 침잠되어 있는 자질은 다음과 같은 일들에서 찾아볼 수 있다.

첫째는 오랜 역사에서 우리 겨레가 겪은, 수많은 전쟁과 수난이다. 저 삼국 시대의 수나라, 당나라 같은 중국의 침범이나, 고려 때의 몽골, 조선 때의 일본과 만주의 침략 등이 그런 예이고, 가까운 시대에 일어났던 육이오 같은 전쟁이 그것이다.

둘째는 내부적으로도 끊임없이 일어났던 당쟁이나 신분 간의 갈등으로 같은 겨레임에도 서로 질시하고, 견제하는 심리가 내재하게 되었다.

셋째는 근대에 겪은 독재와 억압에 맞서서 투쟁해 온 불행한 사건들에서 많은 희생이 일어났다.

그럼에도 몇 가지 긍정적인 면을 들어 보면, 다음과 같다.

첫째, 우리는 장구한 역사 속에서 많은 문화적인 특질과 자산을 가지게 되었는데, 그것은 다양한 구비문학은 물론, 향가·고려가요·시조·가사와 같은 고유 문학이다.

둘째, 다양한 특성을 가진 한국어를 구사했으며, '훈민정음'과 같은 문자를 만들어서, 우리 겨레의 정서, 심성을 마음대로 표현할 수 있게 되었다.

셋째, 고유의 민속 신앙을 비롯하여, 다양한 종교를 통해서, 민족적 전통을 소유하게 됐으며, 고유의 예절과 학문을 가지게 되었다.

이런 여러 가지 요인에도 불구하고, 무엇보다도 작가 자신의 경험과 소질로 이 상을 받게 되었음은 물론이다. 그런 면에서 "최근 몇 년 동안 스웨덴 한림원은 여성 수상자 수와, 유럽 및 북미 이외 지역 출신 수상자 수가 적다는 비판에 직면한 후 수상자의 다양성을 높이기 위해 노력해 왔다."라고 하며, "2020년 수상자인 루이즈 엘리자베스 글뤽(여성·미국), 2021년 수상자인 압둘라자크 구르나(흑인·탄자니아), 2022년 수상자인 아니 에르노(여성·프랑스) 등 2020년대 여성과 유색인종 수상자를 나열했다."라는 외신의 보도도 전해지고 있음은 주목할 만하다.

어쨌든 한강의 노벨문학상 수상은 반만년 역사에 빛나는 쾌거이며, 잘못된 우리 겨레의 남성우월주의를 극복했다는 점을 인정하지 않을 수 없다. 게다가 우리의 말과 글의 특성을 전 세계에 알려 주고, 한국문학의 우수성을 보여 주었다는 면에서도 큰 역할을 했다는 점에서 큰 박수를 보낸다.

손동숙

발효의 시간

미국에 사는 오빠는 올케언니 장례식 동영상과 함께 소천 소식을 전해 왔다. 갑작스런 일이라 놀라움으로, 함께 나누었던 시간과 대화를 떠올리며 그 순간으로 되돌아가고 싶었다. 문득 지난 일들이 그리워진다. 두 살 터울의 오빠는 고교 시절 미국으로 유학 가서 긴 세월 떨어져 살았다. 한인교회에서 만난 여성과 약혼한다며 편지를 보내오고 그때부터 반대하는 부모님의 입장에선 당장 달려갈 수도 없고 어찌할 방법이 없어 오빠의 편지를 받으면 자주 시끄러웠던 시절이 있었다. 그 후 둘은 결혼하였고 그럭저럭 시간이 흘렀다. 결혼을 하고 바쁘게 살다 보니 40대가 되어서야 오빠 가족을 만나러 갔다. 남매 간의 풋풋한 정을 나누던 고교 시절에 헤어졌으니 애틋함이 컸다. 좋은 선물을 해 주고 싶었다. 지금처럼 풍요로운 시절이 아니었기에 오빠 부부와 조카에게 무엇이 좋을까 백화점 안을 꼼꼼히 살피며 좋은 옷과 내가 아끼던 액세서리도 주고 싶어 선물 보따리를 꾸려 놓고 보니 마음이 따뜻해졌다. 오랜 시간 떨어져 지냈어도 남매 간의 정은 예전 그대로 정다웠다. 멀리 살다 보니 자주 만나지 못했고 병원 생활을 짧게 하다가 운명한 올케언니. 서로에게 정표로 나누었던 액세서리를 꺼내 보다 왈칵 눈물이 났고 어디선가 이별의 종소리가 댕댕 울리는 것 같았다.

소프라노 조수미는 아버지 장례식 날 청중과의 약속이기에 아무 내색도 하지 않고 연주를 다 마친 후 앙코르곡으로 아버지를 위해 '아베마리아' 를 부르며 그날의 연주회를 아버지께 바쳤다. 보는 내내 감동의 눈물을 흘리며 국가의 중요한 행사마다 늘 함께하는 그녀를 진정한 애국자라 여겼는데 그 기억과 함께 올케언니의 영원한 안식을 빌며 그녀가 부른 '아베마리아' 를 찾아 들었다.

나의 여고 시절도 부모님은 오빠처럼 유학을 보내려고 준비하셨으나 오빠는 극구 반대하였다. 당시 낯설고 물선 그곳에 어린 여자애가 오면 외로워서 견딜 수 없으니 안 된다는 것이었고 대학 3년 때 다시 한 번 부모님의 시도가 있었으나 대학 졸업하고 약혼자와 와야 한다며 반대했다. 살며 어느 순간, 그때를 떠올리다 혼자 화를 삭인 적도 있었다. 오빠의 반대로 또 다른 나의 인생이 시작되었고 한동안 원망도 하며 살았다. 이제 지긋한 나이가 되고 보니 모두 다 부질없는 생각이다. 주어진 매 순간을 열심히 살고 있는 지금, 그 모든 것이 나름 잘 발효된 시간 덕분이다. 바쁘고 고단했던 지난 시절, 잘 발효된 음식처럼 많은 일들이 내 안에서 여러 과정을 거치며 나름 좋게 작용을 했음을 이 나이 들어서야 새삼 깨닫는다.

삶이란 이런 것이라고 수많은 글에서 보았지만 막연하기만 했던 젊은 시절, 지나고 보니 아버지의 말씀이 오랫동안 맴돈다. 대학 시절 피아노 전공인 내가 교직 과목을 선택하지 않았다고 꾸중 듣던 기억, 여자 팔자는 뒤웅박 팔자여서 무조건 교직을 따 놓아야 한다는 말씀에 속으로 자신의 앞일은 어느 정도 꾸려 갈 수 있다고 자신하던 시기였다. 불확실한 미래를 위해 미리 준비해 놓아야 한다는 아버지의 깊은 뜻을 시간이 지난 후에야 알았다.

자신이 원하는 삶을 살지는 못했어도 무엇이 옳은 일이며 인연으로 다가온 사람들에게 관심과 사랑을 베풀었는지 돌이켜 보게 된다. 인연인 줄 알면서도 놓치고 살아온 일들은 아쉬움과 함께 남은 시간 잘 살아 내기 위한 반성으로 내 안에서 물결친다.

나를 지켜 주었던 소중한 인연과 그로 인한 잊을 수 없는 수만의 기억들이 늦은 밤이면 가끔 내 안에서 쿨럭거리며 깊은 심연의 세계로 빠져들게 한다.

힘들 때마다 내게 기운을 주었던 그 일들은 힐링의 시간이 되었고 내면의 세계를 평온하게 지켜 주기도 했다. 시간이 지날수록 발효되어 자신을 발전시키고 어려움으로부터 일어서게 하는 원동력이 되었다. 살면서 만났던 상처들은 발효의 시간들이 나를 건재하게 해 주었음을 상기하며 상처가 꽃이 되기도 했음을 발견한다.

> 막상 열어 보면 으레 하찮고 대수롭잖은
> 잡동사니들만 잔뜩 들어 있는 것이지만,
> 그 서랍의 주인에겐 하나같이
> 소중하고 애틋한 세월의 흔적들이다.
>
> ―임철우, 〈아름다운 기억의 서랍〉 부분

문득 임철우 시인의 〈아름다운 기억의 서랍〉이란 시의 일부를 떠올린다.

숙성과 발효 과정을 거쳐 먹는 음식은 소화 기능 향상, 면역력 강화 등 건강에 다양한 도움을 준다. 사람에게 유익한 물질을 만들어 내는 과정을 발효라 하듯 나 자신에게 힘들었던 일들이 내 안에서 발효되어 삶에 힘을 주고 득이 되는 이 과정을 즐기며 살려 한다. 젊어서는 못 느끼는 이런 순간이 참으로 감사하다.

인생의 빛과 어둠이 녹아 들어 어느 나이가 되어야만 이해할 수 있는 부분들이 생기고 그건 바로 발효의 시간을 거치면서 내 자신이 가지게 된 여유임을 깨닫는다.

송영섭

여자 보기를 내 어머니같이 하라

2024년 10월 16일 점심 12시 30분 천안 한정식 전문식당 송연에서 전주 문인 고재흠 선생님과 서울《문학공간》수필 신인상 수상자 김도연 선생님과 본인이 만나 점심 대화 중 "저는 통일교회 목사로《문학공간》에 고재흠 선생님의 안내로 수필 신인상을 받았습니다. 그 후 원고 청탁이 와서 황금을 보기를 돌같이 하라는 기고를 했습니다." 하니 김도연 선생님께서 여자 보기를 돌같이 하라는 말씀의 멘트가 있었다. "예! 알겠습니다." 그 후 점심 식사를 마치고 계산대에 가 보니 이미 김도연 선생님께서 식사 결제를 해 버렸다. 아니 송영섭이 초청했는데 초면에 이미 결제를 했다고? 내 성격상 다시 취소하고 결재를 할 수도 있었지만, 정황상 그럴 수 없어 진지한 김도연 선생님의 미소 앞에 포기하고 말았다. 태조산 각원사 좌불상에서 참배 후 오미자차 한 잔을 했다. 찻값은 나보고 내라신다. 따라서 내가 차를 대접했다. 고재흠 선생님은 복도 많으셔서 두 제자 같은 사람의 존경을 받으신다. 90 노구의 정정한 모습이 아름다웠다. 환송 후 귀가 즉시 여자 보기를 돌같이 하라는 말은 맞지 않는 것 같았다. 황금과 돌은 통하지만, 여자와 돌은 어쩐지다. 그래서 명상 중 여자 보기를 내 어머니같이 하라로 결정했다.

유소년 시절 우리 마을은 50여 초가집에 소년 소녀들이 버글버글했다. 전깃불 없는 마을의 저녁이면 이리저리 몰려다니며 숨바꼭질, 강강술래, 각종 놀이가 흥겨웠다. 신파 굿도 했다. 그런 가운데 봄바람이 불기 시작하면 남녀는 신기하게 손길만 스쳐도 불이 들어오는 시기이다. 그러나 부모님들의 눈빛은 호랑이보다 더 무서워서 "가시네가 어디 화냥질이야! 그렇다면 내 호적에서 빼버릴 것이다!" 그 시대에 불이 붙었다는 소문만 나도 부모는 어쩔 수 없이 맘에 드나 마나 결혼을 하는 시대였다.

그때 나도 옆집 소녀와 눈이 맞아 뒷동산 소나무 밑에서 만나 소곤소곤 수작 떨다가 그만 먼저 아름다운 소녀가 앞가슴을 파헤치며 우리 사랑하자 호들갑을 떨었다. 나 역시 두근거리는 가슴을 진정시키고 부모님 생각에 용트림하는 흥분을 억제하며 '이건 아니지. 나에 대한 부모님의 꿈, 기대 이 여자와 사랑하면 요절 박살이 날 것이야.' 하고 효정에 그만 동작을 멈추고 은빛 젖가슴을 막아 냈다. 어린 시절 사촌, 6촌 누이 누나들과 뭉치기 하다 보면 몸이 부딪쳐 욕정이 솟구친다. 은밀한 곳으로 가서도 윤리 도덕상 형제자매끼리 무슨 짓, 안 되지. 누가 그러는지 모르지만 중지했던 적도 여러 번이다. 나만 그런 것은 아닌 것 같다. 그 시대는 그럴 수 있는 찰나가 여러 번 있었으나 미수에 그쳤다.

내 나이 18세에 통일교회에 입교했다. 그때 학생회 모임이 있었는데 여고생들이 하얀 카라에 학생 교복, 복숭아처럼 달덩이처럼 아름다운 모습에 사랑의 기운이 움직인다. 그러나 그때 역시 체면, 윤리, 도덕, 남녀 7세 부동석의 영향일까. 접근이 쉽지 않다.

그런데 통일원리 가운데 타락론이 있다. 그 강의를 듣게 되었다. 아담 해와에게 하나님께서 각종 나무의 열매는 다 먹되 선악과만은 따 먹지 말라. 따 먹으면 정녕 죽으리라. 그 선악과는 과일이 아닌 비유로서 음란이란 것이다. 그래서 우리가 누구의 정조를 유린한 것을 놓고 따먹었다고 하지 않던가. 여자의 정조를 따먹은 것이 음란이란 것이다. 이러한 증거로 모든 종교는 최고의 죄가 음란으로 보고 있지 않은가. 성경에 간음하지 말라. 신부, 수녀, 스님이 혼자 사는 이유는 인간의 조상 아담 해와가 타락한 죄를 탕감하기 위함이란다. 역대 충신열사, 영웅호걸들이 음란죄에 걸리면 망하지 않았던가. 로마의 멸망도 음란, 소돔과 고모라의 심판도 음란 때문이며 청소년 범죄의 70%가 성범죄 때문. 즉 죄의 뿌리는 음란이란다.

이 통일원리에 심취해 군산사범학교를 졸업하고, 서울 교육청 발령을 받았지만 포기하고 통일교회 정예부대에 들어갔다. 이들은 120개국에 파송될 순결한 남자 120명이다. 나는 1963년 봄 서울 청파동 본부교회 2층에 가서 문선명 선생님의 심사를 받았다. "첫 번째가 정인가? 부인가?(정은 순결한 사람, 부는 순결하지 않은 사람)" "정입니다!" "그래! 뜻에 대한 각오는?" "일편단심입니다!" "알았어요!" 합격 판정을 받았다. 그 후 내가 전도한 신도가 동갑인데 아주 예쁘게 생겼다. 매력적으로 생겼다. 하루는 극장을 가자고 해서 극장을 갔다. 어두컴컴한 2층에 자리를 잡고 의자에 앉아 오징어를 먹으며 구경을 하는 중 손길이 들어왔다. 가슴이 콩닥콩닥 원리가 생각난다. 타락은 죽지, 따먹으면 죽지. 그래서 그냥 그 자리에서 더 이상의 진전이 없었다.

군대에 갔다. 나는 제32사단 사령부 경리참모부 지불계 대전 경리대에 가서 자금 수령 후 저녁을 먹고 나니 밤이 되어 상사와 같이 대전 공창에 갔다. 각각 방을 배정받고 나도 할 수 없이 들어갔다가 잠시 후 날씬한 미인이 얇은 비치는 옷을 입고 들어왔다. 가슴이 뛰며 침이 꼴깍 넘어간다. 그러나 통일원리의 타락론, 여자와의 결혼 전 관계는 혼외정사 불륜, 죄, 음란죄 지옥 등이 스쳐 가면서 진정한 후 오늘은 몸이 불편하여 사양하겠다고 말하고 팁을 주며 내가 보냈다. 그랬더니 포주가 뛰어 들어와 “다른 여자로 해 줄까요?” 했지만, 아니라고 거절했다. 그 뒤에도 여러 번의 기회가 있었다. 경리부 지불계는 돈을 쥐고 있기에 돈으로 얼마든지 기회가 있다. 또 유혹이 따른다. 그때마다 음란은 죄지! 따먹으면 죽지! 가 뇌리를 떠나지 않았다. 욕정을 틀어막을 수가 있었다. 윤리적으로 여자 보기를 내 어머니와 같이했다.

통일교회에서 430가정 합동결혼식을 서울시민회관에서 했는데 지금의 아내와 축복을 받았다. 아내도 절세미인이다. 동네 인근에서 서로 쟁탈전을 할 정도였는데 내가 차지했다. 축복은 순결한 남녀의 결혼이라 혹시 잘못이 있으면 성수 성주식을 통해 정결하게 하고 결혼식을 올린다. 결혼 후 순결의식에 어떤 경우도 다른 여자나 남자를 봐서는 안 된다는 결의를 한다. 그렇게 축복결혼을 받았다. 인간사는 남녀 관계에 순탄치가 않더라. 내 눈에 내 여자보다 저 여자가 더 날씬하고 예쁘네 하며 비교 능력이 발동하더라. 그러나 원리가 있다. 음란은 죄요, 타락은 죽음이다. 간음하지 말라 하지 않았는가! 그것으로 제어가 되어 순결을 지키며 수없이 유혹, 정, 사랑을 막을 수가 있었다.

유소년 시절 동방예의지국 남녀 7세 부동석, 부모 동의 없는 연애

결혼은 집안 망신 시대, 중매결혼이 미덕이던 시대. 통일교회에 들어와서는 인간의 타락은 음란, 따먹는 것은 타락. 타락은 패가망신, 스캔들의 결과는 인생 끝, 문란, 가정불화, 불행의 결말이다. 남자가 누이나 여동생을 겁탈하는 행위는 불륜으로 있을 수 없는 일이며 이것이 인간의 도리라 생각하며 살아왔다. 나는 목회를 하면서 수많은 사람 특히 아름답고 매력적인 여자들 그런 신도들이 예배에 나오면 설교가 더 잘되고 그런 사람들과 같이 심방에 가면 더 힘이 나는 분위기 속에서도 여자 보기를 내 어머니같이 하며 목회를 했다. 특히 일본 총회장으로 가서 435개 교회와 16개 회사를 총감독 지휘하는 가운데 돈과 여자의 유혹이 어찌 없었겠는가? 그때마다 황금 보기를 돌같이 여자 보기를 내 어머니같이 했더니 모든 유혹과 시련으로부터 평화로워지더라.

일생의 혈기왕성할 때 황금과 여자에 눈이 어두우면 패가망신하고 불행의 시작이더라. 황금 보기를 돌같이, 여자 보기를 내 어머니같이 해서 성공 인생 수놓기를 했더니 행복스러워지더라.

송차식

■

가풀막진 언덕길

지난날 10년은, 부산 본부세관에서 근무했다. 큰아이를 출산하고 한 달 만에 사직한다. 당시 막 여성들의 직장 바람이 불어오고 결혼해도 사직하지 않고 다니는 여성들이 많아지고 있었다. 결혼하고 3년 만에 큰아이를 얻었다. 자식이 귀한 집안의 손주는 눈에 넣어도 아프지 않을 귀한 손이었다.

연로한 어른들은 시골에 계시고 주위가 아이를 돌봐 줄 형편이 못 되었다. 한 달이 되어 과감하게 사표를 내었다. 아이를 키우는 일이 내게는 더욱 현명한 판단이라 여겼다.

당시 중앙동 본부세관에서 주례동 사상세관으로 발령이 났다. 결혼하고 집을 구하다 전세금 부족으로 대출받고 18평 아파트를 사게 되었다. 박봉에 대출 갚기도 버거웠다. 집이 주례동 동서대 아래 언덕바지에 있었다. 걸어 다니기에는 거리가 만만찮고 매우 가풀막진 언덕길이었다. 항상 시장에 들러 찬거리를 사서 언덕을 올라 다니는 것도 힘겨운 일이었다.

지금의 개금삼거리, 주례삼거리가 별천지로 변했다는 것을 안 지는 오래되지 않았다. 2년여의 기간이었지만, 결혼 전 명장동에서 주례까지 출근하는 것은 마치 전쟁터였다. 129번 버스 1대만이 가야동, 개금, 주례 노선이었다. 언제나 콩나물시루를 연상한다. 발만 하나 올리면 버스 안내양의 버스 두드리는 소리에 버스는 출발하곤 했다.

여고 내 친구는 개금동의 길가 언덕 아래에 집이 있었다. 가난한 살림에 공부를 시켜야 하고 자식은 많고 집이 비좁아서 한 방에 식구들이 졸망졸망한 시절도 있었다. 어느샌가 세월의 속전 속에 형제들은 잘 자라서 다들 자기 몫은 하고 산다고 한다.

또한 가야 백병원 아래로 집들이 아주 밀집되어 있었다. 가난으로 찌든 가정에선 형제들이 유독 많다는 것도 실감한다. 올케언니가 개금초등학교에 교사 하고 있을 때이다. 선생님들이 가정 방문을 가는 시기가 있었다. 골목골목 아이들이 많아서 방문하러 가면, 골목거리에서 솥 하나에 많은 식구가 밥해 먹는 가정이 있어 다 털어서라도 도와주고 싶은 게 다반사였다는 것이다. 70년대의 우리나라 교육 실정이 그러하였다.

매일 가풀막진 언덕을 오르내리면서 신혼 초이었지만 꿈과 희망이 있었다. 노력하여 평지인 곳으로 집을 구해 가는 것이 희망 사항이었다. 쉬운 일은 아니었다. 형제 많은 시골의 형편은 한계가 있었고 누구의 도움도 없는 형편, 남편은 덕천동 중소기업에 다녔고 월급 가지고는 꿈같은 감내이었다. 성실하고 할 수 있다는 패기만 등등했으니까. 그걸 믿고 평생을 가리라고 했으니 쪼들려서 눈물도 많았다.

고진감래라 했다. 한길만 보고 직장을 옮기는 변화도 있었고 승진도 승승장구했다. 몸이 약한 나는 가풀막진 언덕을 다니다 무리였는지 첫아이를 실패하는 아픔도 가졌다. 그러고는 3년이 되도록 아이가 되지 않았다. 위에 시숙 또한 8년이 지나 딸아이 하나 얻었다. 가뜩이나 손이 귀한 집안에 손이 끊어질 기로에 있었다. 몸을 보호하고 한약을 먹으면서 그 당시 대청동에 있는 이상태 산부인과를 소개받았다. 직장을 다니니 병원을 제때 갈 수가 없었다. 식사도 마다하고 점심시간을 기해 병원을 다녀오기도 했다. 사무실에서는 단속도 많았지만, 그때그때 묘면은 잘 하였다.

참 고마운 사람도 있었다. 생각나지 않을 수 있겠는가. 사무실에 청소도 해 주시고 점심 때는 직원들의 식사를 담당해 주시는 아주머니가 있었다. 키가 크고 잘 웃는 모습이 38년도 넘는 세월이 지났지만, 잊을 수가 없다. 송 양이라 부르면서 항상 병원 들렀다 오는 시간에 맞추어 밥을 준비해 두었다 챙겨 주신 분이다.

많은 분의 마음, 도움을 받으면서 나는 사상세관에 다닐 때 큰아이 옥동자를 얻었다. 세상을 다 얻은 것 같았다. 우리 시어머님은 떡을 한 반티 해 오셔서 병원 전체에 나눠 주었다. 얼마나 기다리던 손주였던가. 퇴원할 때는 누구도 손을 못 대게 떨쳐 버리며 본인이 애기를 안고 가겠다고 하셨다. 저러시다 떨어뜨릴까 불안도 했다. 오죽했으면 저러실까. 다들 웃으며 마음을 받아들인다. 그럴수록 나는 집안에서는 더 겸손해야 했다.

늦어지는 출산을 해서 한 달만 산후 조리했다. 한 달 출근하여 다니다 10년의 공직 생활에 사표를 던졌다. 관복 입기도 어렵지만 관복 벗기는 더욱더 참담했다. 육아가 더 중요했기 때문이다. 그리고 5년 후에 다시 둘째 아이 옥동자를 얻었다. 건강하게 잘 커 준 두 아들이 우리 부부의 1호 재산 목록이었다. 성심을 다하여 키웠다. 10년씩 꼬박 20년을 이역만리 유학길에 올라 지금은 각자 맞는 직종에 열심히 산업 역군이 되고 있다.

가끔 주례동에 갈 일이 있으면 가풀막진 언덕길, 동서대학교 아래 살면서 너희들의 인생 서막이 오른 곳이라고 일러 주기도 한다. 요즘 세대들 부모님들의 삶에 대한 모습들 상상하면서 사는 자식들 몇이나 될까. 변해 버린 그곳의 환경이 받아들일 수가 없지 않을까.

어릴 때는 흙과 짚으로 지어진 흙집에서 살았다. 둘레에 큰 대밭이 있어 그 틈을 타 비만 오면 집이 무너질까 걱정하면서 많은 형제들이 형설의 꿈을 키웠다. 나는 여느 집의 큰 대궐 같은 기와집이 부러웠다. 엄마가 일러 준 말씀에는 "나는 다음에 커서 높은 집에 살 거야" 라고 장담을 했다고 한다.

높은 집이라면 지체가 높은, 높이가 높은 집도 있을 터, 남편을 지체 높게 만나지는 못해 아마도 층이 높은 집에 살아야 하는 운명 같은 것으로 믿긴다. 그런즉 나는 동래구에서 가장 높은 49층인 위아 아파트 46층에 살고 있으니 어릴 때의 꿈이 빈말은 아닌 것 같다. 사방의 경치가 거실을 방불케 한다. 땅을 밟으면서 사는 게 모든 희로애락이 될 텐데 아쉬움이 없지는 않다. 그래서 자주 또는 가끔이라도 농막을 찾아 흙을 밟고 땀 흘리는 계기를 만들면서 살아가는 인생 항로를 만들고 있다.

신종식

애물단지가 된 농지

팔십 성상을 눈앞에 둔 농부는 농촌 들녘을 바라보며 상념에 잠겨 있다. 이제 힘에 부쳐 농사를 지을 수 없으니 안타까운 마음뿐이다.

고향은 그리움이 있고 마음 설레며 가고 싶어 하는 그런 곳이다. 그 젊은 시절에는 직장에 다니느라 도시에서 살았다. 직장을 퇴직하고 어린 시절 몸으로 익힌 기억을 더듬어 농사를 짓게 되었고 이제는 체력의 한계에 이르게 되니 조용히 쉬고 싶다. 한 가지 아쉬운 것은 농촌에 젊은이가 없어 논, 밭이 있어도 농사지을 사람이 없다. 특히 밭농사는 수지 타산이 맞지 않아 농사를 포기하는 사례가 늘고 있다. 하늘 높은 줄 모르고 인기가 있던 부동산은 가격도 내리고 거래도 끊겨 찾는 이가 없다. 경자유전으로 농지법이 개정되어 농지 거래는 더욱 심각하다. 간혹 공장이나 창고를 짓기 위해 임야나 도로에 접한 밭을 찾는 이가 있을 뿐이다. 부모에게 물려받은 농지가 있어 귀농하고 십여 년 농사를 지었으나 이제는 그 밭을 어찌해야 하나 막막하다.

마을 뒷산 넘어 골짜기에 있는 사백 평 밭에는 겨울이면 파란 보리가 자라고 여름이면 잎이 무성한 서리태콩 잎이 너울댔다. 그리고 보리밭 건너편 오백 평의 밭에도 고추가 여름 태양의 양분으로 붉게 물들어 갔고, 봄부터 가을까지 감자, 참깨, 고구마 등 농작물이 자라고 열매를 맺어 우리 가족에게 양식을 공급해 주어 풍요로운 삶을 이어갈 수 있었다.

그 당시 영농 방법은 사람과 소의 노동력으로 이루어졌다. 누렇게 익은 보리를 베고 아버지는 소가 끄는 쟁기를 이용해 밭을 갈고 어머니와 우리 형제들은 서리태콩을 심었다. 발뒤꿈치로 구멍을 내고 그곳에 콩을 서너 개씩 넣어 발로 흙을 옆으로 차면 구멍이 메워지면서 콩을 쉽게 파종할 수 있었다. 새벽부터 시작하면 사백 평의 밭에 콩 심기는 오전에 끝날 수 있었다. 봄이 찾아오면 밭을 갈고 고추와 참깨 등 모든 작물의 씨앗을 직접 파종하던 시절이었다.

이제는 농작물 직파는 생각조차 할 수 없다. 모든 작물을 모종으로 이양하고 있다. 그것은 직파하고 땅 위로 새싹이 나오면 고라니와 꿩 등 날짐승들이 잘라 먹고 있어 작물이 자랄 수 없는 환경으로 변했다. 장물별로 모종을 기르고 일일이 이양하는 일은 쉽지 않다. 모종을 길러 내려면 비닐하우스, 묘판 등 도구가 필요하다. 그렇다고 종묘상에서 비싼 모종을 구매해 심을 수도 없다. 모종을 밭에 이양하는 일도 체력이 따라 주지 않는 고령의 농부에겐 힘들고 어렵다.

농산물은 넓은 농토에서 기계화로 대량 생산하거나 외국에서 수입하는 바람에 재래식으로 영농해서는 재료비와 인건비를 제하면 남기는커녕 밑지는 장사가 되고 만다. 고령의 농부는 농기계를 소유하거나 다룰 수 없어 기계화 영농보다 재래식으로 농사를 지어 왔다. 밭농사 구백 평을 거의 소득도 없이 농지의 소유자로 의무를 다하기 위해 영농해 왔으나 이제는 접어야 할 때가 되었다.

이제 영농을 포기하면서 농지를 그대로 방치해야 하는데 이삼 년을 돌보지 않으면 나무와 풀들이 자라 쓸모없는 잡종지가 되면서 농지의 기능을 상실하게 된다. 그래서 곡식을 심고 가꾸지 않더라고 트랙터로 일 년에 두 번을 갈아 주면서 관리해야 한다. 그 비용이 이삼십만 원 정도 소요되니 농지 소유자의 고민은 깊어만 간다.

그 옛날이 그리워지는 것은 나만의 생각일까. 부동산 경기가 좋을 때는 땅값 올라가는 재미로 농부들은 힘든 일을 하면서도 자부심이 있었다. 또 정부에서 산아제한을 권장하며 둘만 낳아 잘 기르자 노래하던 시절 노동력이 풍부할 때 농지 소유자는 임대하려는 농부들을 골라 가며 선택할 수 있었다. 오늘의 농지는 팔려고 해도 사는 사람이 없고 농사를 짓자니 적자만 쌓이고 그냥 갖고 있자니 세금과 관리비만 나오니 애물단지가 된 세상이 되었다. 그래도 한때는 부동산 소유로 부자 소리를 듣던 시절이 있었으니 그때 뿌듯했던 마음과 오늘의 고민을 퉁 치고 살면 마음이 편하지 않겠는가. 나름의 해결책을 내어 보나 왠지 마음은 개운하지 않고 씁쓸하기만 하다.

농지는 인간에게 삶을 지탱할 수 있는 먹거리를 제공한 것은 진리이다. 미래에 꼭 필요한 농지에 대한 꿈은 버릴 수 없다. 어린 시절 6·25 전쟁으로 이북에서 피난 나온 친구들과 고향에서 자라며 보고 느꼈다. 한 평의 농지도 없던 그들은 굶기를 밥 먹듯 했다. 보릿고개를 겪어 온 세대들은 농지가 얼마나 소중한지를 알고 있다. 근래에 나라 경제가 좋지 않다. 지금처럼 흥청망청 먹고 쓰며 살 수 있을지 생각해 보았다. 변화하는 세상에 대처할 수 있는 길은 농지를 잘 보존하는 것이다. 그래서 미래에 후손들이 살아갈 수 있는 구백 평의 밭을 거금을 써 가며 트랙터로 갈고 있다.

심양섭

따스함이 필요한 아이들

탈북청소년 대안학교 교장으로서 나는 매주 일요일 아침이면 기숙사에 간다. 늦잠을 자는 학생들을 깨워, 학교를 세운 교회 예배에 데리고 간다. 그러던 어느 날 기숙사의 탁자 위에서 열여덟 살 택성이가 원고지에 쓰다 만 글 하나를 발견하였다. 거기에는 이렇게 적혀 있었다.

나는 중국 길림성의 아주 가난한 가족 에서 태어났습니다. 어렸을 때부터 내 인상에 아버지는 매우 심한 사람이에요. 하지만 나도 잘 챙겨줘요. 엄마의 인상은 기억하지 않아요. 외냐면내가 이살때 엄마가 경찰에 자바갔어요

한국어를 1년 이상 집중적으로 배운 택성이지만, 아직 맞춤법이 맞지 않는 곳이 군데군데 눈에 띄는 글이다. 그렇지만 이 글에서 택성

이가 말하려고 하는 것이 무엇인지는 쉽게 알 수 있다. 자신의 어린 시절이 어떠했는지, 그리고 그때 무슨 일이 일어났는지를 말하고 싶었던 것이다.

그러니까 탈북 여성인 택성이의 생모는 택성이가 두 살 때 중국 경찰에 붙잡혀 가서 북송되었다. 이 글에는 나와 있지 않지만, 택성이의 생모는 그 후 행방불명되었다. 그리고 새엄마가 왔는데 그 새엄마도 생모와 마찬가지로 탈북 여성이었다. 재중동포(속칭 조선족)인 아버지가 인신매매 브로커에게 돈을 주고 택성이의 생모를 사 왔고, 그 생모가 북송되자 또 한 번 브로커를 통해 북한 여성을 돈 주고 사 온 것이다.

택성이를 길러 준 것은 새엄마였다. 새엄마는 택성이와 쌍둥이 형 택우를 15년간 친어머니처럼 길러 주었다. 택성이의 글에도 나와 있지만 택성이한테 생모의 기억은 없다. 새엄마가 곧 엄마다. 그 새엄마가 먼저 한국에 와서 자리를 잡고 택성이 형제를 한국에 데리고 왔고, 탈북청소년 대안학교에 입학시켰고, 기숙사에도 넣어 주었다. 그런데 그 새엄마는 지금 택성이 곁에 없다. 택성이 형제가 공부할 수 있도록 도와주었으니까, 이제 새엄마로서 자기가 할 일은 끝났다고 생각한 듯하다. 그 후 얼마 지나지 않아 새엄마는 택성이 아버지와 이혼하고 집을 나갔고, 곧 새로운 남자와 재혼하였다.

내가 교장으로 섬기는 탈북청소년 대안학교가 가르치고 있는 아이들은 바로 택성이 형제와 같은 아이들이다. 이른바 제3국 출신 탈북민 자녀들이다. '제3국' 이라고 하는 것은 남한도, 북한도 아닌 다른 나라를 일컫는다. '제3국' 중에는 중국, 러시아, 미얀마, 태국, 몽골 등 여러 나라가 있겠지만 중국이 약 98%를 차지한다.

이런 아이들의 공통점은 부모 중 한 사람이 북한 사람이라는 점이다. 중국 출생 탈북민 자녀들은 엄마가 북한 사람이고, 러시아 출생 탈북민 자녀는 아빠가 북한 사람이다. 러시아에 벌목공으로 가서 일하던 북한 남성이 탈출하여 러시아 여성과 결혼하여 아이를 낳았다. 러시아 출신 탈북민 자녀는 외모가 유럽 사람을 쏙 빼닮았다.

중국 출신 탈북민 자녀들을 보면 엄마와 아빠가 한국에서 함께 사는 경우가 극히 드물다. 이 아이들의 아빠는 대부분이 한국에 오지 않았다. 애당초 사랑해서 결혼한 게 아니니까 부부 사이에 정이 있을 리 없다. 이 아이들의 엄마들은 한국에 와서 재혼했거나 남자친구와 동거하며 지낸다.

중국 출신 탈북민 자녀들의 경우 함께 사는 엄마와도 애착 관계가 형성되지 않은 경우가 많다. 엄마가 한국으로 가 버린 다음에 중국에서 엄마 없이 3년, 5년, 7년, 10년, 15년, 심지어는 20년 이상을 살았다. 엄마는 한국으로 오라고 했지만, 아버지와 할아버지, 할머니가 보내 주지 않았다. 그러다가 이 아이들이 사춘기에 접어들면 그때서야 한국으로 보내 준다. 사춘기의 저항심으로 아버지의 말도, 할아버지 할머니의 말도 안 들으니까, 그제야 한국에 있는 엄마한테 연락해서 데려가라고 한 것이다.

자기를 버리고 달아났던 엄마를 다시 만나기까지 얼마나 많은 세월이 흘렀던가. 다시 엄마랑 정을 붙이기가 쉽지 않다. 이른바 가족의 해체로 인해 제3국 출신 탈북민 자녀들이 겪는 마음의 상처와 아픔이 클 수밖에 없다. 오죽하면 엄마 아빠처럼 저렇게 헤어져 살 거면 차라리 연애를 안 하는 게 낫겠다고까지 말하는 아이까지 있을까.

북한과 중국, 한국, 이 세 나라의 경계선 그 어딘가에 서 있는 아이들이다. 한국에 오자마자 한국 국적을 얻었지만 새로운 사회에 통합되기가 어디 쉽겠는가. 이 산의 나무를 뽑아 저 산에 옮겨 심었을 때

새 땅에서 뿌리를 내리고 싹을 틔우고 가지를 뻗고 열매를 맺으려면 그만큼 차디찬 비바람과 눈보라를 견뎌 내야만 한다.

안정된 가정 환경의 따스함은 이들이 알지 못하는 사치이다. 분열된 가정에서 살아가면서 '어디에도 속하지 못한 아이들(children of nowhere)' 이라는 가혹한 현실에 직면하곤 한다. 낯선 사회에서 자신의 자리를 찾기 위해서는 남모르는 눈물을 흘릴 때도 없지 않을 것이다.

중국 출신 탈북민 자녀들은 '절반은 북한이고 절반은 중국인' 아이들로 불리기도 한다. 아직 십대인 홍련이도 그런 경우이다. 홍련이는 한국에 온 지 3년이 되었지만, 한국에서 태어난 친구는 단 두 명밖에 사귀지 못했고, 한동안 정체성의 혼란을 겪었다. 한국어 실력이 많이 늘었지만, 아직도 홍련이의 어투와 억양은 중국에서의 시간을 떠올리게 한다. 그래서 홍련이는 여전히 이 사회의 아웃사이더라는 느낌을 갖고 하루하루를 살아간다.

북한 태생 아이들에게 주어지는 많은 혜택을 이 아이들은 받지 못한다. 단지 북한에서 태어나지 않았다는 이유로 차별 대우를 받는다. 학비 면제와 병역을 건너뛸 기회를 놓친 이 아이들은 유난히 경쟁이 치열한 한국 사회에서 더욱더 소외감을 느낀다. 이들에게 환대(hospitality)의 따뜻함을 선뜻 선사하는 이웃은 여전히 찾기 어렵다. 아니, 이런 아이들이 내 이웃에 살고 있다는 사실 자체를 모르는 사람들이 대부분이다.

홍련이는 6년 동안 어머니와 헤어져 살다가 마침내 한국에서 엄마와 재회했지만, 얼마 지나지 않아 엄마는 폐암으로 죽었다. 왜 그런 어려움이 닥쳐야 하는지를 몰라서, 한때는 삶의 초석인 신앙이 흔들리기도 했다. 상실의 고통은 이런 아이들의 삶에서 흔히 볼 수 있는 것이며, 많은 경우 다시금 신앙을 회복하고 거기서 위안을 찾는다. 슬픔을 표현할 기회가 필요하고, 환대의 따스함을 느낄 수 있는 공동체가 이들에게는 절실하다. 이러한 따스함이 없다면 이 아이들은 과거와 미래에서 다 길을 잃고, 사회로부터 버려지고 단절된 채 살아가게 된다.

탈북청소년 대안학교는 이 아이들에게 쉼터이자 피난처이다. 자신과 비슷한 배경을 가진 다른 친구들과 소통할 수 있기 때문이다. 이 아이들에게 진정으로 필요한 것은 무엇일까? 자신들을 품어 주는 가족과 신앙 공동체, 지역 사회의 환대와 따스함이다.

역시 6년 만에 어머니와 재회하고 한국에 온 현승이에게는 나름의 꿈이 있다. 요리사의 꿈이다. 어둠의 터널을 지나, 작지만 밝은 한 줄기 빛을 발견하고 한 걸음 한 걸음 걸어간다. 현승이한테는 스스로 회복할 힘이 엿보인다. 하지만 잠재력을 실현할 수 있는 자원과 기회가 필요하다. 탈북청소년 대안학교가 필요 조건이라면, 더 넓은 사회의 이해와 포용은 충분 조건이다.

한국 사회는 이 아이들이 소속감을 느끼는 환경을 마련해 줄 필요가 있다. 사회의 편견을 해소하고 다양성을 중시하는 문화가 아쉽다. 이들에게는 그 무엇보다도 한 줌 햇살 같은 따스함이 필요하다. 고난 중에도 '코리안 드림(Korean dream)' 을 이루기 위해 오늘도 뚜벅뚜벅 걸어가는 이 아이들을 뜨거운 심장으로 품어 주는 따뜻한 이웃이 늘었으면 하는 바람이다.

심종은

■

자율·타율·규율

인간을 짐승과 구별 짓는 확실한 특징이라면 생각하며 옳고 그른가를 정확하게 판단하여 이를 실천하는 것이라 말할 수 있겠다. 그렇지만 인간은 각자 주어진 생활방식이나 주변 환경에 따라 처신이 달라질 수밖에 없다. 문제는 복잡다단한 인류 사회를 원만히 유지하려면 어떻게 해야 효과적이냐는 것이다. 그러지 않아도 혼잡한 세상에 그대로 방치했다간 무법천지가 될 것이고 약육강식의 짐승들과 비교하여 그다지 다를 게 없을 것이다.

공동 생활을 운영해 나가려면 개개인의 성격이나 행동 반경을 일정한 규율로 묶어 일률적으로 통제를 가하지 않으면 정상적인 삶을 살아갈 수 없다고 본다. 즉 전쟁이 싫다지만 평화를 위해서는 때로 전쟁도 치러야 하듯이 이를 억제하기 위한 통제력이 필요하다. 특별한 경우를 제외하고 사람이 혼자 살아갈 수 없음이 명백함으로 독불장군식 생활 패턴은 아주 위험한 발상이다.

21세기는 지구촌에 뿌리내린 온 인류가 함께 참여해야 할 공동체적 운명에 놓여 있다. 가까운 주변 환경을 보아 왔듯이 우리가 저지른 잘못으로 인해 우리 주변은 물론이고 지구 전체가 위험으로 몰아가고 있다. 핵으로 대표되는 전쟁도 1차적 위험이지만, 그보다 더 문제인 것은 자연 파괴와 환경 오염으로 인해 지구 전체가 파괴될 만한 위력의 인류 생존의 문제가 새롭게 대두되었다는 것은 이미 기정화된 사실이다.

이처럼 우리가 살아남으려면 적당한 통제력이 절실히 요구되고, 그것만이 온 인류가 함께 살아남는 참 지혜의 길로 원만한 공동체 생활을 위한 합당한 규범이 존재해야 일정한 범위 안에서 조화롭게 생활해 나갈 수 있겠다. 국가나 사회, 직장 또는 어느 단체든 틀림없이 그에 맞는 규율이 존재하며, 이는 자의건 타의건 간에 꼭 필요하다. 그것으로 생활 속 혼란을 막고 편안함을 가져오는 것이며 일정한 틀로 자동 형성하여 수레바퀴처럼 원활하게 돌아가게 된다.

선사 시대 고조선 때는 팔조금법이 있었다. 성서 중 모세오경에 실린 출애굽기를 보면 십계명이란 것도 있다. 이런 것들이 모두 우리들 생활 속에 자리 잡은 규범이며 규율이지만, 요즘 세상은 사회적 변화가 너무 다단해서 아무리 각종 법규를 세우고 규정을 늘려 봐야 효용가치가 떨어진다.

현대로 올수록 더더욱 복잡다단해진 법령은 모순으로 인한 함정이 자꾸 생겨나고, 더군다나 교묘하게 이를 악용하는 지능 범죄까지 발생하고 있으며, 법 테두리 안에서도 틈을 파고들어 각종 범죄를 양산해 내는 판국이라 사람들의 법망을 회피하고자 하는 부작용도 생겨났다. 사회가 발달할수록 늘어나는 각종 범죄 현상은 법규를 더욱 강력하게 만들도록 요구하고 있고, 세밀한 부분까지도 일일이 규정을 만들게 했다. 그래도 범죄가 줄기는커녕 끊임없이 늘어나고 반복되는 것을 부정할 수는 없는 일이 되었다.

지금 우리나라를 보면 헌법만 해도 전문, 본문 130조에 부칙 6조로 제정되어 있어 고조선 때와 비교하면 그 규모의 격차를 실감할 수 있을 것이다. 그것뿐인가, 판검사가 되려면 헌법만도 아닌 육법전서를 모조리 통달해야만 하고 그것도 모자라 관습법이나 판례까지 아울러야 한다. 공식상 엄연한 법규가 그 정도라니 놀라지 않을 수 없는데, 그 밖에 회사 정관이니 단체 회칙이니 사적인 예까지 누누이 꼽는다면 끝이 보이지 않을 만큼 얼마나 많은 것인지 가히 상상할 필요도 없겠다.

사회 속에선 향약이란 것이 있고, 가정에도 가규가 존재한다. 이 밖에 전래하는 관습 같은 것들이 모두 우리를 속박하는 규율인 셈이다. 그뿐만이 아니다. 공자나 맹자를 비롯한 옛 성현들의 말씀이 우리들 모두 지켜야 할 가치 있는 생활 규범이며 인간의 도리로 표현되는 도덕성이 또한 우리가 살아가는 데 꼭 필요한 생활 속의 규율이며 규범이리라. 요즘 학교에서는 삶의 기본인 도덕을 가르치는 곳이 없는 것 같다. 아니 일부 노인정이 아니라면 일반 사회에서도 구경조차 못 하니 한심스럽게 생각된다.

선량한 사람을 일컬어 '법 없이도 사는 사람' 이라고 곧잘 말들을 한다. 그것은 법이 없어도 일정한 내면적 양심에 따라 규율을 지키며 온순한 삶을 살아가는 사람들을 비유해서 하는 말일 게다. 그러나 지금 사회를 돌아보면 오히려 그런 사람들에게 법이 더욱 필요하다고 본다. 왜냐? 다른 사람들에게 이용당할 소지가 너무 커서 제삼자까지 덩달아 피해받는 연쇄 부작용을 일으킨다. 그러므로 그런 사람이야말로 구제할 수 있는 법이 진정 필요하다.

우리 모두의 삶이란 인간다운 삶을 살아가는 일이다. 법은 지켜야 하는 일이지만 법보다 인간의 도리를 앞세워야 한다. 아무리 법규를 잘 만들어도 지켜야 법이지 지키지 않는다면 존재할 필요나 의미를 상실한다. 허술한 부분 때문에 갈수록 법을 까다롭게 하다 보면 종래는 법의 모순에 옭매어 자괴에 빠져든다. 각종 규정이란 규정은 우리가 이를 제대로 지키지 않는 데서 파생되는 타율적인 규율이다. 우리 스스로 질서 잡힌 삶을 살아가려면 자율적인 규범을 만들어 준수해야 한다. 이것은 아주 편안하고 행복한 삶을 가져오는 척도가 되어준다. 그런데, 남을 배려하지 않고 눈앞의 사사로운 이익만 추구하며 오직 개인의 안락을 위해 자신만의 손쉽고 안일한 삶을 영위하고자 온갖 술수를 자행하는 짓은 그만큼 더욱 큰 불행을 자초하는 행위일 뿐이다.

우리는 도덕성에 뿌리를 두고 인간 도리에 따른 인간적인 삶을 찾아가자. 그리고 만들어 가자. 이것이 자율적인 삶이다. 이것을 선택하지 않아 불편한 법규로 자신을 스스로 옭매는 자승자박의 형극을 만들지 말자. 또, 그것이 불편하다 하여 게을리하거나 의도적으로 회피하려 든다면 우리가 원하는 참된 사회생활을 병들게 하는 방해요소가 될 뿐이다. 법만 따지고 인간의 도리를 모르는 삶은 오히려 작은 것도 참지 못하여 불평불만을 일삼는 부류와 동행하는 것이리라.

규율에 매여 사는, 그래서 규율이 불편하다 하여 이를 어기는 억지 삶은 인생의 참된 도리를 깨닫지 못해 불행을 자초하는 길이다. 남이 쓰레기를 버리면, 그것이 못마땅해 비방을 일삼으면서도 남이 안 보면 그 틈을 타 쓰레기를 버리는 골수 얌체족과 다를 바 없다. 말로는 청산유수 그럴 듯이 떠들다가도 돌아서면 어긋난 행동을 밥 먹듯이 하는 이중인격자라고 하겠다. 못사는 사람 등치는 삼류 건달패와 무엇이 다를 것인가. 했으면서도 안 했다고 안색 하나 변하지 않는 그야말로 오리발 내미는 강철판 첨단 사기꾼과 별반 다르지 않은가.

자기 분수는 모르고 오로지 남만 따라가려는 푼수할미나 남에게 피해만 주는 행위는 상관없이 자기 기분 도취에 열중하여 길길이 날뛰는 쾌락형 최고 기분파는 또한 어떠한가. 그들은 모두 우리나라 사람들이 아닌가. 어찌 보면 그들은 법에 매여 자기가 바라던 편안한 삶을 저버리고 오히려 법에 의존해서, 아니 악용해서 타율적인 삶의 노예로 살아가는 사람들이다. 그처럼 법규가 있으나 마나 한 사회는 법을 무시하거나 규정을 어기는 곳이 아니고 법이 있어도 필요치 않을 만큼 순수한 마음으로 규범을 지켜 나가는, 질서가 잘 짜여진 인간미 넘치는 사회를 칭하는 것이리라.

우리는 삶의 질을 말로만 떠들 것이 아니다. 도덕성을 회복해야만 한다. 인간은 누구나 오욕칠정에 사로잡히기 마련이지만 절제하는 마음 역시 인간이기에 누구나 가능한 것이다. 이성은 우리 인간에게만 주어진 본연의 특권이다. 남을 탓하거나 비교하지 말고 하나에서 열까지 먼저 규정을 준수하는 순수한 마음에서만이 우리의 삶은 아름답게 피어나리라.

안중주

여행, 그리고 느낌

여행은 우리에게 책을 통해서 배울 수 없는 새로운 경험과 알지 못했던 세계에 대한 새로운 지식을 가져다준다. 특히 우리와 다른 자연 환경과 거기에 사는 사람들의 모습과 생활 풍습, 그리고 우리나라에서 할 수 없는 새로운 체험을 할 수 있기에 가끔 해외 여행을 즐긴다.
오래전 무척이나 추운 어느 겨울이었다. 그래서 아열대 기후대에 속하지만, 지중해식 기후의 영향으로 겨울이 별로 춥지 않다는 이집트로 여행했었다. 설레는 마음으로 오후 한 시경 인천공항을 출발하여 우즈베키스탄의 수도인 타슈켄트를 거쳐 이집트 카이로에 도착한 시간은 자정이 가까웠다. 우리나라와 시차로 인하여 한국 시각으로는 이른 새벽이었다.

이튿날 아침 이집트 남부 지방에 위치한 고대 이집트 중왕국의 수도 테베의 일부인 룩소로 갔다. 룩소는 최전성기인 B.C. 1500년에는 인구가 1천만 명이 넘는 대도시였다고 전해지고 있다. 현재 우리나라 서울의 인구수와 비슷할 정도였다고 하니 상상이 가질 않는다. 지금은 마치 폐허처럼 보이지만 당시 사람들의 숨결을 느낄 수 있는 문화 유적들이 여기저기 산재해 있었다. 남아 있는 고대 이집트의 신전 가운데 최대 규모의 카르낙 신전, 그 부속 신전인 룩소르 신전, 중왕국 시대 왕들의 무덤인 왕가 계곡, 현존하는 최대의 장례 신전인 장제전, 멤논의 거상 등 세계적인 유적들을 볼 수 있었다.

이를 보기 위해 세계 각지에서 온 관광객들이 일 년 내내 붐빈다고 한다. 그뿐 아니라 그다음 날 카이로로 돌아와 둘러본 세계 7대 불가사의 중 하나이며 우리나라 단군왕검 이전에 축조된 고대 왕국 파라오의 무덤인 장대한 피라미드, 스핑크스도 이를 배경으로 사진을 찍을 때 포즈를 취하기 힘들 정도로 많은 사람들이 관람하고 있었다. 또한 박물관에 갔을 때는 관광객들로 발 디딜 틈조차 없었다. 연간 150만 명의 관광객들이 찾는다고 한다.

까마득한 옛사람들이 남긴 문화 유산 덕분에 이 땅에 자리 잡고 사는 지금의 사람들이 어마어마한 경제적 혜택을 받고 있는 것 같은 느낌이 들었다. 그래서인지 이곳 사람들의 표정은 근심 · 걱정 없는 온화한 표정이었고, 서두르지 않는 여유를 느낄 수가 있었다. 그렇다고 그들이 우리보다 더 경제적인 여유가 있는 것도 아니고 모두들 윤택한 생활을 하는 것도 아니었다.

올드 카이로 지역으로 버스로 이동하면서 바깥을 내다 보니 가로수는 우리나라와 달라 다소 이국적인 풍경을 느낄 수 있었지만, 거리를 다니는 자동차들을 보고 내가 외국이 아닌 우리나라 어느 도시에 와 있는 것으로 착각할 정도였다. 도로를 달리는 차들은 거의 우리나라에서 생산된 눈에 익은 소형차 아니면 구형 차들이었다. 유럽에 갔을 때 우리나라 기업의 광고판이나 국산 자동차를 발견하면 무척 반갑고 우리의 국력이 여기까지 미치는구나 하는 생각에 우쭐한 기분이 들었었다. 그런데 당시 이 나라는 승용차의 40% 정도가 우리나라 자동차라고 하니 괜스레 어깨에 힘이 들어 갔다. 이곳은 건조한 지역이기 때문에 비가 거의 오지 않아서 배수 시설이 전혀 되어 있지 않아서 전날 저녁 조금 내린 비에도 거리는 온통 물웅덩이에 질퍽거리고 우중충했다.

당시 민주화 열풍으로 지금은 권좌에서 물러났지만, 그때는 무바라크의 30년에 걸친 집권으로 아직 계엄령하에 있어 거리에는 소총으로 무장한 경찰들이 경계 근무를 하고 있었고 지나가는 관광객을 쳐다보는 그들의 눈빛은 의욕이나 욕망의 빛을 찾아볼 수 없었다. 프랑스의 철학자 루소는 "인간의 욕망은 끝이 없다."라고 했다. 끊임없는 욕망이 인간을 불행하게도 할 수 있지만 더 승화되어 보다 나은 미래를 창조할 수 있다고 생각된다. 그러나 헛된 욕심이나 실현 가능성 없는 욕망을 갖지 않는 이집트 국민이기에 행복지수가 가장 높은 나라 중의 하나라고 한다. 못사는 사람들도 잘사는 사람들을 별로 부러워하지 않는다고 한다. 주어진 환경과 현실에 만족해하면서 살아가고 있다고 한다.

예수피난교회와 모세기념교회를 보기 위해 버스에서 내려 골목길을 한참을 걸어 지하에 있는 예수피난교회로 들어갔다. 아기 예수께서 헤롯의 박해를 피해 이집트로 피난했을 당시에 기거했다는 동굴위에 세워진 교회였다. 성모마리아와 예수의 일대기를 그린 성화가 천년의 세월을 견디고도 아직 찬란하게 빛나고 있었다. 밖으로 나왔을 때 우리들은 맞이한 것은 성직자가 아니라 공무를 수행하고 있는 경찰관들이었다. 그들은 우리가 한국에서 왔다는 것을 눈치챘는지 일행에게 슬금슬금 다가와 '모나미 볼펜' 하면서 손을 내밀었다. 작은 볼펜 하나까지 우리의 상품이 이곳까지 알려져 있다는 자부심을 느끼게 했다. 그러나 군부 독재 체제에서 가장 강력한 권한을 행세하는 군인과 경찰들이 볼펜을 달라고 구걸하다시피하는 이들의 경제 사정을 알 만했다.

모세기념교회는 예수가 태어난 지 400년 후에 지어졌으며 모세가 바구니에 넣어져 강물 위로 떠내려가다가 건져진 곳에 이를 기념하기 위해 세워졌다고 한다. 천여 년 동안 유대인 공동체의 중심지 역할을 한 이 모세기념교회는 회교도와 갈등이 일어나면 무슬림의 공격 대상이 된다고 한다. 기념관 안으로 들어가니 우선 눈에 띄는 게 기념품을 늘어놓고 팔고 있는 이집트 여인들이었다. 이들에게는 이곳이 몇천 년 동안 유대인들과 기독교인들을 지켜 준 마음의 지주도 아니고 성스러운 성지도 아니다. 관광객들에게서 오직 몇 푼의 달러를 벌어 생계를 꾸려 나가면 그만이다. 골목을 돌아 나오는데 좁은 길 양쪽 벽에는 빽빽하게 예수와 마리아의 사진과 책이 꽂혀 있다. 목청껏 '원 달러' 를 외치는 장사꾼들의 목소리는 삶의 애절한 절규처럼 들렸다.

결코 풍부하지 못한 경제 사정인데도 불구하고 이집트 국민들의 행복지수가 세계에서 가장 높은 나라 중 하나라고 하니 많이 가졌다고 해서 행복한 것은 결코 아니라는 것을 깨달았다. 우리나라에서는 가끔 매스컴을 통해 재벌 총수나 그 2세들, 그리고 대학교수나 유명 인사들의 자살 사건이 종종 보도되고 있었다. 가진 것이 넘쳐나고, 객관적으로 봐서 인생에서 성공했다고 생각되는 이들이 왜 자살이라는 극단적인 선택을 했을까? 물론 사업에 실패하거나 빚 독촉에 견디다 못해 자살하는 사람도 있지만 사회적 상류층에 속한다고 생각되는 사람들의 자살은 그 무게만큼이나 더 충격적이다.

낯선 이방인인 관광객들에게 볼펜 한 자루를 구걸하고 원 달러를 외치며 절규하는 그 이집트인들이 스스로 행복하다고 하는 이유는 무엇일까? 그들은 비록 가난하게 살아도 상류층의 잘사는 사람들을 결코 부러워하지 않는다고 한다. 오히려 잘사는 사람들은 전생에 덕을 많이 쌓았기 때문이며 그래서 잘사는 것이 당연하다고 생각하고 있다는 것이다. 우리는 늘 행복이라는 허상에 사로잡혀 그것을 얻기 위해 많은 대가를 치르며 살고 있다. 또한 우리는 아무 노력도 하지 않고 들판에서 네잎클로버만 찾고 있다. 사람들의 마음속 욕심은 너무 깊고 넓어서 아무리 채워도 채워질 수 없는 것이다. 그러기에 이렇게 막연히 기다리는 행운은 이루어질 수 없는 기대로 오히려 불행을 가져올 뿐이다.

마음의 욕심을 버리고, 잘사는 사람과 비교하지 않으며, 남을 부러워하지 않고, 현실에 만족하는 삶을 살 때 행복은 가까이 올 것이다. 진짜 행복은 멀리 있는 것이 아니라 우리의 마음속에 있는 것이 아닐까. 그래서 행복은 아주 쉽게 찾을 수 있는데도 우리는 위만 바라보고 어려운 곳에서 찾으려고 하고 있다. 행복은 멀리 있는 것이 아니며 비싼 대가를 치러야만 얻을 수 있는 것도 아니다. 내가 보고 듣고, 느낀 이집트인들은 이 같은 평범한 진리를 이미 터득하고 있는 것 같은 생각이 들어 한편으로는 그들이 부러웠다.

오세하

■

소나무

내가 살고 있는 아파트 단지는 삼각산 자락에 있다. 동네 이름도 삼각산동이다. 이름이 다른 아파트들이 각자 단지를 이루고, 동네 이름을 딴 초·중·고가 있는 큰 아파트 촌이다. 아파트 둘레 길을 따라 20분 정도 오르면 큰 쉼터가 있고, 거기엔 다양한 운동 기구와 조그만 생태계 연못도 있다. 사시사철 많은 사람이 모여들어 운동하며 휴식하는 장소이다. 여기를 지나 비탈진 길을 조금 올라가면 언덕 옆으로 원만한 소나무 숲이 있다. 이곳이 나의 종착지다.

깔개를 깔고 앉아서 숨을 돌린다. 몸이 평정으로 돌아오면 바람 목욕을 한다. 몸속의 어두운 곳을 신선한 공기로 구석구석 씻어 낸다. 새소리가 들리고 솔 향기가 바람을 타고 전해 올 때쯤이면, 기억의 조각들이 시공을 초월해 홀현홀몰하다가 전연 생각지도 않았던 기억이 떠오르기도 한다. 주례를 해 주셨던 교수님은 늘 솔잎처럼 함께하면서 솔 향기처럼 은은하게 살라고 하셨다. 가정의 화목은 성장의 바탕이고 행복이라고 당부하셨던 말씀이 솔 바람결에 문득 살아난다.

6·25 전쟁 때 시골 우리 집에는 할머니 친척 되는 가족이 피난 나와 있었다. 고등학생이었던 누나는 가끔 나를 앞세워 들판을 거닐고 동산 소나무 숲을 걸었다. 노래를 부르고 시를 외우기도 하다가 멍하니 하늘을 바라보기도 했다. 친누나처럼 좋았다. 그런데 어느 날 갑자기 들이닥친 베잠방이를 입은 의용군에게 마을 누나들과 함께 끌려갔다. 마을의 소도 끌어갔다. 얼마 후 비가 내리던 날, 누나 한 분이 돌아오고, 두 누나는 야산에 묻혔다는 소식이 전해졌다. 가족을 잃고 재산을 잃었는데도 하소연조차 할 곳이 없었다. 초등학생이었던 나는 그날 누나가 걸었던 소나무 숲을 걸었었다. 전쟁은 예나 지금이나 악마의 지옥이다.

한자 문화권은 유별나게 소나무를 좋아한다. 절개와 지조, 탈속과 풍류의 상징으로 우리의 정신과 정서를 살찌워 왔기 때문일 것이다. 그래서인지 유일하게 사람 대접을 받는 나무이다. 진시황은 삼국 통일을 한 후, 태산에 공덕비를 세우고 단을 쌓아 하늘과 산천에 제사를 지내고 내려오던 중에 비를 만났다. 마침 근처에 낙락장송이 있어서 비를 피할 수 있었는데, 그 고마움의 답례로 진시황은 그 나무에 오대부(五大夫)란 작위를 내렸다.

우리나라에도 비슷한 일이 있다. 세조가 신미 대사를 방문차 법주사로 행차할 때 소나무 밑을 지나게 되었다. 그 소나무가 스스로 가지를 들어 올려 가마[輦]가 지나갈 수 있게 하였다. 세조는 이 나무의 신이함에 감동하여 정이품의 벼슬을 내렸다. 하지만 이 이야기는 세조의 왕위가 하늘의 뜻임을 강조한 것이었지만 오늘날까지 천연기념물로 보호받고 있다.

경북 예천 천향리에 석송령(石松靈)이란 낙락장송이 있다. 이 수목이란 사람이 자식 없이 죽게 되자 자신의 땅 절반을 이 소나무에 물려줘서 토지세가 나온다. 이 땅을 마을 사람들이 공동으로 경작해서 세금을 내고, 나머지는 마을 장학금으로 사용하게 하는, 땅을 소유한 나무이다. 튼실하고 잘생긴 이 소나무는 사진 작가들의 촬영 대상이 되는 천연기념물이다.

소나무는 기적의 나무이기도 하다. 2011년 일본 이와테현에 쓰나미가 덮쳤다. 마을의 건물과 나무숲이 쓸려 나가면서 마을 사람 대부분이 사망하거나 실종되었다. 하지만 노송은 황폐된 벌판에 그대로 서 있었다. "날씨가 추어진 뒤에야 송백이 시들지 않음을 안다."라는 절개와 함께 "뿌리 깊은 나무는 바람에 아니 뮐" 뿐만 아니라 광폭의 쓰나미에도 버틴다는 사실을 알려 줬다. 일본 사람들은 이 소나무를 뿌리의 기적이라고 칭송하면서 '재해에도 굴하지 않는 희망'으로 삼는다고 한다. 이런 사람과 나라가 되어야 한다는 소망일 것이다. 이웃을 잃고 황폐된 참상을 보면서도 정부를 탓하거나 절망하지 않고 미래를 생각하는 그들이 부러웠다. 지진을 자주 겪으면서 터득한 인내와 지혜가 미래 지향적이고 이성적인 국민을 만들었나 보다.

지금 우리는 도덕과 원칙이 무너진 시대에 살고 있다. 국민의 대표라는 사람들이 세금으로 호화롭게 살면서 혼탁한 사회를 만들고 있다. 지식인이라는 사람들은 몸을 사린다. 노인들이 무거운 몸으로 태극기를 드는 이유는 전쟁을 겪어 봤기 때문이다. 좌파들은 지금 전쟁 중인 우크라이나와 이스라엘을 보면서 무슨 생각을 하고 있을까. 평화는 힘이 있을 때 지켜진다. 약소국가가 평화를 사랑한다고 평화가 지켜진 나라는 어느 역사에도 없다. 얼마 전 대통령을 초대해 놓고 혼밥을 먹게 한 중국을 생각해 보라. 더구나 우리는 휴전 상태인데도 핵무기화한 동족으로부터 나날이 협박당하고 있어서 확고한 국가관과 안보의식이 있어야 한다.

소나무처럼 광풍에도 흔들리지 않는 이성적 국민이 되기란 쉽지 않다. 하지만 이런 국민이 되려면 남 탓하지 말고 자신부터 돌아봐야 한다. 현실적 삶에 충실하면서도 미래를 내다보는 목표 있는 생활이어야 한다. 안정되고 여유 있는 삶이 되도록 건강한 사회를 이루는 삶이어야 한다. 살 만하다고 방심하는 사이에 뒤처지고 나락에 빠지는 경우는 허다하다.

선출직 공무원은 능력 있고 미래 지향적인 사람다운 사람이어야 한다. 사회의 안전과 국가 발전을 책임지는 지도자이기 때문이다. 사건만 터지면 정쟁화하여 정부에 책임을 지우고 만만한 공무원들을 사지로 몰아넣는 인간이어서는 안 된다. 자신들의 월급과 특권을 자신들이 정해서 막강한 권력을 행사하는 인간들이어서는 더욱 안 된다. 지역의 대표라는 사람이 막말과 낭설을 일삼는데도 그 지역 주민이 창피한 줄을 모르고 방관한다면 국가의 앞날은 암담하다. 모든 권력은 선거권이 있는 국민에게서 나오기 때문에 이런 모든 책임은 국민에게 있다. 결국 우리들의 문제이다.

소나무는 우리를 돌아보게 한다. 국민이 제일 좋아하는 나무이기도 하다. 좋아하는 만큼 깨우치고 깊은 뿌리를 내리면서, 바르고 지성적인 국민으로 거듭나야 한다.

모든 것은 나, 우리, 국민으로부터 시작되는 것이니까.

유승규

■

따삐빠

정년 퇴임은 삶의 큰 물줄기를 바꾼다. 일터는 물론이고 나만의 공간마저 빼앗긴 퇴임 후의 삶은 아프다. 몸과 마음도 해 질 녘 스산해지는 바람처럼 어수선하다. '건강', '건강' 하는데 지나치게 빠르게 지나가는 세월 때문에 늘 저만치 뭉텅뭉텅 떨어져 나간다.

모임이 없다면 만나고 싶어도 잘 만나지지 않는 것이 정년 퇴임 후의 비애다. 모임을 다시 만들기는 어렵지만 있는 모임을 애써 없앨 필요는 없다. 이제는 새로운 모임을 만들기보다 있는 모임을 잘 달래야 한다. 만남은 건강의 자양분이므로 자주 만나야 하고, 나이 들수록 더욱 그렇다. 만남을 통해 헐렁하고 엷어진 몸과 마음을 다듬고 또 다듬어야 한다. 만남을 위해 통장에서 빠져나가는 돈은 정신 건강을 유지할 수 있는 최소한의 마중물이다. 사람 냄새를 맡는다. 그저 만나면 반갑고 기다려지는 편안한 모임이어서 흥건하게 널려 있는 도파민과 옥시토신을 듬뿍 마신다. 쌓인 정신 건강의 낟가리는 뭉텅

뭉텅 떨어져 나간 건강을 달콤하게 감싼다.

만남이 스트레스가 되지 않도록 늘 명심한다. '따삐빠' 지금 만남은 세속적 어떤 욕망보다 친교가 중요하므로 그 자체를 즐긴다. 최근 한 모임에서 전혀 뜻밖의 상황이 벌어졌다. 우리가 주고받는 대화를 A는 따지기 시작했고, 그 일로 인해 삐졌고, 모임에도 빠지겠다고 선언했다. 여든을 바라보는 삶의 연륜에 묻어 나온 흔적치고는 너무 치졸하여 진한 씁쓸함이 느껴졌다. 오래된 시골 시멘트벽을 발로 툭 차면 와르르 무너지듯이 우리 모임도, 이 일로 다들 충격을 받아 예전의 살가움은 자꾸자꾸 뭉텅뭉텅 떨어져 나갔다. '계속 이 모임을 이어 갈 수 있을까? 이런 모임이라면 굳이 만날 필요가 있을까?' 등 머리와 가슴은 복잡하게 얽혔다.

1990년대 중반, 같은 직장에 근무하는 인연으로 모임을 만들었고 모난 돌이 파도에 닳고 닳아 조약돌이 되듯이 우리 모임도 생각을 공유하며 서로를 이해할 수 있는 편한 모임으로 30여 년간 이어져 왔다. 그렇지만 10명 중 B는 무엇이 그렇게 급했던지 다시 만날 수 없는 곳으로 훨훨 떠났고, C와 D는 가까이 있으면서도 너울을 쓴 채 가까이 다가오지 않아 지금은 7명이 서로 버팀목이 되어 1년에 늘 두 번은 부부끼리 만난다. 우리 모임의 부피와 무게를 머금은 간이역은 거의 다 지나갔고 이제 종착역이 얼마 남지 않았다. 1명을 제외하고 모두 모두 정년 퇴임했다. 우리 모임도 많이 늙어 건강 문제로 숙박을 포함한 여행은 갑론을박이다. 3년 전부터 당일만 만난다. 점심시간에 만나 한나절 동안 이야기보따리에 질식할 정도로 질펀하게 노닐다가 헤어질 때는 굼뜬 걸음걸이로 아쉬움을 달랜다.

2023년 12월 모임, 우리 모임 태동에 주도적인 역할을 했던 A는 또 다른 제안을 했다. 다시 회비를 갹출해서 이 모임을 존속시켰으면 좋겠다는 뜬금없는 제안이다. 우리 모임의 밑바탕에는 '계속 만난다' 라는 것과 '필요하면 회비를 갹출한다' 라는 정신적인 불빛이 씨줄과 날줄로 엮여 누구도 의심하지 않는 인연을 이어 오고 있다. 그래서 누가 무슨 이야기를 하든 크게 따지지 않고 즐겨 듣는다. 그런데 이번에는 달랐다. 이 제안에 대해 돌아가면서 이야기할 기회가 생겼다. 모두 이 모임을 존속하는 데는 반대가 없었다. 다만, 회비 갹출 여부는 갑론을박이다. 팽팽하게 대립하자 회장의 제안으로 거수로 결정하기로 했다. 공교롭게도 회장을 제외한 6명, '3:3' 으로 의견이 팽팽했다. 제안한 A가 계속 같은 말을 되풀이하자 회장은 회비 갹출 여부는 다음 모임에서 결정하면 좋겠다는 의견을 냈다. 대부분 회장의 의견에 동의하면서 모임을 마쳤다.

그런데 제안한 A는 주차장까지 걸어가면서 계속 자기주장만 되풀이했다. 말은 휘모리장단으로 걸음걸이는 진양조장단으로 엇박자를 내면서 우물쭈물하는 모습이 생각의 저편으로 느릿느릿 사위어 갔다. 어차피 시간이 해결해 줄 수밖에 없다. 그렇게 뒤끝이 깔끔하지 않게 헤어졌다.

2024년 6월 모임, A는 빠졌다. 전번 일은 잊고 있었는데 기억의 끝자락에 숨어 있다가 선명하게 드러났다. 지난번 모임에서 있었던 일들이 스마트폰의 돋보기 기능처럼 확대되어 확증편향으로 줄달음쳤다. '우리 모임도 이제는 끝인가?' '한 사람의 훼방꾼이 공든 탑을 무너뜨리는구나!' 우리는 모두 서로의 얼굴을 쳐다볼 뿐 별말이 없다. A의 지난번 행동이 뚜렷이 박혀 있었으므로 긍정적으로 생각할 수 있는 유연성이 비집고 들어갈 틈을 주지 않았다. 다행히 사모님이 오셨기에 빠진 이유를 알 수 있었다. '자기 뜻을 몰라주고 왕따당하는 것 같아 함께 모임을 할 수 없다.' 라는 고집을 꺾지 못하고 혼자 왔다는 것이다. 난감하고 황당했다. 우리 모임의 원칙이 무너지는 순간이다. 누가 어떤 말을 하든 다 받아들일 수 있는 질감과 무늬를 가졌는데, 오늘만큼은 잔뜩 찌푸린 하늘처럼 어두운 그림자에 짓눌렸다.

A는 7명 중 가장 나이가 많고 회장보다 한 살 위다. 막내보다 25살 더 많다. 지금까지 연장자 대우를 충분히 해 줬다고 생각한다. 목소리가 강하고 고집이 좀 있다. 우리는 늘 좋은 것이 좋다고 대부분 A 생각에 동의해 주었고 논란이 있는 일들도 처음에는 반대하다가 그의 목소리에 묻혔다. 다양한 나이층이라 서로를 이해하고 배려하면서 연장자를 더 챙겼다. 우리가 A 인생관을 그렇게 만들었으므로 우리 잘못도 크다.

2024년 8월 정년 퇴임하는 분이 있어 임시 모임을 했다. 충분히 알렸는데도 A 부부는 함께 빠졌다. 이번 모임에 참석할 수 있도록 회장과 A와 비슷한 연배인 E가 노력하였으나 전혀 다른 방향으로 치달았다. E가 "함께 가자."라고 했더니, 짧고 굵은 목소리로 "모임에 안 간다." 단호하게 거절했다고 했다. 또한 회장도 모임 전날 '참석해야 하지 않겠느냐.' 라고 전화했는데 원망만 들었다면서 자초지종을 늘어놓았다. 지난 12월 모임 때, "회장이 결정하면 되는데 왜 안 했느냐."라고 다그쳤고, 반대했던 세 사람에 대한 서운한 감정을 일일이 거론하면서 "그가 그렇게 할 수 있느냐."라는 특유의 목소리로 10분여 동안 귀가 먹먹할 정도로 일방적 설교를 당했다고 했다.

나이가 들면 들수록 '따삐빠' 를 꼭 명심해야 한다는 말이 이번 일로 인해 더욱 찰지게 근육에 각인된다. 이 말은 건설적이고 발전적인 모임에는 어울리지 않겠지만, 그냥 친목 모임으로 서로 안부를 전하는 1년에 1~2번 만나는 모임에는 이보다 더 적합한 말은 없다고 생각한다. 특히, 퇴직 후의 모임은 더욱 그렇다. 길어야 2시간인데 굳이 따져서 무엇하겠느냐. 이 사람이 이 이야기 하면 옳다고 호응해 주고, 저 사람이 또 다른 이야기 하면 고개 끄떡여 주면 된다. 큰 의미도 없는 일상사이고 나름 인생철학이다. 그냥 들어만 주면 되고 오래 기억 안 해도 된다. 기억력도 쇠퇴하므로 굳이 머릿속에 남아 있지도 않다.

A가 다시 옛날 모습으로 환하게 웃으면서 열려 있는 정의 낟가리 속으로 들어와 헐겁고 어수선하여 뻥 뚫린 가슴을 채워 주는 그날을 기원해 본다.

유애선

■

고향 집으로

초봄[早春]을 지나 봄은 한가운데로 성큼성큼 빠른 걸음이다. 이맘때가 되면 으레 나타나는 불청객, 바로 흙먼지를 일으키는 바람이 오늘은 오전에는 잠잠하다가 점심때가 지나자 어김없이 불기 시작이다. 아침 일찍부터 봄 감자와 땅콩을 심었고 점심 먹고는 늘어지게 휴식을 취하다가 슬슬 밖으로 나왔다. 나와 보니 중천에 있던 해는 하오(下午)의 중간쯤에 가 있다. 요즘은 농번기는 아니기에 온종일이 아닌 한나절만 일해도 된다. 그러니까 오늘의 할 일을 다한 셈이다.

바람도 심하지만, 미세먼지도 많아 어찌나 불편한지, 그러나 촌에서는 이런 것 저런 것 따질 수가 없다. 때에 맞게 심고 가꾸고 해야 한다. 코로나바이러스와 미세먼지로 인해 연일 방송과 신문에 외출을 자제하라고 하지만 농군들은 논과 밭에서 봄 일에 열중이다. 논둑을 만지고 밭에 거름 피는 모습을 둘러보는데, 웬 농협 차가 동네로 들어오더니 우리 집 가까이에 있는 이웃에 정차한다. 운전기사가 내리고 뒤에 실려 있는 짐을 내리는데 바로 퇴비 거름이다. 마을에서는 벌써 동네 이장을 통하여 시중보다 싼 가격으로 샀는데 시기를 놓치고는 농협을 통해 샀는가 보다. 그러니까 우리 집 아래쪽으로 제일 가깝게 있는 이웃이다. 나와는 나이 차이가 근 십여 년, 내가 시집왔을 때 고등학교에 재학 중이었던 것으로 기억된다. 존칭이 어색하여 그냥 젊은 아저씨로 부른다. 그동안은 부모님이 사시다가 어머님이 수년 전에 돌아가셨다. 아버님 혼자 계시다가 지병으로 고생을 하셨고 몇 년 전에 요양원으로 가게 되면서 집은 주인을 잃게 되었다. 아무도 없는 집은 대문과 창문 모두가 굳게 닫혀 있었으며 들고양이들만 들락거렸다. 집의 안과 밖, 텃밭은 여름만 되면 잡풀이 우묵 장성이어 보기가 영 좋지 않았다.

작년 여름이었다. 시내에서 집으로 오는 중에 그 집 앞을 지나는데 글쎄 대문이 활짝 열렸고 웬 낯선 초로(初老)의 남자가 마당에 무성한 잡초를 뽑는 게 아닌가. 얼른 다가가 누구시냐고 물었다. 그러자 자기는 이 집에 살던 할아버지가 아버님이라고, 초등학교를 마치고 도시로 갔다가 이제 와 보니 고향이긴 하나 어색하고 친하게 지내는 이웃이 별로 없다고 했다. 봄에 직장에서 퇴직했는데 마땅히 일거리가 없고 또 아버님이 병중에 계셔 고향 집이 비게 되어 주말에 한 두 번 오다 보니 자꾸만 오게 되더라는 것이다.

처음에는 그냥 심어 놓고 일주일을 지나 와 보면 싹이 나고 다음에 보면 쑥쑥 자라나 풀을 매 주다가 다른 곡식도 더 심게 되었다고 한다. 심고 가꾸면서 차츰 흙과 친하게 되고 계절이 바뀌면서 자연이 주는 기쁨에 빠지게 되었단다. 더구나 부모님의 온기가 서린 집에서 살고 보니 더없이 고향이 좋아졌다고.

그러다가 마음을 굳혀 지금은 주말이 아니라 아예 눌러살고 있다.

물론 집의 안팎이 말끔해졌고 텃밭도 어찌나 깨끗한지 모른다. 옛 어른들은 집 주변과 바깥마당은 주인의 안목이라고 말씀하셨다.

농사 경력도 짧은데 평생 농사지어 온 농군처럼 삽질한다든지 밭두둑 만드는 모습이 아주 익숙해 보인다. 힘들지 않으냐 물으니 작년에는 조금 어려웠지만 어렸을 때 부모님이 하시던 모습을 떠올리니 할 만하며 일도 몸에 익숙해진 것 같다고 한다. 가을이 되어 이것저것 거둬들이는데 처음인지라 수확량은 많지는 않지만, 재미가 쏠쏠하더라며 크게 웃는다. 더구나 부모님이 평생 지으시던 농사일과 사시던 집이니 어색함은 이내 사라지며 일이 쉽게 적응되어 더없는 행복이라고. 진작 부모님이 건강하실 때 자주 못 온 것이 어찌나 죄스러운지 모른다고 한다.

부모님께 효도하려고 마음먹으면 그때는 이미 늦은 거라고 어른들은 말씀하셨는데 옛말은 그른 것이 하나도 없다. 사실 요즘 시대는 우리가 자녀 키울 때와는 매우 다르다. 보통 집마다 삼대가 살아 그 자체만으로도 본이 되었다.

올봄에는 집 근처에 유실수를 여러 그루 심더니 사 온 나무가 남았다며 우리까지 주는 게 아닌가. 텃밭도 엄청 넓어 혼자 짓기에는 무리지만 곳곳에 꽃과 관상수를 적잖이 심었다. 아침에 일찍 일어나 밖을 내다보면 그 젊은 아저씨는 벌써 밭에 나 앉아 무언가를 가꾸든지 아니면 밖의 마당을 쓸고는 한다. 밭작물들은 주인의 발소리를 들으며 자란다고 하는데 몇 년 동안 비어 있던 집에 새 주인이 들어와 날로 변해 가는 모습이 참 보기가 좋다.

농협 차에서 거름을 다 내리고 차는 시내로 돌아갔다. 햇살은 한결 두터워졌다. 슬슬 걸음을 아랫집 젊은 아저씨 집으로 놓아 다가가 보니 글쎄 거름을 우리보다도 많이 사 왔다. 암만해도 대단한 농사를 지어 볼 예정인가 보다. 그도 그럴 것이 직장에서 퇴직하면 육십 대 초반, 우리 동네에서는 아주 젊은이로 본다. 그러니 농민 후계자가 되어도 손색이 없는 나이가 아닌가. 본인이 농사에 대한 의지도 대단하고 힘도 한창 쓸 만하다. 시골에는 노인들이 많고 빈집이 늘어나기가 일쑤인데 우리 마을에서 환영받는 젊은 아저씨, 제2의 인생을 고향 집에서 시작하니 우리 마음까지도 뿌듯하다.

우리는 나고 자란 곳이 시골인지라 촌을 떠나서는 살 곳이 없는 것 같고 나이가 든 지금은 더욱 그러하다. 이웃 젊은 아저씨는 수십 년을 도시 직장에서 일했지만, 시골의 정취 속에 잠시 살아 보다가 확실히 깨닫고 결심한 것이다.

나를 보자 환한 얼굴에 웃음을 물고는 작년 가을에 심은 마늘밭으로 나를 안내한다. 평생 농사만 지어 온 우리보다도 잘 가꾸었다. 어떻게 된 것이냐고 물으니

“동네 이장님이 거들어 주어 심는 시기와 거름 내는 법을 죄다 익혔지요.”

하며 큰 소리로 웃는다. 그러면서 덧붙이는 말

“직장 다닐 때보다 일이 더 재미있군요. 노력만 하면 성과가 나오니 이보다 나은 일이 어디 있어요?”

일 년 전, 그러니까 작년부터 슬금슬금 짓기 시작한 시골 일에 몸과 마음이 푹 빠져 있는 젊은 아저씨의 얼굴이 마치 보름달처럼 환하다. 그렇다, 땅은 그의 기대를 절대로 외면하지 않을 것을 확신한다.

유인종

준희의 금도끼

할아버지는 모두 손자 바보이다. 할아버지의 손자 자랑은 터져 나오는 재채기처럼 막을 수가 없기 때문이다. 내 조부께서도 맏손자인 나를 안고 동네 고샅을 누비며 자랑을 하셨다 하니 영락없는 손자 바보이셨다.

며느리가 첫째 아들을 낳더니 이듬해 또 둘째로 준희를 낳았다. 형은 외모나 성격이 남자다움이 매력인데 동생은 볼에 귀여운 보조개 하며 곱살한 외모로 꼭 귀공자형이다. 아들이 둘이면 둘째가 딸 노릇을 한다더니 준희가 꼭 그렇게 애굣덩어리다.

이놈이 중학생이 되면서 권투를 시작했다. 준희에게서 격투기란 정말 어울리지 않는 그림이다. 그래서 그냥 괜한 호기심이려니 했을 뿐이다. 그렇게 8개월이 지난 어느 날 준희는 전국소년체전 경기도 대표 선수로 선발되어 은메달을 따냈다. 대체 이런 기상천외가 없다.

"할아버지, 내년엔 금메달 딸게요."

손자의 그 말이 어찌 큰 울림이 아니었겠으나, 그때 나는 금도끼가 내 도끼가 아니라고 했던 나무꾼 동화가 떠올랐다. 이 상황에서 그런 동화의 상상은 참 생뚱맞은 망발이지만 준희의 은메달은 우연이요, 요행일 뿐이라는 생각이 컸기 때문이다. 물론 금메달은 누구나 딸 수 있다. 그러나 결코 아무나 딸 수 있는 것도 아니지 않은가.

그런데 이듬해 준희가 그 대회에서 말한 대로 금메달을 땄다. 그러더니 계속 전국 단위의 대회에 출전하여 연거푸 금메달 두 개를 더 따냈다. 나는 그 장면을 수없이 되돌려 보았다. 헬멧을 쓰고 글로브를 단단히 매어 끼고 링 위에 오르는 모습, 코치와 결의를 다지는 눈빛, 관중들의 환호와 함성, 그 긴장과 열기의 무대 한복판에 내 손자가 우뚝 서 있는 것이다. 드디어 공이 울리고 상대 선수와 뒤엉켜 때리고 맞는 혈투가 펼쳐진다.

세상은 상중하를 걸어 놓고 경쟁을 시킨다. 모두가 금을 최고의 가치로 상징하는 마당이니 상대방을 때려눕히고 금을 차지하려 한다. 사람들은 이 슬픈 싸움을 향해 환호와 박수를 보낸다. 마침내 경기가 끝나고 심판이 준희의 팔을 추켜올린다. 내 손자가 싸움에서 이겼고 목에 금메달을 걸었다. 밤이 깊도록 도장에서 흘린 땀의 보상을 받은 것이다. 세상에 공짜는 없다. 산악 훈련 중에 낭떠러지에서 떨어졌고 스파링하다가 코뼈가 부러졌다. 이렇게 자신과 싸움을 하고 자기를 이겨야만 승자가 될 수 있다.

요즈음 프랑스에서 파리 올림픽이 한창이다. 공기소총 사격에서 16세 여고생 반효진이 금메달을 땄다. 시상대 가장 높은 곳에 서 있는 그의 앳된 얼굴에 환한 미소가 번진다.

"가족이 가장 보고 싶어요. 저편에서 지켜보던 언니가 울면서 달려왔어요. 그 순간 나도 슬펐어요."

그래서 서로 끌어안고 운다. 그렇다. 정말로 슬프다. 슬프지 않고서야 어찌 눈물이 나겠는가. 그런데 그 슬픈 눈물이 이렇게 아름다울 수가 없다.

준희가 제 어미에게 금메달을 목에 걸어 주었다. 부모에게 기쁨을 안겨 주었으니 양지(養志)요, 아비의 이름을 높였으니 입신양명(立身揚名)이라. 내 손자는 정녕 큰 효를 한 것이다.

나는 체력 단련을 위해 산악 훈련하다가 다친 손자의 양 무릎을 주물러 주며 속으로 기도했다. 준희가 이 다리로 젖먹던 힘을 다해 싸우게 하소서. 싸우다가 체력이 다하면, 정신력으로 버티게 하소서. 그러다가 정신력마저 소진될 때면 하나님의 힘을 보태어 주소서. 세상에 어느 강자가 하나님을 이길 수 있사오리까.

내 사랑, 나의 영원한 아가야, "내년엔 꼭 금메달 딸게요"라던 네 말을 기억하마. 그럼 그래야지. 그러나, 네 도끼가 꼭 금도끼여야만 하는 건 아니란다. 할아버지는 정직한 땀을 흘린 나무꾼이 은도끼와 금도끼를 더불어 받는 세상을 그리며, 네가 그 동화의 세계에 주인공이 되는 꿈을 꾸며 살기로 하마.

조부께서 나를 안고 업고 동네방네 자랑하셨던 것처럼, 나 또한 오늘 금메달을 목에 건 손자를 목말 태우고 춤을 추는 손자 바보가 되고 말았다.

윤강

■

나는 미니멀리스트이다

나는 미니멀리스트(Minimalist)이다. 미니멀리스트란 말은 미니멀 라이프(Minimal Life)에서 나왔다. 불필요한 물건을 줄이고 최소한의 것으로 살아가는 생활 방식을 미니멀 라이프라 하고 물건을 줄이는 것에서 그치지 않고 적게 가짐으로써 삶의 중요한 부분에 집중하는 것에 중점을 두는 것을 말한다. 2010년 무렵 영미권에서 등장했으며, 비슷한 시기에 일본에서도 '단샤리' 열풍이 시작되어 물건에 대한 집착에서 벗어나는 사회 풍습이 유행했다.

나는 종로 와룡동에서 방이 5개인 한옥에서 살았다. 내가 태어나서 자란 집이 한옥이라 나는 한옥이 좋았다. 그 시대엔 부동산 투기라는 것도 없었고 투자라는 개념도 없어 월급 받으면 오로지 적금을 부었다. 그렇게 개미처럼 월급을 굴리고 굴려 장만한 집이라 애착도 많이 갔고 한옥에서 산다는 자부심도 있었다. 그렇게 살다가 2008년 시한부 선고를 받았고 세상을 떠나 살기로 작정하고 집을 정리했다.

문제는 내가 가진 많은 살림살이였지만 더는 고민하고 망설일 이유가 없었다. 어차피 죽으면 다 버려야 하는 것들인데 이젠 살림살이로부터 좀 벗어나고 싶었다. 각종 전자제품은 중고품 전문 매장에 팔고 가구는 옆집과 이웃집 할머니들께 드렸고 책은 주민센터에 기증하고 옷은 재활용 의류 전문 매장에 무료로 드렸다. 나머지 그릇들과 자질구레한 용품들은 필요한 이웃들에게 나누고 집은 게스트하우스를 한다는 분에게 전세로 넘기면서 명의도 여동생 이름으로 했다. 나 죽으면 소란스럽지 않은 조용한 장례를 부탁하면서.

그렇게 세상과 등지고 5년을 죽지 않고 살았고 세상으로 돌아와 처음 얻은 집이 빌트인(built-in) 원룸이었다. 혼자 살기 좋았지만, 나에게는 문제가 있었다. 폐가 좋지 않은 내가 살기에는 공간의 밀집도가 높고 환기가 원활하지 않다는 것이었다. 여러 곳을 둘러보고 얻은 집이 지금 살고 있는 17평 아파트다. 지은 지 20년 정도 되는 조금은 낡은 집이지만 채광이 좋고 조용하다. 내 가까이 있어야 하는 대학병원이 10분 거리에 있고 하루도 거르지 않고 가야 하는 백화점이 5분 거리에 있다. 걷기 좋은 공원이 10분 거리에 있고 지하철도 10분이면 가능하다. 더 바랄 것이 없다.

내 집에는 가구가 거의 없다. 4인용 식탁이 가장 큰 가구이다. 침대도 없고 소파도 없다. 철이 지난 옷들은 의류 보관업체에 보관하고 필요시 찾아 입는다. 내가 집에서 보관하는 것보다 훨씬 더 깨끗하게 보관해 준다. 겨울 이불도 마찬가지다. 수수료도 생각보다 비싸지 않다. 내가 가장 사치스럽게 사는 부분은 세탁기와 건조기 그리고 의류관리기(스타일러)이다. 장마철 빨래 말리는 스트레스는 정말이지 바보 같은 짓이다. 이 좋은 세상에 살면서.

미니멀 라이프의 가장 기본적인 사항은 불필요한 물건을 버리는 것이다. 물건이 줄어들면 정리하거나 청소에 소모하던 시간을 줄일 수 있다. 생활이 간소해지면 그만큼 여유 시간이 생기고 홀가분해지는 효과가 난다는 것이다.

대형 냉장고를 사용할 때는 무조건 눈에 띄면 사서 냉장고에 넣었다가 상해서 버린 음식물이 많았는데 냉장고가 작아지니 식료품 구매도 줄어들었다. 꼭 필요한 것만 사고 소형 포장만 사게 된다. 이러다 보니 상해서 버리는 음식이나 재료들도 없어졌다. 당연히 신선한 채소나 과일만 먹게 되고.

부끄러운 과거지만 나는 과일이나 채소를 사면 늘 흠집이 있거나 상한 것들부터 먹었다. 시간이 더 지나면 버리게 될 것 같아서. 그렇게 상한 것을 먹는 사이에 싱싱한 것들도 서서히 시들어 가고 결국 나는 새것 사서 늘 시들고 상한 것들만 먹고 살았다, 미련하게도. 이젠 상한 것이 보여도 싱싱하고 좋은 것부터 먹는다. 어차피 상한 것은 다시 싱싱해지지 않으니까.

물건을 버리는 것만큼 과도한 소비를 줄이는 것도 중요하다. 물건을 사기 위해 사용하던 시간을 줄이고 버린 물건으로 생긴 공간을 다시 채우는 일을 방지할 수 있다. 이 과정에서 소비를 통해 남과 비교하던 습관을 줄여 마음의 여유를 찾는다는 의미도 있다. 적게 소비하여 환경을 보호하는 것도 중요한 부분이다. 물건을 줄이는 것은 중요한 일에 집중하기 위한 것이기도 하다. 생활을 단순하게 만들어 불필요한 일에 쓰던 에너지를 자신이 하고 싶은 일에 사용하는 것이다. 물건을 적게 가질수록 떠나거나 행동하기 쉬워진다는 측면도 있다.

2010년 일본에서도 미니멀 라이프에 해당하는 '단샤리[斷捨離]' 열풍이 시작되었다. 단샤리란 '끊고 버리고 떠난다'는 뜻으로 요가의 행법(行法)인 단행(斷行), 사행(捨行), 이행(離行)에서 딴 말이다. 야

마시타 히데코[山下秀子]가 자신의 저서에서 처음 사용했다. 단샤리의 단은 불필요한 물건을 사지 않는 것, 샤(사)는 집에 있으면서 사용하지 않는 물건을 버리는 것, 리(이)는 물건에 대한 집착에서 떠나는 것을 의미한다. 단, 야마시타 히데코 본인은 단샤리는 '과잉' 을 배제하려는 태도이므로 '최소한' 의 것을 추구하는 미니멀 라이프와는 다소 차이가 있다고 설명하고 있다.

일본의 단샤리 열풍은 2011년 발생한 동일본 대지진과도 관계가 있다고 알려졌다. 지진이 일어나는 다급한 상황에서 집 안을 가득 채운 물건은 오히려 위험을 초래했다. 또한, 많은 사람이 집과 자산이 파괴된 상황을 보며 소유에 대한 회의감에 휩싸였다. 이를 계기로 불필요한 물건을 줄이고 삶의 중요한 부분에 집중하는 생활에 관심이 높아진 것이다. 단샤리와 관련된 여러 서적이 출간되었으며 자신을 정리 컨설턴트로 소개하는 곤도 마리에[近藤麻理惠]의 『인생이 두근거리는 정리의 마법(人生がときめく片づけの魔法)』은 100만 부 이상이 팔리며 밀리언셀러를 기록했다.

가톨릭 수도자나 불교의 승려들은 거처를 옮길 때 작은 가방 하나만 챙겨야 한다. 아무리 개인 돈으로 구입한 물건이라도 그곳을 떠날 때는 있던 곳에 두고 가는 것을 원칙으로 한다. 수도자가 챙겨야 할 짐이 많다는 것은 많은 짐에게서 자유롭지 못하다는 의미다. 가진 짐으로부터도 자유롭지 못한 사람이 어찌 영혼이 자유롭기를 바라겠는가.

윤범식

의정 갈등을 바라보며

의정(醫政) 갈등이 수개월이나 이어지고 있다. 짜증으로 변해 간다. "죽어 가는 환자를 버리고 떠나다니…." 하는 여론이 들끓는다.

의대생 2천 명 증원 발표에 반발한 전공의들이 병원을 떠나자, 자기 밥그릇만 챙기려 한다고 비난의 목소리가 높다. 하지만 전국 병원들의 전공의들도 이에 가세하며 그 숫자는 늘어만 간다. 일손이 부족한 전문의마저 과로에 지쳐 휴직으로 동조하고 나섰다.

위법 집단 행동이라고 관련 수사 기관에서는 의협 전·현직 간부들을 소환 조사하는가 하면, 4·10 선거를 의식해서인지 정원 증원 배정을 단행해 버렸다.

현 50명에서 200명으로 증원된 충북대 의대는 교실도, 교수도, 실습 도구도 없다고 비명이다. 다른 지방 의대들도 유사한 실정이라고 한다. 반발한 비상의협이나 전공의 대표들은 이에 항의하며 정제되지 아니한 거칠고 세련되지 못한 언어 사용으로 빈축만 사고 있다.

아랑곳없이 복지부 장·차관, 총리, 대통령까지 나서 의대 정원 2천명 증원을 고수한다고 거듭 발표한다.

마치 부산 엑스포 유치 실패로 국제 망신을 당하고, 새만금 벌판 위 국제잼버리대회를 엉망진창으로 만든 나라 망신을 만회라도 하려는 듯 4·10 선거 10일 전에는 느닷없이 대통령이 직접 나서 의대 정원 증원의 필요성을 TV에 나와 51분이나 대국민 담화를 발표하기도 했다.

덧셈, 뺄셈도 할 줄 모르는 무지한 부모가 울어대는 아이가 어디가 아픈지 배가 고파서인지 알아보지도 않고 쥐어패는 모양새다. 혹자들은 이번 국회의원 선거에서 2, 30명의 의석을 잃었을 것이라고도 말들을 한다.

이번 전공의들의 집단 사직의 근본 원인의 본말은 복잡하기만 하다. 해방 직후 국민 모두가 못살던 시절에는 빈부차가 그리 크지 않았다. 농경 사회에서 산업 사회로 발전되면서 일자리가 늘어나고 다양화한 직업군이 생겨나며 빈부 차이가 커지면서 사람들은 점차 황금만능주의 사고로 변해 왔다. 빈부 차이의 갈등 속에 직업의 귀천이 발생하여 3D 업종은 외국인들의 차지가 되고 상류 계층은 시기의 대상이 되었다. 심지어 전 정부에서는 재벌 해체, 하향 평준화 정책을 펴 고소득의 고세율, 법인세 인상, 종부세 부과, 미증유의 상속세 세계 단독 제1위 국가로 만들었다.

존경받고 선망의 직업 선생님은 옛날이고 지금은 안전하고 돈 많이 버는 직업이 우선인 세상이 되었다. 그중에서도 제1순위가 의사다. 수능 최상위에 전 과목 1등급이라야 의대를 지원할 수 있다. 그래 부모들은 초딩부터 의대를 목표로 공부를 시키고, 재수 삼수는 예사다. 이렇게 경쟁 끝에 의대에 입학하면 등록금도 더 많고, 공부도 죽어라 하고 열심히 해야 한다. 대학 6년, 인턴 1년, 전공 수련도 4, 5년 그들 표현으로 노예 생활 기간을 거친다. 군 복무 기간도 사병보다 두 배가 긴 39개월을 복무한다. 이렇게 30대 중반이 되어서야 생업에 종사하는데 종합병원에 취업을 하면 60이면 정년 퇴직을 맞는다. 그래서 덜 고생하고 송사에 시달리지 않고 돈 많이 벌 수 있는 성형·피부과 쪽으로 쏠림 현상이 생겨났다. 힘들고 위험한 중증환자를 다루는 흉부외과, 응급실이나 아기를 낳지 않는 산부인과, 소아과 쪽 전공을 누가 선택하겠는가.

의사도 의업이란 직업 활동을 한다. 목이 좋아야 장사도 잘 되듯, 인구 밀도가 높은 서울에서도 장소에 따라 환자가 없는 의원들도 많다. 우리 동네 4거리 내과에는 간호사도 없이 의사 혼자서 일한다. 그런데 누가 환자도 없는 농어촌에 가서 개업을 하겠는가.

중소도시 환자들도 교통이 좋아 쉽게 서울로 몰린다. 그런데도 많은 사람들은 의사들이 슈바이처나, 이태석 신부 같기를 바란다.

종합병원에서는 고가의 최신 의료 장비를 수입 사용한다. 투자비 환수에는 수년이 걸린다. 그러나 의보에서는 고가의 수가를 주지도 않거니와 환자에게도 고가의 수가를 부담시킬 수도 없다. 적자를 보는 대형 종합병원에서는 전문의 숫자를 줄이고 인건비가 싼 전공의 손을 빌린다. 이러한 실정에서 정부는 OECD 국가별 인구 대비 우리 의사 수가 부족하다고 단순 평가한다. 유럽 국가는 대부분 의사들이 공무원 체제이거나 사회주의 시스템으로 운영되고 있다. 때문에 의사 수가 많아도 의료의 질이나 서비스는 우리보다 훨씬 뒤진다. 예로, 영국에서는 위암이면 수술 날짜는 6개월 뒤로 잡히는데 우리나라에서는 암 발견 후 일주일이면 수술에 들어간다고 한다. 우리나라 의료 혜택은 세계에서 최상위 국가라고 인정한다.

우리나라는 출산율 세계 최하위 국가다. 정부에서는 온갖 수단을 다 해보지만 백약이 무효다. 요즘 젊은이들에게 너 다음 세상이 있다면 뭐로 태어나고 싶으냐고 묻는다면 나는 다시 태어나고 싶지 않다고들 한다고 한다. 왜냐고 하면 "나는 자라면서 극심한 경쟁 사회에서 하나도 행복하지 못했거든~" 이라고 대답한다고 한다.

의사 숫자만 늘리면 우리의 삶이 행복해지나? 낙수 효과를 기대해서라고? 풍선에 바람을 계속 불면 약한 부분이 먼저 터지기 마련이다. 정부는 2천 명 증원 고집을 버리고 성형·피부과 쪽으로 빠지는 숫자만큼만 늘리고, 빠른 시일 내 종결을 바랄 뿐이다.

윤연옥

■

물 한 모금

수술 후 남편의 첫마디가 있다. 물 한 모금만 마셨으면 원이 없겠다는 말이다. 식사는 링거뿐이나 얼마 후, 첫 식사로 죽보다 묽은 미음이 나온다. 울긋불긋한 반찬도 '푸딩' 에 가까운데 가장 힘든 것은 고개를 숙이고 물 마시기이다. 걸쭉한 음식과 물김치 국물도 어려움 없으나 맹물은 사레가 잘 걸려 미리 겁에 질린다.

나는 병상 끄트머리에 서성거리며 안타까운 마음으로 안 보는 척 바라본다. 그 상태로 음식을 입에 넣고 씹고 삼켜야 하는 반복적인 연습이 필요하다. 한동안은 그렇겠다.

고개 숙이고 섭생하는 일이 그렇게 힘든 줄 몰랐다. 같은 증세의 환자들이 툭하면 폐렴에 걸리는 까닭이 물에 있다. 얼마 후에야 연하곤란 시, 물에 타서 마시는 가루가 있다는 사실을 알고 도움 받는다.

남편에게 우스갯소리 삼아 한마디 들려준다. 감바리*는 아니지만 젊은 나이부터 최선을 다하여 어깨 세우고 살아오지 않았느냐, 이제

고개 내리고 살아간다 하여도 억울하지 않겠다 싶어 내려진 처방이 있다. 그것이 고개 숙이고 사는 것이라고 들려주니, 나의 '고시랑고시랑' 을 듣던 남편은 빙긋 웃을 뿐이다. 긍정의 답이겠다.

고개 드는 날 있으면 숙이는 날도 있을 터, 우리 부부는 지금 조심스레 하산하며 내려가는 중이다. 올라가기만 어려운 줄 알았으나 내리막길도 쉬운 게 아니다. 숙인 상태로 서로 내면을 다스리고 환부를 치료하며 남은 날에 풀어 가야 할 문제를 당길 뿐이다. 그 사람으로 인해 내리고 사는 방법을 진지하게 배워 가고 있다.

남편은 내게, 외유내강형이라 위로해 주는데 같이 가는 남편을 위해 최선을 다하는 것은 나를 위해서이기도 하다. 혹여 남편만이 아니라 그동안 살아오면서 내 마당에 든 사람들에게 실수로라도 고개 내리게 하지는 않았을까 성찰하게 된다. 부족한 마음 한 자락 움켜쥐고 모자라는 공감 능력으로 그들을 아프게 하지는 않았을까 짚어 본다.

위기가 기회라고 들어 온다. 이즈음에 더 겸손한 사람으로 살아 보라는 절대자의 명령 아닐까 싶으니 어느 한순간도 허투루 받아들이면 안 될 일이다.

다시 고개 숙이고 물 마시는 남편을 바라본다. 가장 쉬운 것을 어렵게 해야 하는 물 한 모금을 통해 자신과 세상을 다시 들여다본다. 남편을 간호하며 두 번, 세 번 자신을 낮춰 가니 감사할 부분이기도 하다. 한편으론 미안하지만 나의 물 넘김에 감사하고 있다면 헛 간호는 아니겠다.

얼마 전, 그동안 우리 부부가 힘들었을 것이라며 며느리가 꽃다발 선물을 안겨 준다. 꽃은 화병 속에서 갈수록 탐스럽게 피어나더니 어

---

*감바리: 이익을 노리고 남보다 먼저 약삭빠르게 달려드는 사람.

느 날, 그 꽃이 고개를 숙이고 만다. 파 꽃인가 하면 족두리 같은 하얀 꽃송이가 청초하고 아름답다.

식사하다가 식탁에 놓인 꽃을 바라보던 남편이 하는 말, 이 꽃은 고개를 숙여도 우아하다고 말한다. 맞는 말이다. 우리 부부도 늙어 가는 꽃이니까, 오래도록 우아하고 곱게 이 꽃처럼 늙어 가자고 주고받는다. 고개만이 아니라 마음을 먼저 내렸기에 꽃은 자세히 보이고 평범한 물 마시기에도 자신감이 생겼겠다.

모든 면에서 숙이려니 세상은 내 편으로 다가온다. 이제 많이 늦어 괴란쩍기도 하다만 그동안 씹지 않아도 넘어가는 물이라고 만만하게 여긴 물이 가르쳐 준, 사는 날의 처세법에 감사할 일이다. 물만 잘 마셔도 어려움 없이 살아갈 수 있을 터이다. 물 한 방울로 소생하거나 물 한 모금 못 넘겨 떠나기도 하니까.

둘이 살다 누가 먼저 떠날지 모르는 앞날이다. 부부가 예쁘게 살지는 못하더라도 아웅다웅하지는 말아야 하겠다. 다는 아니지만 대개 이 나이에 깨가 쏟아지는 부부가 몇이나 될까 싶기도 하다. 열정은 식어 냉정에 가까운 나이다. 서로 사위어질 때까지 상처 주지 말며 동치미 국물 한 보시기 마시듯 시원하게 넘겨야 하리라. 하수상한 세월에 티끌 하나가 되어 최선을 다하면 모든 일이 술술 넘어가겠다는 마음이다. 맹물이 가르쳐 준 고개 숙이는 법을 오지게 연습하고 있다.

물 한 모금이 사람의 도리를 알게 했나 보다. 고개를 올리고 내림이 한 몸에 있어 '지킬 박사와 하이드' 까지 짚어 보게 만든다.

병실에서의 일을 유념하며 부부가 함께 걷다 보니 병원 정문은 뒤에서 한 발짝씩, 한 발짝씩 멀어져 간다.

이기돈

■

고향 모정(慕情)

가을이 익어 간다. 어느새 작열(灼熱)하던 한여름 뙤약볕도 저만치 물러가고 창밖의 나뭇가지 잎새마다 계절의 무게에 더 이상 머무를 수 없는 연민, 한 잎 두 잎 떨어지는 붉은 단풍이 아름답다. 떠나고 싶어 하는 계절이라 노을빛에 물들었나, 고운 잎 붉은 얼굴이다. 서재에 앉아 파란 하늘을 바라본다. 청천 하늘엔 잔별도 많고 사연 품은 별들이 소근대는 밤, 중천에 떠 있는 달빛이 창가를 드리운다. 사람은 세상에 태어나서 누구나 추억이 있고 삶의 영역이 모두 추억으로 남는 모양이다. 그래서 나이가 더해지면서 과거를 회상하고 또한 고향을 그리워하는지도 모른다.

내가 태어나 자라난 곳은 살기 좋고 인심 좋은 충절의 고장 충청도 푸른 볕[靑陽] 구름고을[雲谷] 아름다운 마을[美良里]이다. 두메산골 빈농에서 삼 형제 중 막내둥이로 태어나 사랑을 듬뿍 받으며 자랐다. 진학의 나이에는 동심에 찬 학동들이 내일을 익히기 위해 책보를 메고 어머니의 손을 잡고 입학, 6년간 초등학교의 전 과정을 마쳤다. 하지만 경제적 여건이 허락지 않아 진학을 못하고 집에 머무르는 동안, 접주동의 한학자(이영태)로부터 한학을 익히면서 부모님의 일손을 도우며 유년 시절을 보냈다. 그 시절, 풍광이 아름다운 고향, 돌들이 윤기를 발하는 냇가에서 물고기도 잡고 논두렁을 다니며 메뚜기도 잡았다. 또한 산을 오르내리며 산토끼도 잡고, 어린 나이지만 깔지게를 짊어지고 소풀을 베기도 하고 나무 지게를 짊어지고 나무도 해 보고 어머니 아버지 따라 논밭의 풀도 매 보았다. 전통시장인 5일장(운곡)에는 곱게 빗어 단장한 머리에 거먹고무신 어머니 따라 장 구경도 하였던 비록 짧은 기간이었지만 많은 경험을 한 추억의 그림자도 많다.

그러던 어느 날 상경의 기회가 주어져 부모님의 포근한 품을 떠나 고향을 뒤로하고 내 인생길 따라 서울로 발길을 옮기게 되었다. 낯설은 타관객지 이때부터 내 인생 인고의 세월이 시작되었고, 객체의 몸으로서, 자아완성을 위하여 고난과 시련을 극복, 이정표가 있었기에 주경야독으로 완주하게 되었다. 병역의 나이에는 육군훈련소 신병교육대와 후반기 박격포 교육대를 거쳐 군의 초급 간부를 양성하는 육군 제2하사관학교에서 하사로 임관, 자충되어 본부대와 각 부처 참모부에서 군 복무를 명예롭게 마치고 만기 전역했다. 전역한 후에는 H대학교에 부임하여 36년 5개월이란 한 세월을 대학인으로서, 저물도록 눈, 비가 오나 바람이 부나, 일편단심(一片丹心) 백지 위에 허무를 잠재우고 대학생들과 호흡을 함께하며 오직 한 길만을 걸어온 지난날 내 인생을 반추해 본다. 재직 기간에는 대학 행정으로부터 대학생활 지도, 대학 교육 현장에 이르기까지 대학 교육 발전에도 기여를 했는가 하면 대외적으로도 일부 기관의 임직원 및 군 장병 대상 특강에도 임하였던바, 사회에도 많은 공헌을 했다고 생각이 든다. 한편 대과 없이 정년을 마치게된 것도 생에 큰 보람이 아닌가 하는 생각이다.

어느 날 우연히 거울 앞에 비춰진 내 모습을 바라보면서 주름진 이마에는 '내 천(川) 자' 가, 검은 머릿결은 은빛 숲이 생기고 야위어진 얼굴의 모습은 앞만 보고 살아온 세월이 가져다 준 흔적으로, 머지않은 날, 맞이해야 할 팔순의 문턱에 이르니 마치 새로운 기록이 쌓이는 듯, 세월이 무상하기만 하다. 흘러간 세월만큼이나 추억 없는 사람 어디 있겠나. 이럴 땐 문득 나를 낳아 길러 주신 어머니 아버지가 머물던 그 자리에 내가 와 있는 듯, 지난날 삶이 그리워진다. 처음 세상에 태어날 때, 금줄에 고추 달아 싸리문에 걸어 놓고 겉돌까 봐 포대기 등에 엎고 사랑으로 다정히 불러 주던 자장가에 금이야 옥이야 길러 준 막내둥이 속사랑 깊은 정이 아니고 무엇이겠는가 하는 생각이다.

새싹같이 여린 나이에 서울로 보내 놓고 아프지 말고 몸 건강히 자식 잘되라고 장독대에 정한수 떠 놓고 두 손 합장하여 지성으로 빌어주던 어머니였으니 말이다. 장대비가 휘몰아쳐도 오직 자식들만을 위해 가난했기에 허리띠를 졸라매고 새벽을 깨우며 해 지는 줄 모르고 밤하늘 별이 빛날 때까지 논밭에서 일하시던 어머니 아버지, 동지섣달 기나긴 밤, 설한풍에도 저 달이 기우는 줄도 모르고 그 시절 베틀에 앉아 삼베를 짜고, 방망이로 다듬잇돌 두드리는 소리는 어쩜 여인네들의 흥겨운 가락이었을지도 모른다. 아버지의 왕골자리를 짜기 위해 고도렛돌 넘기는 기교한 소리는 고요한 밤 적막을 깨기도…. 이 모두가 어머니 아버지의 추억 서린 인생 삶을 되돌리게 하니 더욱 가슴이 뭉클해진다.

쉬어 갈 줄 모르는 무정세월 앞에 곱디고운 딸기 같은 아름다웠던 젊음의 푸른 꿈은 간곳없고 당신의 뜻도 아닌 세월에 등떠밀려 등 굽어 휜 허리가 되어 타향살이 막내아들 고향이 그리워 부모님이 보고파 귀향했을 때, 싸리문 밖 기다리던 어머니 아버지의 고요한 두 눈가에 잔잔히 흐르는 미소는 영원히 마르지 않는 사랑의 샘이었다. 지난날 정의, 진실과 일생을 올곧게만 살아오신 어머니 아버지의 뒷모습이 오늘에 자식들의 삶에 교훈으로, 마치 바람 불어 한 잎 두 잎 떨어져 흩어진 낙엽이 쌓이듯 그리움만이 가슴에 사무친다. 고지식하고 인정 많은 마음씨 고운 아버지, 성격만큼이나 깔끔하고 단정했던 어머니, 가난했지만 금슬 좋은 부부로 애정만큼은 남달랐으니 말이다. 가신 길 돌아올 수 없는 지금은 향수에 젖어 목메어 불러 보지만 대답은 없고 허공 속에 메아리만 귓전에 맴돌 뿐이다.

69세가 되던 그 해, 어머니를 하늘나라로 먼저 보낸 아버지는 사랑이 떠난 빈자리가 되어 마음 둘 곳 없는 7년이란 외로웠던 삶을 가슴에 담아 본다. 그 얼마나 외로움과 그리움이 함께 했으랴 하는 생각이다. 76세를 일기로 이승에서 저승으로 가는 생의 마지막 순간에도 끝없는 사랑의 끈을 한으로 남기고 하늘나라로 가실 때도 두 분 다 임종조차 하지 못한 불효한 자식, 다시금 용서를 빌어 보지만 가신 뒤 후회한들 무슨 소용있으랴! 그저 허공을 바라보면 그리움만 산처럼 쌓여 간다. 부모님이 하늘나라로 가실 때에는 그나마 어머니 생전에 길쌈으로 손수 짠 삼베옷 한 벌씩 갈아입고 함께 영면하시게 된 것 또한 어찌 잊혀 질 리 있으랴!

덧없는 세월 앞에 나도 사회적 효용성이 쇠진되어 익숙한 일상생활과의 단절로 정들었지만 조직을 떠나 자유인으로 돌아온 지도 어언 15년, 오늘에는 작가로서 활동하면서 제1, 2수필집을 출간한 현재는 인연이 된 일봉 세계법왕 서경보 박사(열반)가 생존시 창간한 일봉신문사 주필로, 동 제정한 일봉문학상 심사위원장으로 위촉받아

매년 일봉문학상 운영위원회에서 시, 수필, 소설, 저서 부문 작품 모집을 각 언론에 공고, 우수 작품을 선정, 연말에 시상하는 연례적인 행사에 참여하는 것도 나에게는 큰 보람이라는 생각이 든다.

일생을 교직 생활을 바탕으로 오늘에 작가로서의 명실공히 명맥을 이어 오게 된 것도 지난날 인생이란 두 글자에 운명이란 이름(석 자) 앞에 진인사대천명(盡人事待天命)이라는 장자의 말을 되새기며 정각고행(正覺苦行)한 것이 문예창작 대도(大道)를 향하게 된 것이 아닌가 하는 생각이다. 모든 것 다 할 수는 없다. 그러나 붓을 들면 무엇을 먼저 그려야 할까 망설여지지만 생각나는 대로 쓰는 것이 수상창작(隨想創作)이니, 세월 가고 해 지는 안타까운 아쉬움 잊고 문인으로 살아가는 오늘이 행복인 듯싶다.

두 번 다시 살 수 없는 인생, 어느 누구도 자신이 언제 갈지 모르는 게 우리 인생이다. 해마다 맞는 봄은 변함없이 싹이 돋아 잎이 솟고, 꽃은 피고 져서 열매를 맺어 강산을 푸르게 하건만, 해해 달달 흐르는 물과 인생은 한 줄기가 아닌 노소(老小)의 변함을 가져오게 하고 있으니 아마도 그리움은 무상의 모정(慕情)이 아닌가 하는 생각이다. 나이가 들면 과거에 붙들려 회상에 젖어 있기 마련인가 보다. 과거도 아름다운 추억으로 되살아나는 것은 비단 나이 때문만은 아닌 듯싶다. 자신이 태어난 고향은 그래서 늘 그리움의 대상이 아닌가 하는 생각이다.

이명우 우명

자소명덕(自昭明德)

내 서재에 '自昭明德(자소명덕)' 이란 족자가 걸려 있다. 2007년 늦은 봄날이었다. 정년 퇴직하고 건강 챙기면서 지내던 대학 때 사귄 친구가 며칠 전에 나도 만나고 학교 방문도 하겠다고 연락이 왔다. 그 친구는 교육부에서 장학관으로 근무하다가 정년 퇴직을 하였고 여러 교육기관에서 강의하는 특별 강사였는데 지난해 여름 장기간 병원에 입원하여 수술까지 받아 건강이 좋지 않았다. 그런데 몇 개월 사이에 건강을 다시 되찾고 강의도 종전처럼 하고 다니는데 바쁜 가운데 나를 찾아왔으니 얼마나 기쁜 일인지 이런 글귀가 생각났다. 벗이 있어 먼 곳으로부터 오니 또한 즐겁지 아니한가(有朋自遠方來 不亦樂乎).

생각해 보면 친구는 친형제보다 더 가깝다. 문제가 생겼을 때 언제든지 상담할 수 있는 친구, 밝히고 싶지 않은 부끄러운 일도 기꺼이 털어놓을 수 있는 친구, 마음이 외로울 때 의지가 되는 그런 친구가 있다면 얼마나 든든할까. 그래서 예로부터 친구를 표현하는 고사성어도 참 많다. 관포지교(管鮑之交), 간담상조(肝膽相照: 간과 쓸개를 서로 내보인다는 뜻) 등 뒤로 불어오는 바람, 눈앞에 빛나는 태양, 옆에서 함께 가는 친구보다 더 좋은 것은 없을 것이다. 각박한 현실이지만 좋은 친구만 있으면 견디고 살아갈 수 있으리라.

대학 때 사귄 친구인데도 나에게는 어렸을 때 사귄 친구와 다름없다. 어릴 때 사귄 친구를 죽마고우(竹馬故友)라 한다. 나이가 들고 사회생활을 하다 보니 이런저런 관계로 새로운 친구가 생기지만 아무리 오랜만에 만나더라도 마음이 편한 것은 역시 코흘리개 적 친구다. 옛날 우리 선비들은 적당한 나이가 들면 벼슬을 고사하고 고향에 내려와서 마음 통하는 친구들과 풍류를 즐겼다. 당시에 풍류라는 것은 요즘의 유흥과는 차원이 다르다. 자연을 가까이 두고 음악과 술을 나누면서 때로는 글을 짓고 시류를 논하기도 했으니 정말 멋스러움이 느껴진다.

오늘 나를 찾아온 친구는 죽마고우 같은 친구로 나의 승진을 축하하기 위해 족자 '自昭明德(자소명덕)' 을 선물도 가져왔다. 선물만이 아니라 내가 근무하는 학교의 교직원을 대상으로 특별한 강의까지 하였다.

특강을 마친 친구와 나는 중식을 하려고 대부도 초입에 있는 '까치할머니 수제비' 집으로 갔다. '까치 할머니' 의 인상은 우리가 대학생 때 자주 들러 점심을 먹었던 음식점 할머니 같아 그곳으로 안내했다. 이 집은 수제비가 맛있기로 유명하였다. 육수가 칼칼하면서 시원하고 수제비 반죽을 아주 얇게 떠서 야들야들한 식감이 일품이었다. 이 집의 수제비가 유독 얇은 이유가 있다. 바빠서 빨리 먹고 가려는 손님이 많기 때문이란다. 식당 할머니는 손님들이 호로록 넘길 수 있게 더 얇게 수제비를 뜬다고 한다. 이야기를 들은 친구는 이렇게 말했다. "할머니! 수제비 맛있게 잘 먹었습니다. 무엇이든 정성과 마음이 깃들면 누구든지 그 진가를 알아주게 되는 것 같습니다. 부자 되십시오."

친구가 준 족자 선물은 특별히 유명 서예가(김만종)에게 부탁하여 쓴 것으로 표구까지 해서 가져온 것이다. 이 족자를 내가 근무하는 교장실 벽에 걸어 놓고 늘 읽으면서 생활하도록 노력해 왔다. 족자에는 "自昭 明德 西海高等學校長 李明雨 惠存 金基會 丁亥年"이라 써 있다. 그리고 내가 정년 퇴직하면서 그 족자는 나의 서재로 가져와 오늘까지 '독서백편의자현' 하면서 읽고 실천하려 노력하고 있다.

자소명덕(自昭明德)을 찾아보았다. 명명덕(明明德)은 『대학(大學)』에 나오는 것으로 조금 인용하면 "象曰 明出地上 晉. 君子以自昭明德." 즉 상전에 밝음이 땅 위로 나오는 것이 진(晉)이다. 군자(君子)는 이를 보고 스스로 밝은 덕(德)을 밝힌다. 상전에 밝음이 땅 위로 나오는 것이 진(晉)이다(明出地上 晉)라고 했는데 진괘(晉卦)의 상괘(上卦)인 이괘(離卦)가 광명을 상징하고 하괘인 곤괘(坤卦)가 땅을 상징하기 때문이다. 태양이 지상에서 떠오르는 것이 바로 진괘의 상(象)이다. 군자(君子)는 이러한 괘상을 보고 진괘의 도(道)에 근거해서 자소명덕(自昭明德)이라 하는데 '자소명덕' 이란 스스로 밝은 덕을 밝히는 것이다. 다시 말하면 총명한 덕이며 사람과 마음에 본디 가지고 있는 흐리지 않은 덕성이라 하였다. 또 밝고 인도에 맞는 행동이며 사람의 마음에 있는 맑은 본성이라 하였다.

밝은 명덕(明德)을 밝히는 경지(境地)에 이르는 방법을 『대학(大學)』에서는 이렇게 설명하고 있다. 옛적에 밝은 덕(德)이 천하(天下)에 밝히고자 하는 이는 먼저 그 가정을 가지런히 하며, 그 집을 가지런히 하고자 하는 이는 먼저 그 자신을 닦고, 자신을 닦고자 하는 이는 먼저 그 마음을 바르게 하며, 그 마음을 바르게 하고자 하는 이는 먼저 그 뜻을 성실하게 하고, 그 뜻을 성실하게 하고자 하는 이는 먼저 그 앎을 지극히 해야 하니, 앎을 지극히 하는 것은 사물(事物)의 이치(理致)를 끝까지 파고듦에 있기 때문이다. 다시 말해 격물(格物), 치지(致知), 성의(誠意), 정심(正心), 수신(修身), 제가(齊家), 치국(治國), 평천하(平天下)의 여덟 가지 조목(條目)을 통해서만 실현할 수 있다는 것이다.

유가(儒家)에서는 이 여덟 가지 조목(條目)을 순서대로 행해야만 비로소 밝은 덕을 천하에 밝히고(明明德於天下) 이로 말미암아 마침내 천하를 평화롭게 할 수 있다(平天下)라고 여겼다.

주자는 명덕을 '인간이 본래 갖추고 있는 성(性)' 이라고 하였다. 그는 또 다음과 같이 말하고 있다.

"명덕이란 사람이 하늘로부터 받은 것이다. 그래서 허(虛)하고 영(靈)하며 항시 빛난다. 중리(衆理)를 갖추고 있으며 만사에 합당하게 적용하는 덕이다. 단지 기품에 구애가 되고 욕망에 가려지면 때로는 어두워진다고 한다. 그러나 그 본체는 항시 빛나고 있어 한시도 쉬는 일이 없다. 그러므로 배우는 자들이 때 묻지 않게 하고 늘 밝게 닦아서 원래 하늘에서 타고난 대로 유지하는 것이다.(明德者 人之所得乎天 而虛靈不昧 以具衆理而應萬事者也 但爲氣稟所拘 人欲所蔽 則有時而昏 然其本體之明 則有未嘗息者 故學者當因其所發 而遂明之 以復其初也)"

다시 말하면 명명덕이란, 양심을 계발하고 덕성을 함양하는 일을 말하는 것이다. 바꿔 말하면 도덕적 지·정·의를 닦는 일이다.

대학 때 친구가 선물로 준 족자에 이러한 심오한 뜻을 담고 있는지 잘 모르다가 이번 기회에 글을 쓰면서 조금이나마 알게 되었고 주어진 여건에서 최선을 다하고 생활하라는 의미로 이해하면서 삶이 주어진 때까지 열심히 생활하련다.

이명주

■

마흔이 시작될 때, 나는

내가 살던 곳은 외서면이었다. 상주시청에서 내가 살았던 우산 동네까지가 45리다. 하늘만 빠끔 보이는 산골 동네에 하루에 한 번씩 버스가 들어왔다. 그 버스는 우리 집 앞을 지나서 더 깊은 산골인 은척으로 들어갔다. 우리 동네에서 은척까지는 시오 리쯤 된다. 저녁에 은척으로 들어간 버스는 그곳에서 하룻밤을 자고 아침이면 어김없이 우리 집 앞을 지나 상주읍으로 나갔다.

그 버스는 상주여중으로 시험을 보러 가는 길이 되어 주었다. 큰 세상으로 나아가는 첫 발걸음이었다. 경쟁 사회로 진입하는 입시를 통과해 상주에서 자취를 시작했다. 자취방과 학교를 오가며 평일을 보내고 토요일 오후에는 집으로 들어가는 버스를 탔다. 버스에서 만나는 사람들의 까매진 얼굴, 왁자한 사투리는 가난으로 찌든 초라함으로 다가왔다. 이곳을 벗어나기 위해서는 공부를 계속할 수밖에 없다고 생각했다. 명실상부한 도회지 사람이 되어 내 출신 성분에서 멀어지고 싶었다. 사춘기 시절 그때는 그랬다.

그런데 어찌하다 난 시골에서 결혼 생활을 시작했다. 내가 꿈꾸던 인생하고는 자꾸 멀어졌다. 육체적인 노동의 시간이 끝나면 내게 남겨진 건 뭐가 있을까를 생각하니 막연한 두려움이 생기기 시작했다. 오래 갈등하다 보니 점차 이곳에서의 삶에 익숙해졌다. 출신 성분을 속일 수는 없었다. 처음부터 난 시골 사람이었다. 그러나 그냥 이대로 살 수는 없다는 생각이 되살아났다. 어린 시절의 꿈 저편, 예전의 버스 속의 다짐을 떠올렸다. 내 꿈만 싣고 떠나 버린 그 버스를 생각했다.

이곳에서 가능한 다른 꿈을 꾸기로 마음을 바꾸었다. 내가 살고 있는 곳에서 가까운 곳을 탐색하기 시작했다. 나는 책 읽는 것을 좋아했으니 '문학' 이라는 데 이끌렸다. 협성대학교에서 평생 학습 차원에서 진행하는 문학반에 들어갔다. 화성시에 소재하는 협성대는 자동차로 30분이면 닿을 수 있었다. 가슴 두근거리며 참여한 첫 강의실에서 시인 최문자 교수님의 강의를 수강했다. 나이 예순에도 연애를 할 수 있는 사람이어야 글을 쓸 수 있다는 말이 아주 매력적으로 들렸다.

예순에 연애? 그게 뭐가 어렵다는 것인가. 그 쉬운 것 때문에 글을 못 쓸 일은 없을 것 같았다. 박계형의 인기 소설 『머무르고 싶었던 순간들』을 시작으로 한때 유행한 연애소설에 통달해 있었다. 연애학은 식은 죽 먹기라고 혼자 웃어 버렸다. 최 교수님이 말하는 시험대를 나는 아주 쉽게 내 마음대로 통과했다. 그때가 마흔이 시작될 무렵이었다. 강의 시간의 첫 습작은 '내 인생에서 가장 힘들었던 순간' 에 대한 글쓰기였다. 초등학교 시절 구구단 암기 수업 때처럼, 한 문장이라도 시작한 사람만이 집으로 갈 수 있었다. '그해 겨울날' 이라는 글제를 정하고 집으로 돌아와 밤새 글을 만들었다. 서둘러 갔지만 지각을 하는 바람에 숙제로 낸 글에 대한 칭찬을 듣지 못하고 말았다. 교수님이 방금 내 글을 칭찬했다는 말을 옆자리에 앉은 도반에게서 들었을 뿐이었다. 첫 수업에 수필의 형식을 빌려서 만든 그 글이 나중에 등단작이 되었다.

꿈을 실현하기 위해서 뛰는 걸음은 버거웠다. 남편과 시작한 목장 일은 만만하지 않았다. 신새벽에 일어나 목장 일을 끝내고서야 수업에 참여하는 일은 쉽지 않았다. 나는 일주일에 한 번 있는 수업에 밥 먹듯이 지각을 했다. 그래도 결석은 하지 않았다. 글을 쓰고자 작정한 사람은 결혼을 하지 않는 게 옳다는 이야기를 자주 하셨다. 그 말이 맞는 이야기이지만 그런 재능을 뛰어나게 타고난 사람에게만 해당이 될 말이다.

그리고 어느 날은 시 한 편을 만들어서 교수님께 보여 드리면서 이것이 시가 될 수 있는지 조심스럽게 물어보았다. 《전원생활》이라는 잡지에 내면 딱 좋은 시라고 얼른 잡지사에 연락을 해 보라는 것이다. 아마도 벌써 이번 달 마감이 되었을 수도 있겠다고 했다. 《전원생활》을 받아 보고 있었기 때문에 연락을 곧바로 할 수 있었다. 담당자의 말도 교수님과 똑같았다. 이번 달의 시는 마감이 되었지만 그래도 서둘러 보내 달라는 것이었다. 그리고 며칠 후에 답이 왔다. 즉시 사진과 원고료를 받을 통장 사본을 함께 보내달라고 했다. 시를 써서 받은 첫 원고료이자 마지막 원고료였다. 나는 시를 쓰는 사람으로 살지 못했고 수필로 방향을 정하고 살아온 것이다. 그 달, 내가 살던 고향을 닮은 시 한 편과 마흔의 내 얼굴 사진이 실린 《전원생활》이 우편으로 왔다.

며칠 후에 나는 비봉농협서 출금전표를 작성하고 있었다. 안면이 있는 아저씨가 어깨 너머로 무심하게 보면서 한마디를 거든다. “아니, 어쩌면 글씨를 그렇게 잘 써요?” 아저씨의 말을 받아서 ‘그런가요?’ 정도로 답했다. 그 말은 시골 좁은 농협 사무실에 다 들렸던 것 같았다. 그 말의 진동으로 결국은 조합장의 시선을 받게 되었다. 조합장님이《전원생활》에 시가 실렸다고 놀라워하면서 축하를 건넸다. 아직은 비봉면에 시를 쓰는 여자가 있다는 것이 생소했을 것이다. 그 특별함에 경의를 표하는 직원들이 업무를 멈추고 모두 일어서서 나에게 응원의 시선을 보내 주었다. 이렇게까지 축하를 받게 된 뜻밖의 행운에 어찌할 줄 모르고 쩔쩔매고 있었다. 소심한 나는 지금까지도 그 응원에 감사하다는 말을 제대로 하지도 못했다.

외과의사 이국종 박사가 세상살이에 힘들어하는 MZ세대에게 건네는 말을 유튜브 방송에서 듣게 되었다. 인생의 99%가 비극이지만 우리가 사는 목적은, 가끔 오는 즐거움이나 행복이나 그런 것을 보면서 죽을힘을 다해 버티는 것이라고 했다. 그러다 보면 인생에서 남는 것이 분명 있을 거라고 했다. 나를 좋아하고 지지해 주는 친구가 세상 저쪽에서 나를 위해 피투성이 싸움을 벌일지도 모르는 일이라고 했다. 나머지 1%의 빛을 보면서 희망을 가지라는 응원을 들으면서 나는 생각했다. 이국종 교수가 개인으로 겪었을 고독과 고통이 고스란히 내게 전해졌다. 누구의 인생이든 한생을 살아오면서 그 힘들었을 생을 통쳐서 99%의 비극에 견주어서 응원했을 것이다. 좀은 과장된 표현이었지만 전달 효과는 충분했다. 지금 생각해 보면 글 쓰는 일이 대단한 일은 아닐지라도 나는 그 1%의 빛이었다 싶다.

내 의지로 선택한 수필의 길은 사람이 걸어가야 할 정도의 길을 안내해 주었다. 수필의 길을 걸으면서 읽은 책들은 삶의 이정표가 되어 주었다. 수필을 쓰면서 살아온 시간은 모범적인 시민으로 살아갈 수 있는 소양을 가진 사람으로 만들어 주었다. 글을 쓰면서 부단히 성찰하는 시간이 되었다. 삶이 경건해져서 함부로 살 수가 없었다. 일회적인 삶에 게으름이 용납되지 않았다. 무엇보다 긍정의 힘을 갖게 되었다. 같은 길을 가는 사람의 글을 읽으면서 얻는 연대감도 나를 성장시켰다. 문학은 글을 쓰는 사람들이 생산하고 글을 쓰는 사람들이 결국 소비를 한다는 생각이 들었다. 가능하다면 함께 살아가는 공동체의 삶에도 선한 영향을 주는 수필인의 삶을 살고 싶은 것이다.

이범욱

■

자신과의 싸움

천지 창조가 되며 지구상에 생명력이 있는 유기체가 나타나기 시작했다. 바다에는 물이 차며 어패류가, 지상에는 식물이 솟아오르고 동물이 출현했다. 종의 기원이 되어 마지막으로 만물의 영장이라는 인간을 등장시켜 주인 노릇을 하고 있다. 태초 이래 오늘날까지 인류는 한시적인 생명체로 다투며 싸워 온 전쟁의 역사다. 신화 시대를 거쳐 종교가 태동되었지만 다시 자기네끼리 갈라져 맞서며, 중세의 십자군 파병 이래 지금까지 이어지고 있는 종교전의 지속이다. 근세 들어 유물사관으로 뿌리내린 공산주의 이론은 실체와 현상이 다른 사상전으로 이제는 시들어 가고 있는 이데올로기다. 그래도 이 모든 것들이 유명세를 떨쳤던 우리 조상들의 머릿속에서 나온 산물이다.

태고의 원시 시절엔 먹고살기 위한 생존 경쟁의 싸움이었다. 비, 바람, 눈 등의 자연재해를 막기 위한 자연과의 싸움이다. 적이나 야생 짐승으로부터의 침투를 막기 위한 방어가 우선이었으나 지진이 나고 화산이 폭발하면 끝장이다. 누구를 원망할 수도 없는 운명적 천재지변으로 하늘의 탓으로 돌렸다. 지금은 이를 막기 위한 방재 대책이 향상되었다고 하지만 그 재해는 어느 누구에게도 책임을 지울 수 없는 불가항력이다. 인간이라는 탈을 쓴 사람들이 문제다. 가까이는 혈연, 지연, 학연에 넓게는 인종, 종교, 이념과 사상에 얽힌 투쟁과 전쟁을 되풀이하고 있다. 이제는 자연환경에 생태계까지 파괴하며 끝장으로 가고 있는 지구다.

인간의 육신은 몸과 마음으로 이루어진 생명체로 생각하며 움직이는 동물이다. 오감이라는 감각을 통해 모든 사고는 머리의 뇌로 전달되어 다시 중추신경을 통해 신체로 행동 명령이 내려진다. 입에서는 말이 나오고 손과 발은 실행에 옮기는 일꾼이다. '말보다는 글, 글보다는 행동이 아름다워' 야 하는데 말이 앞서가고 있다. 짝퉁에 가짜(Fake)가 판을 치는 세상이 되어 가며 매사의 정도가 무시되어 도덕마저도 허구로 전락되고 있다. 4차 산업 혁명의 산물인 인공지능에 딥페이크(Deepfake)까지 등장하며 젊은 청년층과 미래 세대에 충격을 주고 있다. 지나친 권력에의 의지, 명예욕, 황금만능주의가 심화되며 인간 사회의 기초가 되는 가족마저도 악마의 가족이 되어 가고 있다. 인간 본연의 내면적인 문제로 자신의 정신과 육체의 싸움에서 '아닌 것은 아닌 것' 으로 양심이라는 잣대로 물리쳐야 한다. 긍정과 부정의 갈등에서 거짓이 앞서며 크나큰 전쟁으로 돌변하고 있다.

전쟁이라는 것은 이기느냐 지느냐보다 많은 사람들이 희생되고 피해가 발생하는 것이니 그 참상이란 말할 수 없는 비극이다. 지구상에 인류의 출현 후 지금까지 전쟁의 역사다. 근세에 들어 2번에 걸친 세계 대전에 핵 전쟁까지 치르다 보니 더 이상의 전쟁은 지구의 종말이다. 평화를 갈구하며 UN이라는 국제연합도 태동되었지만 인간은 조용하면 가만히 있지 못한다. 동물 싸움이라도 지켜보아야 하는 새디스트다. 평화의 성전을 향한 월드컵에 각종 운동 경기를 집성한 국제 올림픽에 열을 올린다. 올림픽 정신에 입각한 선의에 경쟁을 벌이지만 선수 선발이나 승리를 위해 다투는 데 물불을 가리지 않는다. 공정이라는 스포츠맨십은 뒷전이고 체육회나 감독은 기득권이라는 기존의 가치에 얽매여 물러서지를 않는다. 선수들도 자신의 명예를 위해 일상의 생활에서 보이지 않는 잡음이나 부조리를 남기고 있다.

골프 하면 인위적으로 다듬어진 골프 코스에서 자연적인 난관을 극복하는 것으로 궁극적으로는 자신과의 정신적인 싸움이다. 규칙이나 규정에 엄격하고 가장 신사적이며 혼자서도 플레이를 할 수 있는 운동이다. 최상이 아닌 최저의 스코어를 내기 위해 훌륭한 선수는 장갑을 벗을 때까지 자기와의 싸움에서도 이겨야 하는 레포츠다. 골프는 부유층을 위한 사치성 운동이라고 인식되어 왔지만 이제는 많이 대중화되어 노년기에 최상의 걷는 운동이다. 최근에는 정년 퇴임한 교직자나 군 예비역들과 어울리며 느끼는 골프의 규칙이나 매너에 대한 거부감이다. 다른 운동에서는 움직이는 공을 손과 발로 터치하며 플레이를 하는데, 골프는 정지해 있는 볼을 골프채인 클럽으로 치며 그린 위에 올려 퍼터로 10.8cm의 좁은 홀컵에 넣는 경기다. 볼을 만지거나 터치해서는 안 되는 가장 기본적인 금기 운동이다. 선망의 지성인이라고 하는 이들마저 혹자는 잘 놓여 있는 볼도 건들지 않으면 안 되는 심사다.

20세기 미국 골프의 신성 바비 존스의 지난날 이야기다. 당시 미국과 영국 오픈 및 아마추어 4대 메이저 대회에서 선수권을 독점하며 그랜드 슬램을 달성한 골퍼다. 1925년 US OPEN 최종 라운드에서 1타 차로 우승을 눈앞에 둔 경기 중 어드레스하는 순간 볼이 움직였다. 당시에는 경기 진행용 감지 카메라도 없었다. 감시 요원을 불러 확인했으나 아무도 본 사람 없으니 알아서 하라는 답변이다. 그는 벌점 1타를 스코어 카드에 기록하며 동점이 되어 연장전까지 가 상대방에게 우승을 넘겨주었다. 기자들의 질문에 당연한 일이 아니냐며, 은행에서 강도질을 안 한 것을 칭찬하는 것과 다를 바 없지 않느냐는 답변이다. 그는 조지아 공대 출신의 공학도에 변호사 시험에도 합격하여 변호사를 거쳐 육군 소령으로 2차 대전까지 참전한 위인이다. 돈만 아는 프로로 전향도 하지 않고 아마추어로 활동하며 미국의 오거스타 내셔널 명문 골프 코스를 만들어 매년 4월이면 골프의 성전 마스터 대회가 열린다.

거짓, 가짜, 기만, 불량, 허구, 불법이 난무하는 이 시대에 그의 화두는 "자신에게 철두철미하고 엄격하며 상대방에게는 관대하라."라는 삶의 정신철학이다. 지구촌은 자연생태계의 파괴, 종교와 이념의 갈등, 권력욕, 돈 문제 등 사회가 갈수록 혼탁해지며 자유방임주의로 가고 있다. 가슴속에서 우러나오는 '양심선언이니 고해성사' 까지도 가짜 AI로 변질되어 가고 있는 우리 주변이다. 잠시 머물다 사라지는 현존재에 우리는 어디로 가고 있는지 다시 한 번 짚고 넘어가야 할 우리들의 정신문화다.

이병훈

■

간병과 자연사

할아버지는 96세에 집에서 돌아가셨고 어머니는 80세에 큰아들 집에 오셔서 계시다가 4일 후 아침에 돌아가셨다.

아버지는 90세에 아파트에서 혼자 사시다가 가정부가 한 3일간 식사를 잘 못하시더니 의식이 잃은 것 같다고 전화가 왔다. 급히 가서 대학병원에 입원시키고 오후가 되니 깨어나셨다. 그리고 원장을 부르라고 하셔서 원장이 왔다.

"나는 이제 깨어났으니 퇴원시켜 주시오."

"일주일만 치료받으시면 완전히 회복되실 건데요."

"나는 괜찮으니 퇴원시켜 주시오."

그래서 그다음 날 아침 퇴원시켜서 집에 도착하였다. 집에 오시니 얼마나 좋아하시는지…. 두 주일 후 집에서 돌아가셨다.

내가 나이가 85세가 다 되었는데 아직까지는 건강하다. 내가 만일 중풍에 걸려 반신불수가 되든지 아니면 계단에서 넘어져 팔다리가 부러진다면 급히 입원하여 수술을 받고 치료를 받으면 아마 두 달을 입원하면서 입원비가 2천만 원은 넘을 것이다. 그러면 부인이 80세가 넘어서 매일 간병은 어려울 것이고 아들딸이 있으나 직장에 나가고 자기 살림들을 하기 때문에 매일 간병은 힘들 것이다.

국내 저출산, 고령화가 심화되면 간병 인력 수요가 급증하고 있지만 일선 현장에서는 간병 인력이 부족해 아우성이다. 간병인을 구하여 간병을 하게 되면 하루에 15만 원, 한 달이면 450만 원이 넘고 일 년이면 5천만 원이 넘을 것이니 장기적으로 간병비가 어렵게 될 것이다.

앓는 사람이나 다친 사람의 곁에서 돌보고 시중을 드는 것을 간병이라고 한다. 간병인은 요양보호사와 일정한 교육을 이수한 자가 수행하고 있는데 노령화가 지속될수록 간병인이 더욱 필요하게 된다. 간병비 부담이 커서 환자가 있는 가족들의 부담은 날로 늘어나고 정부의 대책도 나오고 있는 실정이다. 간병인 구하기도 힘들고 외국인 간병인을 쓸 수밖에 없는 경우가 많다.

'아무르' 영화를 보다가 충격을 받았다. 영화는 노인의 질병과 간병, 죽음에 대한 이야기였다. 반신불수 치매가 걸린 아내를 헌신적으로 돌보던 남편이 힘이 들어 서서히 지쳐만 간다. 결국 아내를 베개로 눌러 질식, 사망하게 한다. 선량한 사람들도 오랜 간병을 하다 보면 살인에 이르게 된다는 비극적인 사정에 숙연해지며 사랑의 마지막이 되는 것이다.

여기 우리 사회도 자주 벌어지고 있는 실정이다. 치매 등 중증환자의 돌봄을 가족이 떠 안으면서 가족의 일상이 무너지고 오랜 기간 간병한 보호자가 우울증 환자가 돼 극단 선택을 하는 안타까운 사례가 끊이지 않고 있다. 대구에서 치매를 앓던 80대 아버지를 홀로 돌봐

온 아들이 살해한 뒤 동반 자살을 해 충격을 주었다. 일본에선 오랜 간병에 지쳐 가족의 목숨을 빼앗는 간병 살인이 매주 한 번꼴로 발생한다고 한다.

중증환자가 있을 때에는, 집안에 돌아봐야 할 환자가 있으면 가족끼리 알아서 하는 것 외에 별다른 방도가 없고 누가 돌볼 것인지 간병비는 어떻게 분담해야 할지를 놓고 형제끼리 갈등은 다반사일 것이다.

직장을 그만두고 간병에 매달리는 '간병 퇴직', 혼자 떠맡는 '독박 간병', '노인이 노인을 돌보는 '노노 간병' 도 있다. 개인이 부담하는 간병비 총액이 10조 원으로 추정되고 있지만 우리는 여전히 '가족 간병' 에 갇혀 있다.

누구나 다 늙고 병들게 되어 있다. 닥쳐 올 '간병 문제' 를 고려하면 재원 조달뿐만 아니라 요양병원 입원 증가 등 도덕적·사회적·정치적 해결 문제들이 마련되어야 할 것이다.

93세 네덜란드 전 총리 파나흐트는 2019년 뇌출혈로 쓰러진 후 제대로 회복을 하지 못했고 그 이후 5년여간 부인인 외헤니 여사가 여러 병으로 고통받는 중에도 그와 함께 지내 온 것으로 알려졌다. 그러나 이 두 부부는 집에서 의사와 가족이 지켜보는 가운데 안락사를 시행하였다.

2002년 세계 최초로 의사가 환자에게 약물을 투여하는 방식으로 안락사를 합법화한 나라로 전체 사망의 약 5%가 이에 해당하는 것으로 알려졌다. 누구나 고통스럽더라도 지속적인 삶을 추구할 권리가 있으며 안락사와 조력자 사이 악용될 가능성을 항상 경계해야 하는 것이다.

유럽에서 안락사를 선택하는 이들은 계속 증가하는 추세다. 존엄사에 대한 자기 결정권은 헌법상 보장된 기본권이다.

스위스 땅까지 찾아가지 않더라도 때가 되면 자신의 의지와 선택으로 가족들의 축복과 인사를 받으며 아름답게 생을 마감할 수 있다는 믿음이 오히려 살아갈 힘을 줄 수도 있다.

요즘 들어 웰다잉이나 존엄사, 조력사 등이 활발하게 거론되고 있는 추세이다. 어쩌면 필연적으로 맞닥뜨릴 인간의 죽음과 내세에 대한 올바른 인식이 필요하다고 여겨진다.

회복이 힘들고 고통이 심할 때는 장기적으로 연명 치료가 필요 없이 자연스럽게 자연사할 수 있도록 억압된 제도에서 해방됐으면 좋겠다는 생각이 든다.

이상우

추억으로 가는 길목

세상에는 역사가 있고 나에게는 추억이 있다. 추억은 머릿속에 있다. 머릿속에 있는 추억이 어떤 계기를 시점으로 떠오른다. 좋으나 싫으나 추억은 마음을 애잔하게 한다.

겨울 준비로 아파트 외벽을 새롭게 단장하기 위하여 베란다에 있는 책들을 치워야 했다. 옮기는 것이 아니라 치운다는 것은 버려야 한다는 말이다.

책을 버리기 위해서 우선 세 부류로 나누었다. 하나는 문인들로부터 받은 책인데 책 겉표지 다음에 서명한 책들로 귀하고 귀중하다. 그렇지만 그냥 버리기가 아쉽고 예의가 아닐 것 같아서 작은 도서관에 보내기로 하였다. 또 하나는 고서로서 가치가 있는 책들은 평소 헌책을 샀던 단골 책방으로 보내게 되었다. 세 번째는 폐지로 고물상에 판매하는 것으로 마음에 전혀 들지 않는 방법이다. 대충 고물상에 폐지로 보낸 책들이 3톤이 넘는다. 1960년대부터 40여 년 구매한 책들이 거의 만 권이나 된다. 문인으로 등단하여 문인들이 보내온 책들을 빼고도 그렇다.

책 다음으로 잡다한 물품들이 있다. 매일 쓰는 일기장, 직장에서 사용하던 업무일지, 교회에서 사용하던 행사용품, 친목 모임에서 임원으로 일했던 흔적, 문인이 되어 회장과 임원으로 활동한 서류들, 가정에서 애경사 시 기록한 서류 등도 무시할 수 없다.

그중에서도 가장 중요했던 사건 중에는 1997년 10월 《문예사조》에 수필로 등단하여 《국민일보》와 지방 신문에 보도됨으로써 축하의 전화를 받았던 기록들, 그 뒤 6년이 지난 2003년 발간한 처녀작 『자동차 시대에서 휴대폰 시대까지』가 있다.

수필 등단작 〈자동차 시대〉는 1997년 7월 15일 우리나라 자동차 등록 대수가 1천만 대를 넘었다는 뉴스를 듣고 쓴 작품이다. 그리고 〈휴대폰 시대〉는 새천년 준비를 위한 Y2K는 컴퓨터 시대를 대비하는 초대형 국가 행사였는데 그로 인하여 휴대폰의 급속한 발전이 예상되어 쓴 작품이다. 이 책의 발간에는 글을 쓰도록 자리를 펴 주신 윤갑철 실장, 문단의 길을 열어 주시고 추천의 글을 써 주신 이기반 교수, 해설을 꼼꼼하게 집필해 주신 현길언 교수 모두가 그립다고 썼다. 두 분은 만날 수 없는 먼 길을 가셨기에 잊고 살았던 긴 세월이 더욱더 송구스럽다.

처녀작을 상재하고 출판기념회를 열었다. 전북문인협회, 전북수필문학회, 경찰문인협회 회장들의 축사를 들춰 보니 감회가 새롭다. 축하객으로 동명교회에서 권윤도 담임목사님과 교인들, 전북지방경찰청 직장에서 상사와 직원들, 전북기독실업인회 등 친목 단체에서 회장과 회원들, 어머니와 형제와 자녀들… 모두가 하나같이 귀중한 손님들이라서 20년이 지나서 보니 감개무량하다.

버려야 할 물품 중에는 책 발간에 사용한 참고문헌, 책 발간을 위한 준비물, 각종 행사에 사용한 유인물, 기고한 글이 실리거나 행사 기사를 보도한 신문 등 중요하지 않은 것이 하나도 없다.

집을 정리하는데 어찌 내 물건만 있겠는가. 아내의 물건도 만만치 않다. 그중에서도 보도블럭처럼 아주 작아 예쁘기만 한 칼도마를 '버리자' 했더니 처음 살림 시작해서 산 물건이란다. 베란다 선반 위에 불편하게 올려져 있는 신문지 절반 크기만 한 밥상은 "어떻게 할까요?" 했더니, 시집에서 나올 때 시어머니가 주신 상이라며 망설인다. 그뿐 아니다. 부엌에서 연탄재를 쓸어 모을 때 사용하는 함석 쓰레받기는 혹시 쓸 때가 있을지 모른다며 폐기처분을 극구 반대한다. 그러면서 나에게 "이 많은 책을 어느 세월에 다 읽겠어요. 이제는 다 버려야 해요." 한다.

손때가 묻은 물건은 미운 정 고운 정이 들기 마련이다. 그래서 쓰레기 같은 물건도 버리지 못한다. 이생에서 사용한 물건도 이생에서 버리지 못하는데, 그렇다면 저세상으로 가는 길목에서는 실오라기 하나 먼지 하나 가져갈 수 없어서 내려놓아야 한다니 서운한 마음이다. 이 서운함을 위로하고 추구해야 할 피치 못할 인생이라면, 이생에만 있는 추억이 얼마나 소중한지 이제 알 것 같다. 최후의 순간에 맞이할 값진 추억이여!

이숙진

■

자색(紫色)

자색은 청색과 적색의 혼합에서 생기는 색이다. 사전적 해석은 '자줏빛' 이지만 자주색과는 조금 다르다. 흔히 바이올렛(violet)이나 제비꽃을 자색이라고 하는 걸 보면 애오라지 보랏빛에 더 가깝다. 자색은 어두운 청색에 가까운 자색과 짙고 선명한 적색이 있다. 밝은색일수록 우아하고 여성스럽다. 어두운 톤에 가까워질수록 차분하며 격조 높은 이미지가 깔밋하다. 푸른빛이 많은 자색은 고급스럽고 붉은빛이 많은 자색은 요염하고 매력적이다.

그리스와 로마에서는 3000년에 걸쳐 강력하고 부유한 계급의 복색으로 사용되었다고 한다. 카이사르나 아우구스투스는 황제 이외에 자색을 착용하는 것을 금했다고도 한다. 오늘 이프랜드(ifland)에 런던 핵심 랜드마크 길잡이도 영국에서 보라색은 제왕이 쓰는 색이란다. 레바논이나 시리아 지방의 뿔소라 점액을 햇볕과 산화 작용을 일으킨 염료가 보라색의 원조라고 하니, 그 희소가치 때문이기도 했으리라.

생량머리에 드는 건들마로 풀쐐기처럼 목덜미를 쏘아대던 햇살이 잦아들 즈음이면 소나무 그늘에서 도토리 키 재기 하던 맥문동이 소리 없는 합창으로 기지개를 켠다. 소나무가 그림자를 토해 내면 자색과 엇비슷한 꽃대가 보랏빛을 토해 내며 곤댓짓해댄다. 보랏빛 수련과 나팔꽃은 아침에 피었다가 슴벅슴벅 아장거리다 해넘이가 되면 쭈그렁 밤송이 신세다. 비비 틀면서 핀다는 비비추꽃과 습기가 자박자박 있는 곳에 자라나는 물봉숭아도 보랏빛이다.

일전 단양 여행에서 무리 지어 핀 연보라, 진보라, 뒤엉킨 라벤더꽃색은 향기롭고 달콤했다. 방앗간 체에서 가루 날리듯 바람 따라 흔들리는 싸리꽃을 눈에 담고 온 가을날은, 모데라토 리듬으로 콧노래를 흥얼거리니 산모롱이 돌아눕는 햇살도 보랏빛 꿈에 젖는다. 가을꽃은 암수가 한 몸에 있는 것이 많다. 그중에서도 아스라함이 있는 보라색 꽃이 많은 까닭은 요란한 색깔로 나비를 유혹하지 않아도 되는 까닭일까. 아니면 무지갯빛 가운데 파장이 가장 짧은 보라의 앙짜일까.

이즈음에는 인터넷 쇼핑몰을 기웃거리며 소가 뜸베질하듯 참살이 식품을 찾아 흘근번쩍하게 된다. 천성이 게으른 나로서는 어차피 고자누룩이 되고 말 일이지만, 세월의 회초리 앞에서 뒤늦게 건강 정보에 안테나를 곧추세운다. 그중에서도 안토시아닌이 듬뿍 들어 있어 콜레스테롤을 감소시킨다는 자색 양파와 항산화 작용해 준다는 자색 고구마와 감자가 관심을 끈다. 보랏빛 세 가지를 주문했더니 여느 장정 주먹만 한 실한 것들이 배송되었다. 양파는 가장자리는 자색이고 속으로 들어갈수록 흰빛이 선명하니 나비잠을 자는 아이처럼 신비스럽고, 해바라기하는 옥양목보다 더 눈부시다.

맛으로 느껴도 맵지도 않고 들큼하면서 알싸하다. 쌈장에 쿡 찍는 순간 담숙하여 누가 딴죽이라도 걸라치면 옷고름도 못 여민 채 퉁바리가 나올 만하다. 감자는 껍질을 까면 노란 속살이 일반 감자보다 훨씬 깊은 맛을 낸다. 이 자색 양파와 감자를 섞어서 볶으면 그 색감의 조화로움은 말로 표현할 길이 없다. 겉 볼 안이라고 속으로 들어갈수록 흰빛이 깨끗하고 깊은 맛이 나는 양파 같은 사람이라면, 누구에게나 환영받지 않을까.

보랏빛과 흰빛의 대비는 새뜻하다. 내가 즐겨 입는 옷의 배색이어서 더 익숙하다. 올가을 패션은 퍼플과 화이트의 앙상블을 구현할 듯이 아름답다. 이런저런 이유로 한복 저고리도 자색으로 해 입었고 자색 코트와 자색 원피스도 즐겨 입는다. 멋있다는 부러움을 분에 넘치게 받았다. 그런 날은 기분이 좋아 자색이 살굿빛 착시를 가져올 만큼 따뜻해진다. 자색이 가장 개인적인 색이며 자유분방하고 약간은 허영이 깃든 색이기도 하지만, 자색은 우리의 삶에 매혹적으로 파고든다.

이승철

■

함양 산천 조리(笊籬) 장사

노래는 부르는 재미와 듣는 즐거움이 있어야 한다.

민요는 민중 생활의 감정을 반영시키는 노래다. 곡에 따라 부르면 음악이 되고 가사가 있으니 문학이다. 부를 때 손발이 움직이니 무용과도 관계가 있다. 이러한 노래는 자연 발생적으로 전해 오면서 우리 생활 깊숙이 파고들어 희비애락을 같이 해 왔다. 소박하기 때문에 민중의 감정을 진솔하게 나타낼 수 있고 악기나 곡에는 구애되지 않고 쉽게 부를 수 있다.

24년간 남해안 지역의 민요를 조사, 연구하여 『거제도 민요집』을 냈다. 같은 지역의 노래라 할지라도 가창자에 따라서 가사나 곡이 조금씩 다르고 지역마다 향토색이 짙은 생활의 배경을 알 수 있다. 노래에 얽힌 사연들이 역사가 되고, 정치가 되고, 문학이 되고 예술이 된다. 모든 문화가 함축되어 있는 것이 민요다. 그래서 나는 민요를 좋아한다.

'함양 산천 조리 장사' 란 노래가 있다. 이 노래의 애절함과 사연이 너무 좋아서 외로울 때는 이 노래를 부른다.

지리산에서 나는 산죽(山竹)의 대오리로 조리(笊籬)를 만들어 파는 홀아비 영감이 함양에 살고 있었다. 그 영감이 거제까지 조리 장사에 나섰는데, 고기 잡고 사는 어촌이라 조리가 팔리지 않았다. 되돌아가는 길에 산 고개를 넘게 되었다. 가을 산이 무척 아름다웠다.

산마루에 외딴 집이 있었다. 그곳에서 하룻밤 쉬어 가기를 청했다. 젊은 부부가 나와서 어렵다는 표정을 짓는다. 조리 짐을 지고 하루 종일 다녀서 기진맥진한 조리 장사는 밤이슬을 피할 수 있는 처마 밑에라도 하룻밤 지내기를 바랐다. 딱한 길손을 어떻게 하면 좋을지 부부는 의논을 했다.

"혼자 계시는 어머님과 말동무나 하면서 하룻밤 쉬어 가게 하는 것이 어떻겠소?"

"좋은 생각이요. 어머니는 이곳에서 한평생 홀로 지내시니 얼마나 외롭겠소."

부부는 어머니가 있는 작은 방으로 들어갔다.

"어머니, 함양 산천에 사는 조리 장사가 하룻밤 재워 달라고 하는데 방이 없으니 어머니와 말동무나 하고 하룻밤 지내시는 것이 어떨는지요? 함양 산천 이야기나 듣고…."

"남녀가 유별하다 해도 늙은 사람끼리 어떻겠나. 좋을 대로 해라."

외롭게 지내던 노파는 하룻밤 말동무가 생겨, 아들 며느리가 기특했다.

두 노인의 저녁 밥상에 씨암탉과 술이 차려진 성찬이 올랐다. 맛있는 음식에 술을 몇 잔 마신 조리 장사는 피곤하여 비스듬히 누운 채 잠이 들었다. 노파는 함양 산천이 어떤 곳인가 이야기해 주기를 바랐는데, 밥만 먹고 자는 조리 장사가 미웠다. '윙윙' 물레질을 하며 잠을 깨우려 했으나 하루 종일 다녀 피곤했던지 물레질 소리가 오히려 자장가로 들려 코를 골며 깊은 잠에 빠졌다. 기다리다 지친 노파도 웅크린 채 잠이 들었다. 한숨 자고 일어나 보니 물레 앞에 웅크려 자고 있는 노파가 죽은 부인을 닮았다. 중천에 뜬 보름달이 창 너머로 흘러와서 얼굴을 아름답게 비추고 있다. 부인 생각이 간절했다. 노파를 끌어안았다. 달빛도 부끄러운 듯 서산에 숨어 버린다.

해가 동산에 떴을 때 일어났다. 노파는 평화스런 얼굴로 자고 있다. 지난밤 일이 꿈같다. 부끄러운 생각이 든다. '노파가 일어나기 전에 얼른 이곳을 빠져 나가야지.' 하는 생각으로 문 앞에 놓아둔 조리 짐을 지는 순간 등 뒤에서 조리 짐을 잡는다.

"하룻밤을 자도 만리장성을 쌓는데, 왜 말도 없이 달아나려고 하오. 가더라도 어디 사는 누군지 알려 줘야 찾아가지. 이럴 수가 있소. 이제 가면 언제 올끼요?"

노파는 조리 짐을 잡고 놓으려 하지 않는다. 이 집 아들 며느리가 알면 어쩔꼬. 미안하고 부끄러운 생각이 들었다. 어떻게 하더라도 찰거머리 같은 이 할망구를 떼 버려야겠는데 신통한 생각이 나지 않는다. 그 순간 앞산을 쳐다보니 큰 소나무가 하나 보인다.

"오긴 언제 와. 저 소나무가 붉어지면 오지. 내 사는 곳은 함양 산천이다."

그 소리를 들은 노파는 짐을 놓아 준다.

조리 장사가 하룻밤 자고 간 후부터 노파는 얼굴에 화색이 돌고 안 부르던 노래를 부르며 즐거워한다.

함양 산천 조리 장사 언제나 되면 오실란가.

앞산에선 저 소나무 붉어지면 오실란가.
높으나 높은 상상봉이 바다가 되면 오실란가.
함양 산천 조리 장사 언제나 되면 오실란가.

노파는 조리 장사가 다녀간 후 이 노래를 부르며 즐거워한다. 앞산에 소나무가 붉어지면 조리 장사를 만날 수 있다는 희망을 갖고 있는 어머니의 마음을 편안하게 해 드리기 위해 밤중에 뜨거운 물을 소나무에 뿌렸다. 소나무가 말라 붉어지자 노파는 함양 산천 조리 장사를 만나러 가자며 조른다. 가마를 만들어 앞에는 아들이 메고 뒤에는 며느리가 메고 이름도 성도 모르는 함양 산천 조리 장사를 찾아 길을 떠났다.

며칠을 걸어서 지리산 밑 함양 고을에 도착했다. 어느 곳에 사는 누군지 찾을 길이 막막했다. 여러 날 찾아다닌 이들 부부는 지쳤다. 개울가 넓은 잔디밭에 가마를 내려놓고 잠깐 쉬고 있었다.

이때가 늦은 봄이다. 지리산은 초록빛 옷으로 단장하고 온갖 꽃들이 만발하여 벌, 나비가 춤을 춘다. 따사로운 햇빛 속에 아지랑이가 가물거리고 시냇물 소리가 졸졸 정겹게 들리는 아름다운 산천이다.

옆에 있는 큰 묘가 갑자기 갈라지면서 오색 무지개가 피어나고 그 속에서 함양 산천 조리 장사가 나오더니

"이 할망구야, 네가 당신 올 줄 알고 기다렸다."

하면서 노파를 안고 묘 속으로 사라졌다. 아들과 며느리는 빈 가마를 메고 집으로 돌아왔다.

얼마나 그리워했으면 죽은 혼이 살아나서 할멈을 데리고 갔을까? 그 많은 민요 중에서 이 노래를 좋아한 것은 젊은 부부의 효도와 인정이 있고, 하룻밤을 자도 천생연분이 되는 애틋한 사랑이 있는 노래

이기 때문이다.

민요를 조사하고 다닐 때 나는 조강지처와 사별했다. 아들딸들은 일 층에 살고 나는 삼 층에서 혼자 지냈다. 날 버리고 먼저 간 아내가 야속했다. 언제 다시 만날 수 있을까 하는 생각에 그리움뿐이었다. 그리움은 눈물이 되어 소리 없이 흘렀다.

이 노래는 외로울 때 먼저 간 아내를 그리워하며 부른다. 달빛 고요한 밤과 낙엽 지는 가을은 더 애절한 음감(音感)을 남기며 마음을 울리는 노래다.

이외율

■

모란을 보노라면

우리 아파트 앞 아파트 사이에 넓은 정원이 있다. 석류나무에서부터 목련, 동백, 모란, 영산홍 등 꽃나무들이 여기저기 심어져 있다. 2월에 접어들면 동백꽃부터 피기 시작하여 목련, 모란, 영산홍 순으로 이어져 가을이 될 때까지 제법 장관을 이룬다.

나는 그중에서도 5월달을 제일 좋아한다. 5월은 계절의 여왕이기 때문이 아니라 모란이 피기 때문이다. 3월에 하얗게 꽃망울을 터뜨리는 목련은 마치 축복의 촛불 속에 흘러나오는 오케스트라의 교향악처럼 아름답지만, 피자마자 흰옷을 입고 흙탕물에 넘어진 채 옷고름을 풀어헤친 주정뱅이처럼 낙화의 슬픔을 감추지 못하고 결국 추한 몰골을 드러내 별로 좋아하지 않는다.

지친 새는 가시나무에도 앉지만 상서로운 새는 나무를 가려서 앉는 것과 같이, 아름다운 꽃은 가장 좋은 달을 가려서 피듯이 군자의 기품을 지닌 모란은 계절의 한복판인 5월에 풍수명당을 택하여 핀다. 그러나 가인박명이라 모란은 너무 빨리 져 버리는 것이 옥의 티다. 화무십일홍이지만 모란은 열흘도 채 피지 못하고 진다. 물론 생활의 양보다 삶의 질이 더 중요한 것은 말할 나위도 없다. 천수를 다하고 백년을 해로한다 하여 그것이 곧 행복하다고 할 수 없듯이 하루를 살아도 진솔하게 살았다면 그것이 참된 삶이 아니겠는가.

경남신문사에서 개최한 그림 전시회에 나가 보니 한국화다 서양화다 해서 많이 진열되어 있었다. 그중에서 전시된 통로 귀퉁이에 '십장생도'가 걸려 있는 게 눈에 쏙 들어왔다. 낙락장송이며 학의 고귀한 자태가 탈속의 역(域)에서 득도(得道)의 빛을 얻는 듯한 느낌을 주기 때문이다.

그것은 소나무의 푸르름 같은 장생의 오랜 삶 속에서 얻어지는 암시가 아니라 장생들의 고결에서 얻어지는 신비 때문이다. 같은 식물이라도 솔이나 불로초에 비해 모란의 생애는 너무 짧지만 그것이 무슨 대수이랴.

모든 꽃들은 필 때는 그 자태가 청순하고 아름답다. 그래서 사람들은 여자가 가장 예쁜 때를 꽃다운 나이라 하며 꽃에 비유한다. 모란은 깨끗이 피는 것처럼 깨끗한 마무리로 자취도 없어져 버린다. 꽃잎이 질 때도 좀 아쉽기는 하지만 슬픔을 감추어 하나도 흐트러짐 없는 그 자부심 또한 숭고하다. 자정(自淨)의 터에 품위를 가꾸어 미련 없이 훌쩍 떠나는, 그래서 다시 먼 후일을 기약하는 다감한 모란은, 그 꽃잎의 넓이만큼이나 넓은 도량으로 계절을 이해하는 군자의 의연한 기풍을 지녔다고나 할까.

원산지가 중국이라 그런지 그 화품(花品)이 대륙적이고 피는 모습도 우람한 데다 떨어지는 모양도 시원스럽다. 또한 모란은 군자의 기풍을 지녀 필 만큼 피었다가 져서는 대자연의 섭리를 따를 줄 아는 여유도 있다. 모란이 처음 알려진 것은 누나라 양제 때부터다. 장자공 땐 호유(豪遊)를 갖게 한 꽃이요, 당나라 현종은 화목(花木)의 요(妖)라 했다.

잠시 피었다 질 모란을 피우기 위해 곡우에 내리고 흰 구름이 두둥실 뜬 어느 한가로운 오후에 제비는 포물선을 긋듯 곡예를 하며 오월 훈풍을 일으킨다. 지극히 운이 나쁜 어느 해에는 빗속 피었다가 바람 속에 지는 것이 모란의 운명이다.

금년 모란은 청명한 날 활짝 피어, 나는 물론 아파트 주민들을 즐겁게 하여 좋다. 너무나 짧은 생을 마감하는 꽃잎이 아쉬워 마당을 쓸듯 집사람은 꽃잎을 주워 든다. 지는 꽃잎의 아쉬움이 넋이 되어 밤마다 피를 토하듯 울어도 그해는 다시 환생할 수 없는 모란을 보노라면 세월의 무성함도 느껴진다.

빨리 지는 꽃이 흠이라면 빨리 지기 때문에 그리워지는 심리로 여백을 메워 본다. 모란은 새로운 핌을 기다리는 사람들의 마음을 유인하듯 동정의 땅에 늘 그렇게 핀다.

아쉬움과 그리움을 아끼는 마음, 친한 벗이 있어 자고 가기를 애원해도, 또 자신이 일숙(一宿)을 하고 싶은 아쉬움이 있어도 될 수 있으면 하룻밤을 묵지 말고 아쉬움을 남긴 채 돌아오라는 글귀를 읽은 기억이 새롭다. 그립다고 그리움을 마냥 뭉개댈 것이 아니라 또 그리울 수 있도록 그리움을 아끼는 것도 지혜이기 때문이다.

오늘 아침 청량산 푸른 숲을 꽃잎으로 안고 활짝 핀 모란의 웃음은 집 안을 시원스럽게 만든다. 오월의 푸른 하늘 아래 피는 담백한 향기가 적이 동양적인데다 빛깔 또한 고전적이어서 나의 마음을 사로잡는다.

모란은 아무런 향기도 없는 듯하나 기실 향기가 없는 것에 진솔한 향기를 느낄 수 있다. 자식에게 다 나눠 주고 빈털터리이면서도 행복해하는 내 부모님의 삶, 그보다 고귀하고 그보다 더 값지며 그보다 보람 있는 생이 어디 있으랴.

모란이 피고 지는 마음의 길목에서 5월만 되면 고인이 되신 부모님이 그립다.

이우재

수필로 보는 고운 정

떠났습니다.

소년의 아리따운 꿈은 아주 아득히 먼 예전 고향 멀리 떠나 있습니다. 그러나 어릴 때 코 흘리며 놀던 그 꿈은 여전히 남아 있습니다.

조그만 풀 향기 그윽한 농촌(農村)에서 맞는 새봄과 공기 탁탁하고 복잡한 도회(都會)에서 맞는 새봄은 느끼는 차이가 많을 것입니다. 그러나 약동하는 봄은 매일반이 아니던가요.

그렇듯 소년이 맞이하는 봄과 죽음을 앞둔 늙은이가 맞는 봄도 그 본질은 같은 것이 아니던가요.

세월은 흐릅니다.

인생은 봄, 여름, 가을, 겨울을 맞고 보내며 나서 자라고 크고 그리고 늙기 마련입니다. 하지만 마음은 언제나 호젓하고 흐뭇한 소년 소녀의 꿈이 가슴속에서 아스라하게 꽃을 피우며 늘 남아 있게 마련입니다.

아무리 많은 나이를 먹는다 하더라도….

여기에 즐거운 학창 시절, 씩씩한 군대 복무, 꿈 많은 교직(敎職) 생활을 통해서 맞는 꽃 피는 봄이면 해마다 겪어야 할 쓰디쓴 이별(離別)의 아쉬움에 외로움을 느낄 때 얼마나 가슴 아픈 일입니까.

문득 떠오릅니다.

헤어졌던 옛 친구들, 만날 길 없는 그리운 사람들, 보고픈 다정한 사람들, 내 곁을 떠난 수많은 사람들, 사람들…. 가슴이 뭉클해집니다. 그리워, 그리워요. 이제 마지막이다 싶은 이 가을이 또다시 돌아오고 있으니….

고운 정 담아 수필 닮은 시 한 수 지어 보아요.

오는 세월 가는 시간 쓰다 남은 허송세월
높은 산 타는 태양 불그레한 너털웃음
가는 빛 따스한 볕도 야들야들 정주다.

쏟아낸 빗방울도 줄기차게 냇물 흘러
짠 더위 몰고 가는 문학공간 적셔 가며
초가을 늦더위 불러 땀방울 씻고 가다.

강원도 아리랑아 넓은 공산 아리랑아
정 주고 마음 사서 쓰다듬어 달래 주며
큰 싸움 남북 전쟁통 한핏줄로 버틸까

이제는 평화 공세 수필 묶음 꼭꼭 싸서
글 쓰는 수필가로 정 주고 마음 묶어

수필로 엮어 내는 빛 문학공간 빛나다.

장하다 수필가님 다정다감 마주 보며
대작의 큰 꿈 펴며 문학공간 짝짝꿍도
참 좋다 한국 문인들 작가 생활 신난다.

오늘을 살아가는 기쁨찬 날 오순도순 속삭여
새 얼굴로 미소 가득 맞대 놓고 수필로 보는
고운 정 몸도 튼튼 살찌다.

붉은레 뽀얗게도 고운 순정 반짝반짝
참기름 반질반질 청춘 얼굴 예뻐 보며
육체미 살살살 올라 방울방울 울리다.

춤추는 하늘땅도 행복 불러 살잔다
신통한 해도 달도 동서남북 돌아보며
수필로 제멋대로 가을 여행 즐겁다.

이장구

■

유기견에 사람의 따뜻한 손길을

비 온 끝에 햇볕이 드니 기분이 상쾌하다. 그것도 잠시, 공기 중의 수증기를 머금은 태양열 때문에 기온이 오르면서 차츰 무덥게 느껴진다. 더위를 식히려면 근처 공원 나무 그늘이 제격이다. 그래서 밖으로 나왔다. 공원 나무 그늘을 찾았다. 그늘 밑에 자리하고 앉으니 서늘한 바람이 불어와 기분이 날아갈 것 같다.

휴일을 맞아 바깥 나들이 나온 사람들로 초만원이다. 강아지를 앞세우고 산책 나온 사람들이 많다. 개줄을 잡고 나온 사람이 대부분이지만, 유모차에 강아지를 싣고 나온 사람, 가슴에 품고 나온 사람도 보인다. 강아지가 너무 사랑스러워 입맞춤을 자주 하는 아가씨도 눈에 띈다. 때로는 안내견에 의지한 맹인도 보인다. 요즈음 애견(愛犬) 인구가 폭발적으로 늘었다. 출산 연령을 넘긴 주부가 늘어난 이유도 있고, 코로나 사태가 장기화되면서 외로움을 달래기 위해서는 강아지만큼 좋은 대상이 없기 때문일 게다. 경제 사정으로 결혼을 기피하고, 혼자 살려는 젊은이가 많은 세상이다. 결혼을 한다 해도 40세를 넘기는 주부가 대부분이어서 슬하에 자식이 없는 경우가 흔하다. 자식을 낳아 키우려면 비용이 수입을 초과하는 경우가 많다.

최근 조사에 의하면 서울시민 10명 중 8명이 '자녀는 경제적 부담' 이라는 대답이 나왔다고 한다. 이 조사 결과는 세계 도시 15곳 중 최하위다. 그뿐이 아니다. 자녀가 '인생의 기쁨이기보다는 부담' 이라는 응답이 높다고 한다.

특히 세계에서 가장 높다고 하는 과다한 교육비는 상상을 초과한다는 얘기다. 그런 이유로 강아지를 집 안에 들이는 경우가 흔하다. 정을 주는 만큼 주인을 잘 따르는 데는 개만큼 좋은 동물이 없는 것 같다. 거리를 걷다 보면 애견센터를 많이 볼 수있다. 진열 박스에 보이는 곱게 단장한 강아지가 몇백만 원을 초과한다는 얘기에 귀를 의심하게 된다. 더욱 놀라운 것은 족보가 뚜렷한 것은 몇천만 원을 호가한다니 부러울 뿐이다. 강아지를 단장하고 병을 치료하는 비용도 만만치 않을 성싶다.

며칠 전 대통령의 애견 소식이 관심을 끈다. 영부인의 배임 계획이 번번이 어긋나면서 우울증 증세가 심해졌다고 한다. 그런데 강아지를 집 안에 들인 후로는 그 증세가 호전되었다는 뉴스다. 이런 좋은 소식이 있는 반면 우울한 뉴스도 심심찮게 들린다. 주인을 잃고 떠돌이 신세가 된 개들이 많다는 얘기다. 유기견의 폭증이다. 효용가치가 떨어진 개를 가차없이 내다 버리는 몰지각한 사람도 있는 모양이다. 경기가 급속히 떨어지고, 비용만 늘어나서 노견(老犬)은 옆에 둘 가치가 없다는 매정한 이유다.

몇 년 전 보도된 빅 뉴스가 새삼 생각난다. 자기를 보살펴 준 주인이 교통 사고로 죽은 현장을 끝까지 지켜 준 충견(忠犬)의 보은(報恩)

소식이다. 동물도 보답을 하는데 만물의 영장이라는 인간이 어떻게 그런 행동을 서슴없이 할 수 있는가. 생각만 해도 가슴이 아파 온다. 주인 찾아 떠도는 유기견(遺棄犬)이 늘어서 걱정이라는 서글픈 소식에 마음이 아프다. 더구나 이들을 보살펴 줄 보호소가 부족하고, 보호사도 태부족이라니 걱정이 앞선다. 사랑했던 처음처럼 끝까지 보살펴 줌으로써 유기견이 생기지 않도록 우리 모두 다짐을 해 보자.

이재봉

■

홀로 우는 풍경

도봉산에 있는 도선사에도 가을빛이 완연하다. 어느새 산과 들에는 가을이 색동옷으로 갈아입고 가을 인사를 한다. 조석으로 제법 찬 기운이 느껴진다. 가을걷이가 끝난 들녘에는 바람만 스치는데 허수아비만 홀로 서서 저녁노을에 취해 있다.

가을바람이 스산한데 대웅전 처마 끝에 풍경은 홀로 울고 있다. 나뭇잎은 가을바람에 나부끼며 여름 내내 키워 온 열매를 아낌없이 중생들에게 나누어 준다.

바람이 풍경을 울리니 풍경은 바람이 싫단다. 명부전 앞 보리수나무도 한 잎 한 잎을 떨어뜨리며 가을의 무심을 읽어 내고 있다. 산사는 적막감에 감도는데 불상은 삼매경에 들었고 처마 끝에 풍경 소리만 뎅그렁뎅그렁 홀로 울고 있다. 밤새워 울면서 산사의 적막을 거들고 있다.

한이 많은 중생들의 마음을 풍경 소리에 담아 천상으로 올려 보낸다. 그것이 풍경 소리다. 풍경의 운명은 참으로 야릇하다. 어제도 그렇게 울었고 오늘도 그렇게 살아야 한다. 풍경으로 태어났으니 그렇게 살아야 하는 운명이다.

풍경은 서럽다. 풍경은 외롭다. 바람이 무섭다. 그래서 요란하게 운다. 비가 오고 눈이 오는 날에는 높은 처마 끝에서 풍경은 무심 삼매경에 든다.

매달 음력 초하룻날이면 산사는 초만원이다. 그러나 풍경은 높은 처마 끝에서 홀로 울지만, 누구 하나 쳐다보지도 않는다. 그러나 풍경은 중생의 고통을 알기에 홀로 운다. 운명치고는 야릇하다. 홀로 우는 그 고독을 누가 알랴. 어쩐지 풍경 소리는 처량하기만 하다.

누가 보아 주든 말든 풍경은 풍경으로 홀로 울어야 한다. 그래도 여름밤에는 두견새가 같이 울어 준다. 두견새 울고 나도 울고 달 밝은 여름밤은 깊어만 간다. 홀로 우는 풍경 소리가 애절하고 여리게 들린다.

가을은 이야기가 많은 계절이다. 보리수나무에 참새가 앉아 기웃기웃 어디로 날아갈까 하고 고심을 하고 있다. 철새도 떠나고 미물들도 가을이 서러워 밤마다 울면서 겨울살이에 바쁘다.

가을은 어쩐지 우울하고 외롭고 깊은 사색에 어디론가 훌쩍 떠나고 싶은 계절이다. 이 좋은 계절에 방에 앉아 있기는 따분하다. 가을은 외로운 계절이다. 무엇인가에 그리워지고 울적해지고 긴긴밤을 사색으로 지새운다.

처마 끝에 매달린 풍경도 그 속에서 가을 노래를 불러야 한다. 스님들이 잠든 야밤에도 풍경은 깨어 있어 바람이 놀러와 산사의 이야기를 들려준다.

그 많은 세월을 외로워 외로워 처마 끝에서 풍경은 풍경 소리로 울면서 스스로 달래고 살았건만 해 지고 바람 불면 어두운 밤을 홀로 울어야 한다. 사람도 자기 소리를 내듯 풍경도 풍경 소리를 낸다. 풍경은 아무리 세상이 바뀌어도 풍경 소리를 바꾼 적이 없다. 사람처럼 비겁하게 목소리를 바꾸지 않는다. 풍경은 항상 맑은 목소리로 산다.

이재영

■

캐나다 현지인 초대받은 집에서

10월은 캐나다와 미국 사람들에게 가장 큰 명절인 추수감사절이 있다. 우리가 그 전에 귀국해야 함으로 우리를 위하여 추수감사절 행사를 당겨서 초대를 받았다. 자식들이 낯설고 산과 땅이 선 수만 리 외국에 와서 이분들을 만나 많은 도움을 받고 바른 길을 찾았기에, 아버지 어머니라 부르는 분들이니 잊을 수 없는 고마운 분들이다.

우리가 초대해야 마땅한데 도리어 또 초대를 받았으니, 주객이 전도된 셈이다. 이분은 크리스천으로 아프카니스탄 난민들과 해외에 와서 의지할 곳 없는 사람들을 돌보아 주면서 집에 초대하여 따뜻하게 대접하고, 그들의 후원자가 된 분들이다. 내 자식이 이런 훌륭한 분을 만나서 부모 호칭을 하니 대견하고 고맙다.

나와 집사람은 평시엔 로션도 바르지 않다가 오늘은 간단한 화장을 하고 머리도 손질하니, 그런대로 단정해 보였다. 위니펙시 공무원인 며느리는 바로 그 집으로 퇴근한다고 한다. 우리는 아들의 차를 타고 위니펙시 가게에 가서 선물을 샀다. 마을에 들어서니, 집은 모두 작고 단층이다. 메이플스토리(캐나다 국기에 있는 단풍나무)는 고목이 되어 길 양쪽 가와 집을 덮어 고색창연하다.

여기에선 나이 들고 학식(學識)과 경륜이 쌓인 사람들은 다 역사가 있는 집을 선호한다고 한다. 집 앞길에 공사를 하고 있어서 뒷문으로 루디 씨의 집에 들어갔다. 대문에 들어서자 뒷마당 잔디원에 메이플스토리 고목의 잎들이 은행잎처럼 노랗게 단풍이 들어 이미 좀 떨어져 잔디 위에 깔려 있다. 낙엽 밟고 걸어가니, 집 안에서도 깊은 산중의 운치와 낭만을 느낀다.

앞으로 돌아가니, 화분과 잔디원이 깔끔하다. 앞뜰에도 길에도 메이플스토리 고목이요, 잔디원이라 가을이 절정인 거리를 걷고 싶다. 이 마을은 또 다른 깊은 맛과 장중한 깊은 운치를 느끼게 한다. 내 자식이 사는 동네는 주로 2층집이며, 새 집이다. 나무도 아직 어리다. 거기는 젊은 세대들이 산다.

현관에 들어서니, 노부부가 함께 저녁 만찬상을 차리면서 바쁘게 일하다가 반가이 맞는다. "처음 뵙겠습니다(How do you do)." 한다. 나는 서툰 영어로 "만나서 반갑습니다(Nice to meet you)." 하고, 루디 씨 부부와 우리 부부는 악수를 했다. 우리는 주인이 정해 준 자리로 안내되어 앉았다.

내 며느리는 직장을 마치고 바로 여기에 와서 루스(Ruth) 할머니의 일을 돕고 있었다. 넓은 거실에는 상을 차리는 곳과 앉아서 환담하는 곳이 따로 마련되어 있다. 손님이 자주 오니 저녁상은 20여 명이 앉을 수 있는 큰 상이 준비되어 있다.

우리가 도착하니, 이미 넓은 상에 음식과 과일과 과자류와 귀한 먹거리들이 가득하게 차려져 있었다. 우리말로 진수성찬이다. 여기는 음식 차리는 데 부부가 함께 일한다. 루스 할머니는 음식을 만들고 만든 음식을 날라다 차리는 일은 루디 할아버지의 몫이었다.

곧 먹을 음식은 미리 차리지 않고 금방 만들어 갖고 와서 돌린다. 본인이 먹고 싶은 것을 선택해서 자기 접시에 놓고 돌린다. 이렇게 하니, 금방 만든 따뜻한 음식을 계속 먹는다. 요즘 우리나라 식당에 가면 한 가지씩 만들어서 나오는 것과 같다.

루스 할아버지는 83세, 루스 할머니는 80세로 나와 동갑이나 생일이 나보다 빠르다. 루디 씨는 영국계로 키가 훤출하게 크고 배우 같다. 말이 적은 편으로 신중하고 눈매가 찰턴 헤스턴처럼 날카롭고 빛난다. 루스 여사는 우크라이나계로 키가 크고 날씬한 몸매의 미인이다. 재담도 잘하며, 호탕하게 잘 웃는 모습이 여걸 같다. 결혼 사진을 보니, 두 분은 유명한 배우 같았다.

며느리가 루디 씨는 고등학교 생물 교사였으며, 루스 여사는 호텔 요리사요, 레스토랑을 운영한 요리 전문가라고 소개한다. 그래서 어쩐지 저희에겐 음식이 모두 생소하나 저희 입맛에도 잘 맞는다 했더니, 루스 할머니는 만족한 듯 웃으면서 "맞도록 하려고 많이 노력했습니다." 한다.

루디 씨가 "술은 무슨 술을 좋아합니까?" 물었다. 나는 "양주 이름도 잘 모르지만, 술은 못합니다." 했더니, 술은 저희들도 못합니다." 하면서 루디 씨는 포도주를 갖고 와서 앞앞이 다니면서 한 잔씩 부어 놓았다. "여기는 술을 붓고 음식을 차리는 것은 모두 남자가 합니다." 하고 아들이 통역을 했다. 며느리와 아들이 통역을 재미있게 잘 하니, 분위기도 화기애애하게 잘 무르익어 갔다.

나는 "집이 고색창연(古色蒼然)하며, 가을 단풍이 곱게 물들어서 두 분이 손 잡고 정원을 걸어도, 깊은 산중의 운치와 낭만을 느낄 수 있을 것 같습니다." 했더니, 루스 할머니는 금방 남편 품에 안기는 척 동작을 취하면서 한바탕 환하게 웃었다.

루디 씨는 "이 집이 지은 지 오래되고 협소하여, 제가 기구와 재료를 사다가, 집을 넓히고 수리를 했습니다." 하고 말씀하셨다. 나는 깜짝 놀랐다. 건축공학을 전공한 분도 아니고, 나무와 꽃, 채소나 가꾸고 미생물을 연구하여 생활에 이용하는 생물학과인데, 전공과는 전혀 다른 건축공학 분야에 손을 댈 수 있는 용기와 재주에 감탄이 저절로 쏟아졌다.

아들 집 뒤 베란다에 덱(deck)목 마루도 하도 정교하여 전문인이 한 것 같아 물었더니, 이분이 했다 하여 그때도 무척 놀랐더니, 며느리는 그것은 아무것도 아니라 하였다. 여기 와서 보니, 며느리의 자랑이 과장이 아니었다. 내 아들 부부가 처음 여기 와서 어렵게 생활할 때 이런 훌륭한 분들을 만나서 길을 찾아가는 데 등불이 되었고 꿈과 희망을 준 분들이니, 평생 은인이요, 잊지 못할 분들이다.

다음 주부터 추수감사절이다. 여기는 크리스마스와 추수감사절이 가장 큰 명절이라 한다. 그때는 미국에서 취업해 사는 두 아들과 딸, 입양한 딸까지 와서 가족끼리 즐기고, 오늘은 우리를 위하여 추수감사절 저녁 만찬을 특별히 차렸다 하니, 수만 리 타국에 와서 외국인에게 혈육의 정을 듬뿍 느끼게 한 감사한 분들이다.

아들과 며느리는 처음 여기 와서 이분들을 알게 되어 아들은 할아버지를 아버지, 며느리는 할머니를 어머니라 부를 만큼 친근해졌다 한다. 며느리 사돈들께서 4, 5년 전 여기 오셔서 이 집에 초대받았다고 한다. 며느리 사돈이 옆에 조그마한 장식품 액세서리가 식탁에 있으니, 이것이 포크인 줄 아시고 음식을 찍어서 실수한 적이 있는데, 할아버지는 그것을 잊지 않고 이야기하셔서 모두 한바탕 웃었다. 안

부를 묻기에 "올 때 전화했더니 가서 루디 씨 부부님께 꼭 안부 전해 달라는 부탁을 받았습니다." 했더니, "귀국하시면, 우리의 안부도 꼭 전해 주세요." 한다. 이분은 우리 예절도 잘 알고 계신다.

또 이분은 6·25 한국 전쟁과 인천 상륙 작전, 4·19 혁명, 5·16 군사 쿠데타를 소상히 알고 계신다. "어떻게 그렇게 소상히 알고 계십니까?" 하고 물었더니, "6·25 한국 전쟁 때, 캐나다 군인이 UN군으로 참전하여, 뉴스를 매일 상영했습니다." 한다. 또 "4·19 혁명 때 참가했습니까?" 하고 물었다. "저는 그때 군에 입대하여 있었습니다." 라고 답했다.

이창형

한산섬 달 밝은 밤에

2024년 갑진년(甲辰年)은 무더위가 기승을 부린 해로 기억될 것이다. 기상청에 따르면 올해 여름(6~8월)은 기상 관측 이래 가장 높은 평균기온(25.6°C)과 열대야(야간 기온 25°C 이상) 일수 역대 최고치(20.2일)를 기록하였고, 하루 최고기온이 33°C 이상인 폭염 일수(24일) 또한 평년보다 크게 증가하였다. 이러한 무더위는 9월 중순 이후까지 이어졌고, 9월 22일 추분(秋分)이 지나고 나서야 겨우 한풀 꺾이기 시작하였다. 이제 아침저녁으로는 제법 선선한 바람이 불어오고, 매미 소리가 잦아든 대신 가을 풀벌레 소리가 귓전에 들려온다. 가을을 천고마비(天高馬肥)의 계절이라 했던가. 구름 사이로 드러난 새파란 하늘이 한층 높아진 듯하다.

한밤에 강변으로 산책을 나갔더니 창공에 흘러가는 달빛이 휘영청 하니 밝다. 강물에 산산이 부서지는 달빛을 바라보고 있노라니, 어릴 때 자주 낭송했던 이순신 장군의 시조 한 수가 떠오른다. “한산섬 달 밝은 밤에 수루(戍樓)에 홀로 앉아/ 큰칼 옆에 차고 깊은 시름 하는 차에/ 어디서 일성호가(一聲胡笳)는 나의 애를 끊나니." 얼마 전에 누군가가 쓴 이순신 장군에 관한 이야기를 읽고 아주 씁쓸한 기분이 들었던 적이 있다. 내용인즉슨, 이순신 장군은 놀랍게도 1900년대 이전에는 잘 알려지지 않은 인물이었다는 것이다. 조선인들조차 그 존재를 모르고 있었는데, 대중에게 잊혔던 이순신 장군을 다시 살려 낸 것은 아이러니하게도 일본인이었다고 한다.

러일 전쟁에서 승리한 후 일제는 승전 파티를 크게 열었는데, 전쟁을 승리로 이끈 해군 제독 '도고 헤이하치로(1848~1934)'가 주인공이었다. 그날 파티에서 '도고' 제독에게 헌시가 이어졌는데, 어느 참의원이 "도고 제독은 가히 영국의 넬슨 제독이고, 조선의 이순신 장군입니다."라고 찬사를 아끼지 않았다. 그러자 '도고' 제독이 "나를 넬슨 제독과 비견함은 감당할 수 있으나, 이순신 장군과 비견함은 가당치가 않습니다."라고 말했다. 사실 일본은 임진왜란이 끝난 후 이순신 장군의 전략·전술에 대한 상세한 연구 기록을 가지고 있었으며, '도고' 제독은 이 기록들을 통해 이순신 장군의 신기에 가까운 전략·전술에 깊은 경외심을 갖고 있었던 것이다.

이후에도 '도고' 제독은 기회가 있을 때마다 이순신 장군의 위대함에 대해 극찬을 아끼지 않았다. "이순신 장군은 왕의 불신과 동료 장수들의 온갖 음해로 인해 감당하기 어려운 고통을 받으면서도 개의치 않고 백의종군의 자세로 23회의 전쟁을 완벽하게 승리로 이끈 불멸의 장군입니다. 나와 넬슨 장군은 감히 대적할 수 없는 전쟁의 신입니다." '도고' 제독의 이순신 장군에 대한 이러한 찬사는 조선으로 전해졌고, 조선인들도 이순신 장군을 숭앙하고 존경하게 된 결정적인 계기가 되었던 것이다. 일제가 행한 이순신 장군의 전략·전술에 대한 연구와 '도고' 제독의 증언이 없었더라면 이순신 장군의 위대함은 영원히 잊히고 말았을지도 모른다.

제3공화국이 들어선 1960년대 이후 민족의 성웅인 충무공 이순신 장군의 애국 위훈을 길이 전승하고 민족 자주정신을 선양하기 위한 국민 운동이 활발하게 전개되었다. 1967년 1월 6일에는 4월 28일을 '이충무공 탄신기념일'로 제정하고, 1968년에는 서울 광화문에 충무공 이순신 장군 동상을 건립한 데 이어, 현충사(顯忠祠) 성역화 사업을 추진하는 등 충무공에 대한 추모와 현양 사업이 본격적으로 이루어졌다. 이에 발맞추어 민간에서도 이순신 장군의 행적에 대한 기록이 담긴 『난중일기(亂中日記)』와 『징비록(懲毖錄)』에 대한 심층 연구가 이루어졌다. 이 두 기록물이 없었더라면 이순신 장군의 위대한 업적은 재조명될 수 없었을지도 모른다.

역사적 사실의 기록은 얼마나 중요한가. 『난중일기』와 『징비록』은 조선 왕조의 공식 기록이 아니고, 충무공 이순신 장군과 영의정 겸 도체찰사(군총사령관)를 지낸 유성룡 선생의 사적 기록물이다. 조선 왕조의 공식 기록물인 『선조실록(宣祖實錄)』에는 이순신 장군에 관한 기록이 상세하게 정리되어 있지 않다. 그나마 공식 기록물은 아니지만 이순신 장군이 진중에서 직접 기록한 『난중일기』와 유성룡 선생이 임란 이후에 직접 서술한 『징비록』이 남아 있어 이순신 장군의 업적을 기릴 수 있게 되었다. 또한 부끄러운 일이긴 하지만 충무공 이순신 장군의 해전 기록을 상세하게 조명해 볼 수 있는 것은 일본의 임진왜란 해전 기록 덕분이라고 하지 않을 수 없다.

임진왜란 중 이순신이 해전에서 승리함으로써 일본의 보급로를 차단한 것은 7년 전쟁을 종식시키는 데 결정적인 역할을 하였다. 그리고 이순신 장군이 일본과의 해전에서 승리할 수 있었던 것은 영의정 겸 도체찰사로 전쟁을 총지휘했던 유성룡 선생이 이순신을 전라좌수사로 기용하도록 선조에게 천거한 덕분이었다. 임란 발발 후 이순신 장군은 옥포해전, 한산도대첩 등 23전 23승이라는 불패의 신화를 남겼다. 그러나 이순신 장군은 1597년 동료 장수 원균의 모함으로 죄인이 되어 한양으로 호송을 당했다가 풀려나 백의종군으로 '명량해전'에 나가 대승을 거두었다. 이때 이순신 장군의 후원자였던 유성룡 선생은 모함을 받아 파직을 당했다.

유성룡 선생이 파직을 당하던 날, 이순신 장군은 자신의 마지막 전투였던 '노량해전'에서 왜병을 격파한 뒤 거북선 안에서 적의 포탄을 맞고 장렬하게 전사하였다. 이 무슨 신의 장난이었던가. 유성룡과 이순신—이 두 영웅이 아니었더라면 임진왜란과 정유재란을 치르면서 조선은 일본에 침몰했었을지도 모른다. 이순신 장군은 자신이 쓴 『난중일기』에서 유성룡 도체찰사와 많은 군사 정보를 주고받았다고 술회했는데, 이는 두 분의 인간적 신뢰가 얼마나 두터웠는지를 알 수 있게 하는 대목이다. 유성룡 선생은 이순신의 둘째 형 이요신의 친구로 어릴 적부터 이순신의 됨됨이를 누구보다 잘 알고 있었던 만큼 이순신 장군을 신뢰하고 아꼈을 것이다.

유성룡 선생은 임진왜란이 끝난 후 벼슬에서 물러났을 때, 『징비록(懲毖錄)』을 기술하여 후세에 남겼다. 징비(懲毖)란 『시경(詩經)』〈소비편(小毖篇)〉에 나오는 구절 "予其懲而毖後患(나 스스로 징계해서 후환을 경계한다)"에서 따온 말이다. 『징비록』은 임란의 원인과 전개, 자신이 도모했던 전술과 전략, 그리고 참회와 후세에 남기는 교훈 등을 기록하였다. 유성룡 선생은 『징비록』에서 자신이 이순신 장군을 발탁한 배경, 이순신 장군이 동료 장수들로부터 받았던 모함과 구제된 과정, 백의종군으로 다시 전투에 투입되어 해전을 승리로 이끈 기록, 명량해전에서 전사한 이순신의 부음을 전해 듣고 슬퍼했던 이야기들을 아낌없이 그대로 서술하였다.

비 온 후 청명하게 갠 가을 하늘에 휘영청 떠 있는 보름달을 바라보면서 다시금 이순신 장군과 유성룡 선생의 위업을 생각한다. 두 분의 나라를 위한 지극한 충성심과 뛰어난 지략이 없었더라면 지금의 대한민국은 존재하지 않았을지도 모른다. 그나마 다행히도 『난중일기』와 『징비록』을 통해 위대한 성웅들의 면모와 업적을 기릴 수 있으니 얼마나 감사한 일인가. "사촌이 논을 사면 배가 아프다."라는 옛말이 있다. 우리 주위에는 아직도 자기보다 뛰어나고 훌륭한 사람을 보면, 칭찬은 고사하고 그를 폄훼하고 모함하는 어리석은 사람들이 있다. 이러한 행위는 사회의 단합을 훼손하고 이웃 사람들을 힘들게 하는 짓이므로 우리 모두 삼가야 할 것이다.

이태희

■

흘러가는 인생

인생을 어떻게 살아가고 있는가? 참으로 거대한 인생살이의 80억 인구들이 나라마다 흘러온 세월 속에 구구절절 피눈물 나는 역경을 딛고 이겨 내고 몸부림쳐 왔음을 역사를 통해 알 수 있으며 그 속에 숨 죽여 녹아 있다.

미지의 능력 시대에는 그 나름대로 뛰고 쟁탈하며 살아왔지만 문맹을 벗어 오며 조직 간, 개인 간의 강인한 경쟁은 더더욱 쉽지 않았다. 그러나 이러한 수수께끼를 풀어 선조들은 인류의 발달사를 형성해 왔다.

서구의 산업 혁명이 시작되면서 식민지 쟁탈전이 시작되었고, 몰지각한 후진국들은 처참한 선진 약탈에 속수무책이었다. 약육강식의 인간 본성에 흐르는 피가 무식의 부류를 무참하게 침탈하고 억눌렀기에 이를 저항한 세월은 무한히도 약자를 울리고 짓밟아 왔다. 힘의 강약에 의해 대국과 소국, 남녀 불평등의 아픔의 골은 깊고 깊어 왔다.

오늘도 거대한 아프리카의 14억 명, 50여 국이 현실적으로 보여 주고 있듯 왕이나 대통령의 지도층 계급이 권력을 잡으면 수십 년을 독식하며 밑바닥 자국 국민들을 억압과 수탈하여 호의호식 속에 깨어나지 못 한다. 러시아, 중국 등의 거대한 힘에 허덕이고 벗어나지 못하는 흐름의 수렁에 깊이 스며들어 국민의 피흘림과 눈물을 담고 있음이 나날이 인터넷에 줄줄이 묘사되고 있음을 볼 때 참으로 우려와 참담함을 금할 길이 없고, 매우 안타깝게 가슴을 저민다.

반만년 역사를 자랑하는 한반도 역시 그 테두리에서 벗어나기엔 너무도 참담한 세월이 흘러왔다. 100여 년 전까지 조선 왕국이 조선이란 국호를 지켜 왔지만 개국 초부터 이성계는 국호를 당나라 중국 황제의 윤허 속에 개국하고 503년간 온갖 간섭과 수탈 속에 연면하여 왔다. 그 후 1910년 일본 침략 식민지가 되면서 중국에선 해방되었지만, 일본 제국은 조선의 내선일체 정책으로 영원히 속국화, 일본화를 목표로 조선 한반도를 개발, 개척 속에 식량과 지하 자원, 민족말살 정책으로 적극적인 한반도 경영을 시도하였다. 조선인 독립 운동 저항 속의 2,500만 백성들은 한없는 고통과 절망 속에 짓밟혔다. 피눈물의 선조들이 고문과 고통 속에 희생된 것은 조선 위정자들의 몽매함과 백성을 제대로 돌보지 못한 무능 탓이었다. 나라를 빼기고, 울부짖는 백성들은 항거 능력마저 없어 당하고 생명마저 부지 못한 짐승 취급의 금수 작살을 면치 못하고 흘러왔다.

무모한 욕심덩어리 일본은 대동아 꿈의 걸림돌인 미국을 억제하기 위한 태평양 전쟁, 제2차 세계 대전을 벌였는데 1941년 12월 7일 선전 포고 없는 하와이 진주만 기습 공격 속에 벌어진 5년간의 전쟁 중, 태평양의 미드웨이 해전에서 고전 끝에 승기를 잡은 거대한 미국의 영명한 용장 트루먼 대통령이 일본 본토 중요 도시에 원자폭탄 두 발을 투하하여 1945년 8월 15일 일본 히로히토 천황이 무조건 항복하였다. 일본 천황의 투항으로 세계 평화를 가져왔고 한반도 조선도 해방을 맞아 조선인의 만세가 삼천리 강토에 울려 퍼졌다.

독립 운동의 아버지 이승만의 기적적인 노력으로 1945년 8월 15일 대한민국 건국 선포로 남한만 UN의 유일한 독립 국가가 되었으나 북한 김일성의 한 달 후 38선 이북의 조선민주주의인민공화국 선포로 남북한 분단이 시작되었다. 김일성은 공산 통일을 목표로 6·25 남침 전쟁을 일으켜 3년간 치열한 전투를 하였고, UN 연합군의 도움으로 DMZ 선언, 1953년 7월 27일 정전에 조인하였다.

한미 상호 방위 조약의 동맹 수락을 동의한 이승만 대통령의 기지의 노력 끝에 70년간 한국 방위 속에 박정희의 투철한 애국, 애족, 민정 이양으로 추진한 사회 간접 자본 시설과 중화학공업, 새마을 운동의 수출 지향, 국민 소득 향상이 이루어졌고, 눈부신 개발도상국의 특별한 성공으로 드디어 세계사적 세계 10위권 경제대국, 방산 6위의 바탕을 깔았다. 자랑스런 대한민국의 위상을 세계 만방에 떨치게 되어 흘러간 5천만 대한민국의 앞날에 거는 기대는 타의 추종을 불허하는 선진국 대열에 우뚝 서게 되었다. 조국의 위상이 날로 비상함을 자랑스럽게 생각하며 긍지를 누려 가고 있음에 가슴이 뭉클해지고 있다.

단지 북한 핵 개발로 국토 방위의 위협 속에 한미 동맹, 한미일 공조가 중요하게 되었고, 북중러 단합에 대한 대처로 국내 단합이 절실한 가운데 내부 여야 정치 불안이 가중되어 세계적 위상 제고와 평화 안정에 우려를 유발하고 있으며, 제3차 세계 대전의 단초가 될지 국제적 긴장과 관심이 쏠리는 분위기로 인해 매우 강력한 방위 태세를 요구하는 시점에 우국 국민의 마음을 초조하게 하고 있다. 이는 전

국민의 강력한 단합 대처 강구를 불러 일으키고 있다.

국가의 안정과 평화 속에 최고 목표가 행복이라 볼 때 평안 속에서 행복을 즐기기 위해서는 주변 국내외의 여건 환경이 지대한 영향을 준다. 그렇기 때문에 서민들의 고통을 억제할 수 있는 민생 대책, 상호 이해, 단합이 더욱 절실히 요구되고 있다.

난 망구의 여생을 오직 나라의 발전과 국민 개개인의 즐거움 속의 행복 추구가 조속 실현되는 모습을 보고 싶어 하루하루를 버티고, 기대 속에 삶의 보람을 희구하고 있다. 흘러가는 인생, 개인 가정마다 한 가지 이상 근심 걱정 없는 사람은 80억 명 인구 중에 한 사람도 없다는 사실은 확실하니 지나친 고민은 전혀 불요하다.

그저 물 흐르듯 바람 따라 물 따라 같이 흥얼거리며 즐길 것을 찾기에 노력하고 즐기며 사는 것이 가장 중요하며, 그것이 흘러가는 인생의 명제이며, 산 철학이라 할 수 있음을 확신한다.

임갑섭

저두족 현상

근래 중국에서는 스마트폰에 빠져 좀처럼 고개를 들지 않는 사람들을 가리키는 '저두족(低頭族)'이란 신조어가 만들어졌다고 한다. 중국 시안[西安]의 초등학교 3학년 어느 여학생이 새 학기 들어 성적은 곤두박질치며 학교 생활 역시도 난폭해졌다. 담임교사가 학생을 상담한 결과, "부모님이 지난 겨울 방학 때 최신 스마트폰을 마련한 뒤부터 나에 대한 관심이 없어졌어요. 온종일 스마트폰만 쳐다보셔요. 아빠는 무엇을 물어도 '응'만이고 엄마는 숙제를 도와주면서도 스마트폰에서 눈을 떼지 못합니다."라 했다.

세 가족이 저녁을 같이할 때도 대화는 몇 마디에 불과했다는 것이다. 이 지경의 부모에게서 반사회적 인격 장애아, 성적 부진아가 길러질 수밖에 없겠다는 생각이 든다. 이런 현상이 중국뿐이겠는가. 우리도 마찬가지겠다.

얼마 전 전철에서 유치원생을 대동한 한 엄마가 전형적인 저두족이었다. 아이와 전철 좌석에 나란히 앉아 있는 엄마란 젊은 여자는 연신 핸드폰에 정신이 빠져 있었다. 무료하기 짝이 없어 하는 아이는 온몸을 계속 비비 꼬며 엄마가 핸드폰을 내려놓기를 간절히 바라는 눈치이다.

'스마트폰 어서 끄고 어린 자식과 정다운 대화를 하세요.' 나의 간절한 바람에도 불구하고 전철을 내릴 때까지 그 젊은 엄마의 머리는 스마트폰에 처박힌 채 들려지지 않았다. 저두족, 그 엄마의 어린 자식은 애정 결핍증으로 실어증 환자가 될지도 모르겠다는 우려가 앞섰다.

그 젊은 엄마만이 저두족이겠는가. 전철에 나란히 앉은 친구들 역시 대화는 없고, 각자 핸드폰에 빠져 헤어나지 못한다. 심지어 애인 사이 같아 보이는 젊은 남녀 역시 각자 핸드폰과 놀고 있다. 귀에 대고 소곤소곤 정다운 얘기 속에서 사랑이 무럭무럭 자라고 행복해질 것이나 핸드폰에 정신이 다 빠져 있으니 그 사랑, 사랑의 결실은 필경 이루어지지 않을 것이다.

오늘 아침 전철 안 역시도 저두족으로 넘쳐났다. 핸드폰으로 무엇들을 하고 있는 것인가 살펴보면 문자를 받고 보내고 있는가 하면 동영상을 보고 있거나 게임을 한다. 심지어 젊은 여자가 경로석에 떡 버티고 앉아 벽돌을 부수어 내리는 데는 고개가 흔들어진다. 새파란 젊은 여자가 앞에 노인네가 서 있거나 말거나 아랑곳하지 않고 게임에 빠져 정신을 놓고 있는 모습은 정말 고개가 젖혀진다.

요즈음 저두족속들은 젊은 사람만이 아니다. 나이 든 사람도 마찬가지다. 얼마 전 지인의 예식에 참여했다가 옛 직장에 함께 근무했던, 내가 특별히 챙겨 줬던 동료를 만났다. 집에 돌아오는 길에도 전철에서 다시 만나 그분과 동승하여 나란히 앉게 되었다.

그분은 전철 좌석에 앉자마자 핸드폰을 꺼내 연신 문자를 읽고 글자를 쓰고 있었다. 옆에 앉아 있는 내 존재를 잊어버린 것 같았다. 모처럼 만났으니, 그간의 서로의 건강 생활이며 근황에 대한 얘기를 나눈다면 얼마나 좋을 일인가. 핸드폰은 당신 혼자가 되면 문자를 보내거나 받아도 될 일이 아니겠는가.

이런저런 생각이 앞서며 솔직히 옆에 같이하는 사람에게 무시당하는 기분까지 들면서 마음이 편하지 않았다. 심지어 그분에 대한 과거의 이미지까지 흐려지기 마련이었다.

저두족은 전철뿐만이 아닌 장소 불문이다. 길을 걸으면서도 앞은 살피지 않고 핸드폰에 머리 박고 걷는 사람이 부지기수이다. 앞서 오는 사람에게 불편을 주고 있다. 전봇대에 박치기해 이마에 큰 혹이 튀어 나와 보아야 정신을 차릴까 모를 일이다.

심지어 전철 계단을 오르내리면서도 핸드폰에 정신을 놓고 있다. 얼마 전 한 친구가 모임에 나오지 않았다. 불참 이유가 핸드폰 때문이라 했다. 전화 걸려 오는 핸드폰을 주머니에서 꺼내 받다가 계단에서 떨어져 얼굴에 상처가 심해서 못 나온다고 했다. 역시 핸드폰이 병이다.

스마트폰은 저두족만이 아닌 일상생활이나 인간 관계를 저해하고 있다. 친구를 만나 대화 중에도 눈은 핸드폰에 박혀 있곤 한다. 또 핸드폰이 자주 울려 대화를 중단시킨다.

얼마 전, 선거직에 있는 분과 점심을 같이한 적이 있다. 그분은 점심식사 중, 사람을 앞에 두고 수차 전화를 받고 또 하는 것이었다. 그 사람 다시 만날 사람이 못 된다는 생각이 들었다. 그 후 그 사람과의 관계를 끝냈다. 그 사람 그 후 선거에 다시 나왔지만 여지없이 낙방했다. 내심 당선될 사람이 못될 것이며 되어서도 안 될 사람이란 생각으로 고소하기도 했다.

이렇듯 사람을 앞에 놓고 전화를 하거나 받아서는 아니 될 일이다. 대화 예절을 갖춘 자세라면 핸드폰보다는 대화가 우선이 되어야 할 것이다. 아주 급한 내용이 아니라면 핸드폰 사용은 다음으로 미루고 대화를 이어 가야 당연하지 않겠는가.

이 골치 덩어리 스마트폰 때문에 가족 분란이 일어나기도 한단다. 핸드폰으로 쓸데없는 문자 주고받다가 자칫 아내에게 오해받고, 혼이 나는 경우가 발생된단다. 이 역시 핸드폰이 병이다. 자제하고 조심할 일이다.

티브이가 사람을 멍청하게 하는 바보 박스이고 가족 간의 대화의 절벽을 가져온다고 나무랐는데 이제 컴퓨터에 이어 스마트폰까지 가족 대화 상실기가 되고 있다.

'자녀에게 가장 훌륭한 선생님은 부모' 라 했다. 자녀를 정말 사랑한다면, 잘 양육하려면, 스마트폰에서 고개를 들고 자녀에게 집중해야 할 일이다.

임지택

마음의 고향

전북 순창군 어느 낯선 시골에서 하룻밤을 지새운 아침이다. 이름 모를 산새들의 지저귐에 잠에서 깨어나 옥상으로 올라갔다. 아침 공기가 시원하고 상쾌하다. 도시에선 맛볼 수 없는 색다른 느낌이다. 가볍게 걸으면서 두 팔을 흔들어 본다. 잠자리의 비상처럼 가벼워진 몸은 옥상인데도 마음은 벌써 저쪽 숲에서 이쪽 숲으로 천천히 움직이며 아침을 산책한다.

"찌찌 쩌쩌" "찌르르" "찌꺽찌꺽" '상쾌한 아침입니다. 좋은 하루 되셔요.'

'으응, 너희들도 즐거운 하루 시작하렴.'

새소리는 이루 형언하기 어렵지만 어느 것 하나 귀에 거슬리지 않는다. 짝을 부르는 것도 같고, 아기 새들의 재롱 소리로도 들린다.

이처럼 평화롭고 사랑스런 분위기를 깨뜨리는 건 아무것도 없다. 쭉쭉 키 자랑하는 소나무와 참나무, 밤나무, 대나무, 아카시아 등, 나무와 풀로 어우러진 숲이 한결같이 조용하다. 아직 비몽사몽인지, 아니면 새들의 이른 아침 노래 잔치를 즐기느라 여념이 없는지 모른다.

제1막이 끝나고 잠깐의 휴식 시간인가 싶더니 다시 이어진다. "찌이익 찍찍" "또르르" "뚜우욱 뚜르르르" 새들의 노래에 맞춰 마을 회관의 삼색 깃발이 가볍게 흔들리며 리듬을 탄다. 어느 무대에서의 백댄서 몸놀림보다 훨씬 유연한 몸짓이다. 숲속의 나무들은 지그시 눈을 감고 흐르는 가락에 취해 있다. 이런 걸 자연의 질서라고 말해야 좋을지 아니면 자연의 하모니라고 해야 되는지….

저 멀리서 갑자기 경운기 소리가 요란스럽게 들려온다. 훼방꾼이 나타나서인지 일순간 뚝 멈추더니 다시 계속한다.

새벽에 나왔는가 보다. 혼자서 콩밭에서 김을 매는 할머니가 긴 이랑의 한가운데서 연신 호미질을 하고 있다. 그 호미의 손놀림은 새들의 노래를 반주 삼아 흥겹게 움직이고 있다. 어깨가 시리고 손목이 무질근할 텐데 쉴 새 없이 앞만 보고 나아가고 있다. 일하는 걸 즐기는 모양새이다. "아는 것보다는 좋아하고, 좋아하는 것보다는 즐기는 것이라야 한다."라는 말을 실감나게 보고 있다.

계단식 도랑 논에서 진초록 벼들이 키 재기를 하고 있다. 이웃하는 논배미들이 얼마나 컸는지 서로 기웃거리고 있다. 서로가 포기를 많이 불렸다고 자랑하는 모습이다. 이제 벼꽃을 피우고 노란 이삭을 선보이려면 잠시도 쉴 틈이 없다고 이야기하는 것 같다.

바로 위쪽에 자리 잡은 참깨들은 하얀 꽃을 피우고 콩은 줄기를 무성하게 키우고 있다. 저쪽 다랑이에는 고추가 울긋불긋 햇빛을 닮아가고 울타리에 무성한 부용화는 아침 이슬을 머금고 싱글벙글한다. 아침 해가 선잠에서 깨어난 듯 부스스한 얼굴을 내밀더니 다시 구름 이불을 덮고 누워 버린다. 야트막한 동산인데도 산중턱까지 안개가 내려앉아 한 폭의 한국화를 그려 내고 있다.

아침 햇살이 밝아지면서 새들의 지저귐이 사라진다. 일순간에 시간이 멈춰 버린 느낌이다. 정지는 시동의 출발인가 보다. 골목마다 일터로 나가는 마을 사람들이 모습을 드러낸다.

마을 회관의 삼색 깃발은 바람 따라 휘날리면서 못 잊어 생각이 나는지 기억의 저편으로 사라져 가는 무안군(務安郡) 몽탄면(夢灘面) 이산리(梨山里) '늘어지' 고향 마을의 이모저모와 잊혀져 가는 추억들을 살랑살랑 부는 바람에 실려 하나둘 소환해 준다.

철 따라 산과 들에 피어나는 꽃구경하러 개구쟁이 친구들과 여기저기 쏘다니던 '그때가 좋았지!' 어떤 말을 해도, 어떤 실수를 하더라도 허허 웃어넘기던 그들은 지금 어디서 무얼 하고 있는지 기억 속에 가물거린다.

늦은 봄이나 초여름에 뒷동산에 올라 싱싱하고 파릇파릇한 산나물을 꺾어 주머니를 채우던 개구쟁이 시절, 가을이면 산밤나무 아래 떨어진 알밤을 주워, 구워 먹던 어린 시절이 이제 와 돌이켜 보니 마냥 행복했던 시절이었던가 보다.

내 자신도 그러했지만 그 친구들도 자녀들의 취업으로 고향을 떠나 살다 보니 서로 마주 보고 웃어 본 지도 무척 오래되었고 그중 대다수는 하늘나라 여행을 떠나 버려 서로가 반가워하던 모습이 지워진 지 오래되었다. 10여 년 전만 해도 "바쁜 일 없으면 저녁 같이 먹고 오랜만에 나랑 같이 자면서 못다 한 이야기 다 털어놓고 내일 올라가면 어떤가?" 하면서 소맷자락을 끌어당기던 친구들의 모습이 기억 속에서 가물거린다.

혼자서 콩밭을 메고 있는 할머니의 모습에서 내 할머니가 텃밭에 심어 놓은 채소밭을 이른 아침 혼자서 제초 작업을 하시느라 잠시라도 보이지 않을 땐 큰 소리로 할머니를 부르면서 찾아 헤매던 일이 새삼스럽게 떠오른다. 그처럼 할머니를 무척이나 따랐던 게 사실이다. 그것은 그럴만한 사연이 있다. 어린 나와의 인연(因緣)이 다하셨는지 젖먹이 어린애를 떼어두고 홀쩍 하늘나라로 떠나 반짝이는 별이 되어 버리신 내 어머님이 아니신가.

그렇기에 나는 누가 뭐라 말하든 '할머니의 막내'로 유소년(幼少年) 시절을 보냈던 게 사실이다. 그렇기에 '우리 할머니가 아니라 내 할머니'임에 틀림없다.

진초록 벼들이 자라는 논배미를 바라본 순간 내 소년 시절의 일들이 하나둘 떠오른다. 내 어린 시절의 고향 마을은 천수답(天水畓)뿐이었다. 때맞춰 비가 내리지 않으면 모내기를 할 수 없는 지역이었기에 어른들이 걱정하시는 모습을 수없이 보아 왔다. 이에 대한 대비책으로 논배미의 한쪽에 웅덩이를 만들어 평상시 내리는 빗물을 모아 두었다가 필요할 때 두레질을 해서 논에 물을 대어 주곤 했었다. 내가 중학교에 다니던 시절 휴일이나 방학 때면, 어른들과 짝이 되어 두레로 물을 품어 올리던 기억이 새롭게 떠오른다. 그때 조부님께서 종종 하시던 말씀이 새삼스럽게 상기된다. "사람이 살다 보면 이런 저런 일을 하게 된단다. 그래서 해 보았던 일은 피하기 쉽지만, 안 해 본 일을 하려면 힘들기 마련이란다. 그러니까 평상시 이런저런 일을 익혀 두는 것이 좋단다."라고 자상하게 일러 주시던 조부님의 가르치심이 아직껏 잊히지 않고 있다.

우리 가족이 대대로 살아왔던 옛집은 우리 가족이 나주시(羅州市) 다시면(多侍面)으로의 이사를 계기로 다른 이에게 매도되었고 숙부님도 자녀들의 직장 따라 서울로 이거하시어 고향을 찾아갔을 때 마음 편히 쉴 곳이 없게 되어 버렸다. 그렇기에 고향 방문이라고 하더라도 살갑게 반기는 친척도, 그 옛날 해가 지는 줄도 모르고 동고동락하던 친구들도 찾아볼 수 없는 이방인(異邦人) 처지가 되어 버린 상황에서 고향을 찾아본들 아무런 의미를 찾아볼 수 없게 되었다. 이 같은 내 생각이 비뚤어진 생각인지, 사리에 어긋난 생각인지 가늠하기 쉽지 않다.

이제는 이방인 처지라고 여기기보다는 부모, 형제가 오손도손 정 나누며 살았고, 나의 출생지이며, 유소년 시절 개구쟁이 친구들과 정겹게 지냈던 추억을 꼬깃꼬깃 접어 추억의 공간에 고스란히 넣어두었다가 철 따라 꽃향기 바람에 실려 오는 다정다감(多情多感)했던 추억의 고향을 살며시 꺼내어 옛 추억에 잠겨 보며, 웃음 짓는 마음의 고향으로 생각하고 싶다.

장병학

■

구름에 달 가듯이

나는 〈나그네〉라는 시에 담긴 참맛을 자주 음미하며 고즈넉한 삶을 살아가도록 노력한다. 유유히 흐르는 강물과 강바람을 스치면서 저녁노을과 함께 어스름한 강가를 무심히 거닐고 있는 빈 잔 같은 한적한 나그네의 모습을 그린 애잔한 시이다.

자연과 함께 인간의 친화를 그리면서 향토 색상이 물든 서정시로서 화려했던 인생의 길을 내려놓은 나에게는 더욱 정감이 스민다.

나의 바쁜 교직 생활의 지난날까지는 '달에 구름 가듯이' 살아왔다고 스스로 자위해 본다. '달에 구름 가듯이' 라는 표현은 자신의 성취 목표를 달려가기 위해 뒤도 돌아보지 않고 열심히 자신이 품고 있는 한 가지 일만을 위해 열정으로 살아가는 삶의 지표라고 인지할 수 있다.

평생 앞만 바라보고 달려왔던 나였기에 부부 교사인 아내가 도맡아 일을 하는 집안일도 적극 도와주지 못했다. 교사라는 올곧은 직업

의식에서 남의 집 자식들 교육에만 전념해 오다 사랑하는 내 아이들에게는 글자 한 자 또박또박 가르쳐 주지 못함을 시인하면서 미안함이 앞을 가리었다.

이제, 매사 열정을 갖고 틀에 박힌 지난날 '달에 구름 가듯' 처럼 살아온 교직의 길과, 퇴직 후 잠시 걸었던 정치의 길 모두 여정을 내려놓는다. 이제, 마음이 푸근한 자연인의 길로 뚜벅뚜벅 거닐고 싶다. 세상을 둥글둥글하게 생각하면서 아내와 그동안 함께 갖지 못했던 시간을 보다 많이 가지려 한다.

역지사지의 마음으로 이해하며, 사색과 음악, 여유를 가질 수 있는 마음이 넉넉한 삶으로 정진하고 싶다. '구름에 달 가듯' 평온한 나그네의 삶처럼 말이다. 새벽이면 동녘 하늘에 희망찬 여명이 밝아 오면서 아침 햇살이 온 세상을 살포시 밝혀 준다.

잠자던 산새들이 아름다운 삼화음을 내며 새 세상을 얻은 것처럼 지저귈 때 삼라만상은 깊은 잠에서 깨어난다. 나 역시 잠에서 깨어나 하루에 펼쳐질 삶을 머릿속에서 펼쳐 본다. 해님이 서산으로 살포시 숨어 들면서 먹빛의 세계로 닿을 때 온종일 엮어 낸 의미 있던 삶을 한 줌씩 유추해 보기도 한다.

둥근 보름달이 하늘 한복판에서 환하게 웃어 줄 때면 우화 속에 등장하는 계수나무 밑에서 토끼 형제가 떡방아 찧는 다정한 세계로 몰입되기도 한다. 신비스러움과 고마움, 낭만과 감동의 하모니가 어우러진 달빛 소나타가 가슴에 묻어나는 듯 푸근하다. 달님 사이로 '구름에 달 가듯' 담쟁이덩굴처럼 아내와 달콤했던 사랑 이야기도 영화 필름처럼 영상화된다.

젊은이들은 힘들고 고된 일은 외면하고 고급 실업자로 둔갑한 채, 외국 근로자들만의 천국이 된 우리나라의 현실이 서글프기만 하다.

막대한 외화 유출은 물론, 우리나라 젊은이의 고급 실업자 수는 날로 기아 급수로 늘어 감에 우리의 미래는 결코 희망이 없다. 가계가 휘어질 정도의 사교육 현장은 갈수록 팽배해지고, 우리나라 인구는 해마다 엄청난 숫자로 감소되니 밝은 미래가 보이지 않는다. 우리나라가 지구상에서 가장 먼저 사라진다는 이야기도 나의 귀를 쫑긋하게 만든다.

평생 교직의 길을 걷던 나 스스로 이제는 공급자 중심의 닫힌 학교 교육은 지양되고, 사람 됨됨이를 길러 주는 인성 교육이 뿌리내려야 한다. 학교 교육은 학생 스스로가 터득하는 학습 방법의 교육으로 직업 교육과 근로 교육이 톱니바퀴처럼 맞물려 돌아갔으면 한다.

수많은 청소년이 산업 전선에 뛰어들어 힘들게 일하는 것을 꺼려하고, 정년이 보장되고 보다 쉽고 편하게 근무하는 공무원 직업을 선호하는 나라는 비정상적인 국가라고 단언할 수밖에 없다. 앞으로 이들이 '구름이 달 가듯' 건강하고 행복한 삶은 요원하지 않을까 심히 걱정의 손길이 앞을 가린다.

동유럽의 여러 나라를 동료 의원들과 함께 여러 날 방문한 적이 있다. 독일, 오스트리아, 헝가리, 체코 등 여러 나라는 어려서부터 진로 교육을 중시하며 70%의 학생들이 대학에 가지 않고, 많은 학생이 자신의 소질과 특기를 키워 내는 직업학교를 간다. 그 교육 현장을 여러 차례 참관했던 기억들이 나의 머리를 스친다.

충북도의회에서 교육의원들과 함께 동유럽 여러 나라의 교육청과 일선 학교들을 방문하여 우리 교육 방법 개선이 시급함을 느꼈다. 동유럽 여러 나라들은 자신의 적성에 맞는 진로 교육을 받고 사회에 진출하면 대학 나온 인력과 동등한 보수와 승진 혜택이 이루어지고 있다. 나는 대다수의 고교생들이 대학을 선호하지 않고 산업 전사를 선호하는 직업 교육이 정착된 동유럽 여러 나라의 진취적이고 넉넉한 삶을 지닌 젊은이들에게 감동을 받으며 찬사를 보낸다. 대부분 학생들이 무상으로 운영하는 대학 교육을 선호하지 않는 나라들이다. 참으로 부럽다. 우리나라도 교육 제도의 일대 변화와 대개혁의 혁신이 절실히 요구된다.

유럽 나라처럼 우리 젊은이들이 산업 전선에서 땀 흘려 일하는 나라, 그들이 질 높은 대우와 승진 제도가 개선되어 대학 나온 사람들과 동등한 대우를 받는 세상이 오기를 고대한다. 그러면 사교육 시장도 식으면서 가정과 학생마다 삶의 가치까지 변환되어 갈 것이다.

나아가 국가와 가정의 근심덩어리인 실업자는 멀리 사라지며, 모두가 행복한 가정을 이루면서 '구름에 달 가듯이' 인간의 본질을 추구하는, 행복이 안기는 삶으로 살아감은 명약관화할 것이다.

이제, 나 역시 생활 패턴을 한 템포 늦추면서 애잔히 흐르는 어스름한 강가를 거니는 나그네처럼 건강한 심신으로 하루하루 익어 가는 생활을 이어 가고 싶다.

짜여진 카테고리 속에서 지친 하루의 삶을 정리하는 해 질 무렵, 외줄기 남도 삼백 리의 술 익는 마을에 들어서는 한 나그네가 소리 없이 잔잔하게 흐르는 강물처럼 무심의 삶을 향유하고 소유하고 싶다.

'흐르는 물은 썩지 않는다.' 와 '물은 위에서 아래로 흐른다.' 라는 자연의 섭리를 나의 수필집 『늘 처음처럼』이란 글제처럼 싱그럽게 자라는 친구들과 자연 사랑, 풀잎 사랑과 함께 청순하게 살아가련다.

내 마음을 올곧게 다스리면서 '달에 구름 가듯이' 삶보다 '구름에 달 가듯이' 진솔한 마음으로 내면화된 꿈 빛깔 나는, 익어 가는 삶으로 올곧게 살아가련다.

장철호

어머니의 처음 본 마지막 눈물

아버지께서 돌아가신 지 10년이 지났다. 어머니는 아들과 딸을 모두 출가시키고 막내 손자의 학교 문제로 작은 아파트에서 둘만 사셨다. 늦가을 어느 토요일 오후 어머니 집을 찾아 따뜻한 가을 햇볕이 들어오는 창가에 앉아 여든이 넘은 어머니와 옛 이야기를 할 기회가 있었다.

오래전 떠나온 고향 이야기를 하다 보니 갑자기 어머니로부터 내가 태어날 때 우리 집 환경 이야기를 직접 듣고 싶었다. 어머니는 평소에도 그 시절의 이야기는 잘 하지 않으셨다. 아마 가난하고 어려울 때 많은 자식을 낳아 좋은 학교에 보내어 번듯하게 키우지 못한 것이 모두 자신의 탓이라고 생각했기 때문인 것 같다. 사실 모든 게 넉넉지 않았던 그 시절 8남매를 낳아 어디 내놔도 부끄럽지 않을 만큼 잘 키우신 어머니이신데도 늘 당신은 그 시절 앞에서는 여전히 당당하지 못하셨다.

얼굴과 손등의 주름을 보면 평생 동안 자식을 위해 매우 힘들게 사신 것이 눈에 훤히 보인다. 그중 내가 태어난 시기가 가장 힘들고 어려웠다는 것을 들은 것 같아 더욱 알고 싶었다. 그래서 그런지 유독 그 시절에 대해서만 말을 아끼는 어머니를 보면서 더욱 궁금해서 또 한 번 조심스럽게 물었다. 그런데 어머니는 평소에는 그러지 않다가 재차 졸라대는 아들이 버거웠는지, 아니면 어머니도 나이가 많이 드시니 그 시절에서 조금은 자유로워지셨는지, 머뭇거리면서, 어떤 때는 먼 하늘을 바라보면서 천천히 이야기를 하셨다.

일제 강점기 때 일본에서 처녀들을 공출하여 전쟁터로 끌고 간다는 소문이 현실로 다가올 즈음이었다고 한다. 어머니는 3남 1녀 중 눈에 넣어도 아프지 않을 셋째로 태어난 딸이었다. 하나밖에 없는 외동딸이었으니 얼마나 예쁘고 귀했을까? 우리 외갓집에서는 일본으로부터 그 예쁘고 귀한 딸을 지킬 다른 방법을 찾지 못하고 결국 결혼을 시켜 일본으로 보내는 것만은 피하기로 했다. 열여덟 우리 어머니는 5대 독자인 우리 아버지의 얼굴도 보지 않고 어린 나이에 섬으로 시집을 갔다. 나라 없는 설움 때문이었을까. 가족과의 이별로 인한 슬픔 때문이었을까. 아니면 낯선 환경에 적응해야 한다는 두려움 때문이었을까. 우리 어머니는 시집가는 길 내내 울음소리를 죽여 가며 참 많이도 우셨다고 한다.

결혼을 하여 딸 열 명보다도 아들 하나를 더 바라던 시어머니 밑에서 딸 둘을 낳았다. 그때부터 어머님은 매우 힘든 시집살이가 시작되었다. 그러던 중 또 아기를 가지게 되었다. 동네 점쟁이는 또 딸이라고 점을 쳤고, 할머니 또한 어머니의 행동이나 좋아하는 음식을 보니 또 딸이라고 단정해 버리시고는 그때부터 찬바람이 쌩하게 불기 시작했다.

어머니는 평생 어떤 종교도 가지지 않으셨다. 그런데도 나를 가진 후 손이 닳도록 아들 한 명만 낳게 해달라고 빌고 빌었다. 파란 하늘을 보고 하느님께, 아침이면 해님에게, 밤에는 별님에게 달님에게, 명절 때는 조상님들에게…. 그것도 모자라 평소에는 장독대에 정화수 떠놓고 천지신명에게 빌었고, 저 멀리 바다 건너 섬에 있는 절의 부처님을 향해서도 빌었다.

아기를 가진 어머니는 할머님의 구박 속에서 임산부로서의 삶은 없었다. 딸을 가졌다는 이유만으로 천대받으며 혼자 구석방에서 아기를 낳았다. 여자로 태어나 어머니와 같은 삶을 살아가야 할 아이가 안쓰러워 품에 안아 보려던 어머니는 깜짝 놀랐다. 출산의 고통을 한 번에 잊어버릴 정도로 충격이었다. 잘못 본 건 아닐까 해서 눈을 씻고 보고 또 보았다. 천 번을 더 확인해도 분명히 아들이었다.

그때가 내가 이 세상에서 첫 울음을 터뜨리던 날이다. 어머니는 이야기를 하시면서 처음에는 눈시울 정도만 적시셨다. 이야기가 계속되자 수건이 젖을 정도로 눈물을 흘리셨다. 나는 이 나이가 되도록 어머님이 우시는 것은 처음 보았다. 우리 어머니는 속내를 드러내지도 않으시는 분이었고, 힘든 내색도 잘 하지 않으시는 분이었다. 그날 이후로 돌아가실 때까지 자식들 앞에서 눈물을 흘리는 것을 한 번도 보이시지 않으셨다.

그때 나도 무슨 이유에서인지 눈물이 멈추지를 않았다. 어느 대목에서 내 눈물이 터져 나왔는지 기억되지는 않지만 쉴 새 없이 눈물을 닦아 내기에 바빴다. 내가 흘린 눈물은 어머니가 불쌍해서가 아닌 것 같다. 그렇다고 할머니가 밉고 아버지가 미워서도 아닌 것 같다. 한 인간으로 태어나서 여자라는 이유만으로 이런 고통을 감내하고 살아왔다는 것이 내 가슴을 찢었고, 말할 상대가 없고 들어줄 사람도 없어 그 기막힌 사연을 80년이나 가슴에 담아두고 살아온 것이 내 마음을 아프게 했다.

어머니가 좋아하시는 달고 진한 믹스 커피를 두 잔씩이나 마시면서 긴 시간을 이야기하다 보니 어느덧 저녁밥 때가 되었다.

"네 아버지는 생선을 참 좋아하셨는데 저세상에서는 생선이나 얻어 잡수시는지 모르겠다."

어머니는 저녁상에 오른 생선을 보시더니 스쳐 지나가듯 한마디 툭 내뱉으신다. 힘들고 어렵던 과거 이야기를 하시면서 가장 생각나고 보고 싶은 사람은 아버지이신 것 같다. 나는 내친김에 이야기를 들을 때부터 궁금했던 것을 어머니께 여쭈어 보았다.

"어머니, 저 가졌을 때 이 세상에 신이 있다고 생각하고 그리 빌었습니까?"

"신이 어디 있겠나. 신이 있다면 나를 그렇게 어렵고 힘든 고통 속에 살도록 내버려두지는 않았을 기다. 난 그때 누구 하나 이야기할 사람도 없고, 의지할 사람도 없고, 내 마음을 전달할 곳도 없었다. 그래서 더 이상은 나에게 아픔을 주지 말고, 내가 참고 견딜 수 있을 만큼만 힘들게 해달라고 이 세상 모든 것들에게 하소연했을 뿐이었던 것이다. 그렇게 하고 나면 마음이 좀 가벼워지는 것 같더라. 그게 어떤 신에 대한 기도인 줄도 모르고 말이다."

어머니의 덤덤한 말을 들으면서 여러 가지 의문들이 꼬리에 꼬리를 물기 시작했다. 그때 우리 어머니는 정말 아들을 낳기 위해 빌었을까, 시부모의 심한 시집살이를 참고 견딜힘을 얻기 위해 빌었을까. 어린 나이에 시집을 와서 아들을 낳아야만 며느리로서의 책임을 다한다는 생각이었을까. 5대 독자 집안의 대가 끊기면 안 된다는 생각에서일까. 이런 물음들은 진정 구박과 고통 속의 시집살이에서 벗어날 방법은 아들을 낳는 것 외는 아무것도 없었을까라는 생각에까지 미치게 되었다.

어머님의 간절한 기도는 한 인간으로서 참기 어려운 것을 하소연하는 방법이었고, 스스로를 위로하는 방법이었다. 힘든 현실에서 조금이라도 벗어나려는 정신적 아우성이었으며, 몸부림이었다.

나답게 사는 것에 대한 고민도, 슬픔에 혹은 사랑에 파묻히고 싶은 자신의 모습도 없었다. 일상생활의 모든 것이 지배당하였으나 오로지 자신의 상상과 생각만이 자유로울 뿐이었다. 왜 순응하고 참느라고 한 인간의 그 길고 소중한 시간을 보내야만 했을까. 역사가, 문화라는 허울을 덮어쓴 인습이 우리 어머니들의 삶을 짓눌러댈 때 그에 대한 반항은 고작 참고 따르는 것밖에 없었다는 사실이 더욱 가슴을 먹먹하게 만들었다.

어머니의 눈물을 처음 보고 마지막으로 본 그날로부터 3년 후이다. 어머니는 그토록 힘들고 어렵게 살아왔음에도 원망 한 번 하지 않으신 아버지가 계시고, 모질게 시집살이를 시키시던 할머니가 계시는 저세상으로 따라가셨다. 왜 그곳으로 가셨을까?

장희자

리베로를 응원한다

운동 경기 중계 방송을 보는 것은 삶의 활력소가 된다. 젊은이들의 힘찬 응원의 함성에 힘이 솟는다. 배구 경기의 정기 리그가 끝나고, 우승 트로피를 들고 하는 환호하는 선수들 가운데 MVP를 차지한 일본인 모마가 돋보였다. 특별히 잘하는 운동이 없으니 가끔 씨름, 배구, 야구 중계를 보며 시간을 보낸다. 야구선수 중, 투수 니퍼트는 외국인 최초 100승, 탈삼진 1,000개를 달성한 선수다. 7년 동안 한국에서 뛰다 은퇴하는 순간, "양의지, 무슨 말이 필요한가. 너와 호흡을 맞춘 것이 나에겐 행운이었다. 정말 고마워!" 하며 눈물을 뚝뚝 떨구어 감동을 주었다.

무심히 돌린 채널에서 배구 경기를 중계하고 있었다. 야구 경기만 보다가 배구에 맛을 들이는 순간이다. 강스파이크가 내려꽂히는 순간 온몸에 짜릿하게 전율이 일었다. 배구는 작렬하는 불꽃 스파이크와 두 손을 쭉 뻗으며 로켓처럼 날아오르는 블로킹, 먹이를 낚아채는 매같이 내려꽂히는 서브가 매력이다. 응원할 편이 없으니, 심판의 손이 올라가는 쪽에 박수를 보내며 배구 중계 방송을 보았다.

공을 앞에 놓고 선수끼리 욕심을 내지 않고 서로의 마음을 나누고 튕겨 나가는 공을 받기 위해 관중석까지 최선을 다해 돌진하는 모습이 인상적이다. 외국인 선수가 뛰어오르며 강서브를 넣을 때는 겁이 나서 눈을 감아 버렸다. 빅토리아, 아란마레 같은 능력이 뛰어난 외국인 선수가 있어 국내의 선수들 기량이 높아지고 더 재미있다.

처음에는 찌릿하게 내려꽂히는 강스파이크에 환호했는데 시간이 지날수록 같은 팀이면서 다른 색 유니폼을 입고 중앙에서 온몸을 던져 공을 살려 내는 리베로에게 눈이 갔다. 배구 선수들의 키는 늘씬한데 리베로는 신장이 작고 어깨가 떡 벌어진 수비 전문 선수다. 블로킹이나 스파이크와 연결되어야 득점을 하기 쉬운데 리베로는 후위 지역에서만 뛸 수 있고 서브와 블로킹을 할 수 없으니 개인 득점에서도 불이익을 당한다. 하지만, 잔치국수의 고명같이 팀을 살려 내는 귀한 존재다.

리베로가 잘 받아 낸 공은 바로 득점과 연결이 될 수 있다. 빈틈을 노리고 내리꽂히는 상대의 강스파이크가 떨어지기 직전 온몸을 던져 회생시키는 리베로가 있어 전세가 역전된다. 리베로는 활력소가 되고 게임을 풀어 나가는 열쇠다. 배구 경기는 서브가 바뀌고 점수가 엎치락뒤치락할 때 손에 땀이 난다.

뜻을 같이하는 사람들의 모임에도 리베로가 있다. 원활한 모임과 발전을 위해 임원을 선출할 때 회장을 하려는 사람은 있어도 총무 구하기는 힘들다. 낯이 나지는 않지만, 회장보다 더 많은 일을 하는 총무야말로 훌륭한 리베로다. 총무는 사회성이 좋아야 하고, 사리 판단이 분명하며 꼼꼼해야 한다. 주장을 내세우기보다는 회원들의 말을 듣는 편이며 모든 연락을 책임지고 행사를 준비하고 마무리까지 깔끔하게 해야 하는 자리다. 임원이나 회원의 중간에서 깍두기처럼 운영 묘를 살리면 모임은 돈독해지고 발전한다.

온몸으로 팀을 구하고 나아가 운동 경기에 재미를 더해 주는 리베로 같은 사람은 사회생활에서도 꼭 필요한 존재다. 카메라의 스포트라이트를 받지 않으면 어떤가! 주어진 책임을 완수하여 팀의 승리만 가져올 수 있다면 중앙을 지킨 보람이 있지 않은가. 강하게 들어오는 공을 잡기 위해 바닥에 얼굴을 찧으며 넘어지는 리베로를 위하여 힘차게 박수를 보냈다.

전병훈

■

노량진

재개발 덕분에 노량진(鷺梁津)은 요즘 노량성(鷺梁城)으로 둔갑해 버렸다. 정확히는 몰라도 아마 만년고개 위의 고층 아파트는 우리나라에서 가장 높은 건물일 것 같다. 샛강 건너의 63빌딩이 코밑으로 바짝 좁혀 오니 말이다. 서쪽으로 달리는 올림픽대로는 세계로 뻗어가는 간선이요, 노들길은 옛 선비의 정취가 묻어나는 향토색 짙은 마음의 안식처이다. 아랫길은 기차, 지하철에 각종 노선 버스가 사통팔달로 달린다. 게다가 윗길에 지하철 7호선이 개통되면서 교통 천국이 되었다. 이래도 이곳에 사는 내게 강남(?)도 아니면서 찻값만 비싸다며 입방아 찧는 사람은 있을 테지. 나는 이곳에 살면서 많은 사람들로부터 퍽 동정을 받아 왔다.

직장의 출퇴근에 기차를 이용하기 좋은 곳을 물색하던 중 나는 4년 전 이곳으로 이사 왔다. 가족들도 한시적으로 전세 들어 사는데 어렵사리 따라 주었다. 이사 초기 우리 가족들은 언덕길에 적응하느라 퍽

고생을 했다. 뒤로 나자빠질 듯 깎아지른 가파른 절벽 같은 골목길을 오르내리면서 착잡한 상념에 젖기도 했다. 그것도 그럴 것이 우리는 그동안 줄곧 시쳇말로 잘나가는 평지 동네에서만 살아왔다.

하루는 큰아이가 두 동생에게 푸념 섞인 하소연을 한다. "우리가 좋은 동네에서 자라서 다행이지 처음부터 여기서만 살았으면 좀 따분했겠다." 어쩌면 이곳으로 이사 오자고 한 나의 제의에 선불리 동의한 것을 후회하는지도 모르겠다. 둘째 놈의 대답이 걸작이다. "너의 아버지가 요즘 그렇게 어려워졌냐?"라고 한 친구가 심각하게 물어 오더라는 것이다. 2년이 채 되지 않아 상황은 급전되었다. 막내아들 친구들이 "너의 아버지께서 앞을 잘 내다보셨다."라며 IMF를 대처한 선견지명 능력으로 높이 평가했단다.

어쨌든 노량진은 유감스럽게도 가난의 대명사로 비치고 있는 성싶다. 4년간 물어보았으면 충분하련만 만날 때마다 같은 안부(?)를 묻는 고약한 친구의 진의를 알 수가 없다. "자네 요즘 어디 살지? 아직도 그곳에 사는가? 왜 거기서 살지?" 질문은 계속 꼬리를 문다. 여성들의 감각은 더 예리한 것 같다. 자존심 상하는 마음의 생채기에 집사람은 모임에 다녀올 때면 파김치가 되곤 했다.

노량진이 어떻다는 거야? 나, 원! 예나 지금이나 서울의 관문이다. 나라님이 행차하시던 주교요, 지체 높은 사대부는 물론 양반, 상민 가리지 않고 오가는 길손 다정히 포용하는 배다리이다. 돛단배에 몸을 싣고 낚시 드리운 채 유유자적 시를 짓고 태평가 띄어 보내던 노들나루이다. 철마의 시발점으로 제물포행 기관차가 힘찬 첫 기적을 울린 곳이요, 1번 국도가 유달산을 향하여 내달리는 육로의 출발지가 아니던가. 사육신의 충절이 서려 있고, 선왕 찾아 효심을 불태우던 정조 대왕의 숨결이 배어 있는 충효의 마을이다.

노량진은 저자의 거리요, 각종 시장의 집합지이다. 골목시장, 재래시장, 수산시장, 쇼핑센터… 과거와 현재가 허물없이 어우러져 공존한다. 경매인의 종소리와 주문 외듯 외치는 목쉰 호가 소리에 노량진의 아침은 잠을 깬다. 중개인들의 열띤 손가락 움직임 따라 물 떠나 기진맥진한 수산물은 또 한번 뭍에서의 고난의 역정을 맞는다. 부산의 광어가 경인고속도로를 달리고, 목포의 낙지는 미아리고개를 넘는다. 백령도의 꽃게는 문경 새재 중턱에서 가쁜 숨을 몰아쉬며 옆걸음 치고, 마산의 미더덕은 임진강변에서 북녘 하늘만 바라보고 한숨 진다. 전혀 자기의 뜻과는 상관없이 주인의 입맛 따라 떠도는 신세가 어쩌면 세파에 내동댕이쳐진 우리네 범부의 삶과 흡사하다.

꼭두새벽 골목시장에서는 동태가 새남터 망나니의 칼날에 잘려 나는 사육신의 목이 되어 땅위에 나뒹군다. 재래시장의 정감은 아련한 향수 되어 각박한 도시 서민들의 메마른 가슴에 단비를 뿌린다. 수협마트는 손색없는 첨단 유통망의 host port이다. 밤늦은 시간 길가의 난전이 걷히고, 할머니, 아주머니들의 생활 전선에 찌던 얼굴은 전대에서 쏟아지는 꾸겨진 지폐, 동전 소리에 상기되어 불그레 생기를 찾으며, 깊은 주름살은 한 겹 걷힌다. 소란스럽던 골목에는 정적이 사뿐히 내려앉고, 짧지만 깊은 단잠에 빠진다. 밤의 고요 속에서 노량진은 또 하나의 내일을 잉태한다.

하루가 밝았다. 밀물처럼 밀려오고, 썰물처럼 빠져나가는 젊음의 눈빛이 유난히도 반짝인다. 진학이 되어야 하고, 합격되고, 승진되어 나라의 내일을 일궈 갈 일꾼들이다. 노량진은 명성 있는 학원가로 자리매김한 이 나라 인재의 산실이다. 단일 직종으로는 학원과 독서실이 단연 1위를 차지하는 명실상부한 배움과 학습의 본산이다. 꿈이 피어나는 미래의 도시이다.

건너편 언덕 위 고층 아파트의 불빛이 반투명의 창으로 별빛처럼 쏟아져 들어온다. 아늑한 천기를 느낀다. 제 눈의 안경인가. 별스럽게 정이 도타워진다. 지형적으로 봐도 배산임수의 높지 않은 구릉 지대가 퍽 명당 격이다. 멀리 관악을 후 현무로 구릉의 꼭지에서 서남향으로 줄줄이 방사형의 내룡들이 흐르고 있어 자연스레 좌 청룡, 우 백호를 이루며 4호신을 갖춘다. 청룡이나 백호 작국을 이루었는가 하면, 포란(抱卵)이요, 관쇄 형국을 이룬 곳이 적지 않게 눈에 띈다. 가난과 행복은 비례하지 않는다. 경제적으로는 좀 뒤질지 모르지만 우리 마을의 행복지수는 결코 낮을 수 없다. 천기와 지기가 서려 있는 길지에서 부지런한 사람들이 근검절약으로 오순도순 알뜰한 삶을 꾸려 가고 있고, 산자락 끝에는 민족의 젖줄이요, 재(財)의 상징인 한강수가 언제나 찰랑대니까. 노량진의 달팽이 속 같은 골목길과 샛길은 인정이 흐르고 웃음을 나르는 실핏줄이다.

나는 꿈을 키우는 젊은 학원 수강생들의 물결을 헤치고, 골목시장 상인들의 연륜 겹친 투박한 모습을 스치면서 반세기 전 가난을 물려주지 않으려 몸부림치던 부모들의 얼굴과 나의 자화상을 떠올리곤 한다. 내가 어릴 적에는 초여름에는 초근목피로 주린 배를 움켜쥐며 보릿고개를 힘겹게 넘었다. 숨 돌릴 틈도 없이 성급한 귀뚜라미 울음에 초가을이 싸리문을 넘어 들면 또 한고비 입도선매가 앞을 가로막는다. 허기진 기간이 한 세기는 족히 넘었다. 하나 그때의 우리의 부모들은 가난을 그렇게도 무서워했었지. 겨우 한철 아니면 길어야 1년을 넘지 않고 갚아 나가는 빚이건만 눈에 불을 켜고 덤벼들었다. 하여 가난을 거뜬히 극복했다.

오늘은 어떤가. 고속도로, 지하철, 인천국제공항, 고속전철… 공사마다 개국 이래 기록이 바뀌는 대역사(大役事)들 앞에서 우리는 기억

상실증 환자가 되어 버렸다. 우리의 말초신경은 완전 마비 상태이다. 밑 빠진 독에 물 붓듯 쏟아 넣는 공적 자금의 탕진에 무감각이요, 늘어나는 외채는 잊은 지 오래다. 어찌 한철 미리 앞당겨 쓰는 것만 입도선매라 할 것인가. 우리는 다음 세대에 천정부지의 빚을 남기며, 그들을 속죄양 삼아 혜택을 만끽하고 있는데…. 가난보다 더 무서운 것은 가난불감증이요, 가난에 대한 책임회피이다.

노량진은 나라의 가난을 막아 내는 첨병이요, 전초기지이다. 불야성의 수산시장 활어가 부(富)의 제물 되어 조용히 죽어 간다. 도시 서민의 짙은 애환과 질경이보다 끈질긴 생명력은 혼미한 나의 의식의 심지에 불을 댕기는 삶의 활력소이다. 언덕에 오르면 내 마음은 어머니의 젖무덤에 묻힌 듯 포근하고 솜구름 피어나듯 넓어지며, 차가운 나의 머리는 생기를 되찾는다. 나루터의 풍류가 세월 따라 노량성의 마천루에서 붉게 솟는 아침 해를 노래하고, 서해 낙조의 황홀한 실루엣에 몰입된다. 멀리 행주산성으로 잠기는 석양 먹은 자줏빛 한강이 하늘인지 바다인지, 오늘 따라 유난히도 넓고 길게 뻗친다.

정성채

히포크라테스는 어디에 있는가

이 지구상에 인간이 존재함과 더불어 인간을 괴롭히는 병균도 공존하게 되는 것 같다. 과학 문명이 발달하면서 의술도 함께 발전하여 인간을 질병으로부터 구제하는 능력도 놀랍게 발전하고 있다.

우리가 자랄 때는 흔치 않던 질병들이 지금은 더욱 기승을 부리며 인간을 괴롭히는 것을 보면 병균의 발전 또한 놀라운 것 같다. 어쩌면 질병을 유발하는 병균들은 사람보다 더욱 지혜롭고 강인하여 우리보다 앞서가고 있는 것 같다. 아무리 의술이 발달했다 해도 정복하지 못하여 절망에 쓰러져 가는 생명들을 보면 병균의 위력에 공포를 느끼게 된다.

어려서 잔병치레를 한 나는 지금도 강한 체력이 못 된다. 특별한 질병은 없으나 연례행사처럼 3월에서 5월 사이에는 한 차례씩 감기로 혹독하게 시달리게 된다. 이때만 되면 전전긍긍하며 매사 조심해야만 무사히 넘길 수 있다. 살아오면서 가끔 병원을 다니며 치료도 받고 입원 경험도 했다. 병원마다 의사마다 다 특징이 있게 마련이다. 많은 사람들이 몸이 아프면 종합병원을 선호하게 되어 주로 수도 서울을 향하게 된다.

이는 좋은 의료 시설과 전문의의 혜택을 받고자 해서일 것이다. 이는 어쩔 수 없는 우리나라의 현실이다. 지방 병원들은 낙후된 의료 시설과 노련한 전문의의 부족 현상이 있기 때문에 지방 병원을 기피하게 되는 것 같다. 이는 하루속히 시정되고 개선돼야 할 중요한 과제이다.

전 국민이 의료보험 혜택을 받을 수 있는 제도는 바람직한 일이나 질 좋은 의료 혜택의 평준화는 미흡한 것 같아 이 문제가 하루속히 해결돼야 국민 건강이 향상될 수 있을 것이다. 의사의 사명은 인간의 존엄성을 생명처럼 지키는 일일 것이다. 헌데 가끔 신문이나 뉴스에 문제를 야기한 의사들을 보게 되면 과연 저런 사람들이 히포크라테스의 선서를 서약하고 의료직에 종사하는 사람일까 하고 심히 분노를 느끼게 된다.

낫 놓고 ㄱ자도 모르는 무식한 사람의 잘못이나 실수는 그래도 좀 용서하고 싶은 심정이 간다. 무지에서 오는 어쩔 수 없는 경우일 때가 있을 거라는 생각에서이다. 하지만 가장 지식인이라고 할 수 있는 계층에서의 잘못은 너무 고의적이고 약삭빠르고 이기적인 생각에서 저지르는 형태이기 때문에 용서하기가 너무 힘든 것 같다.

죽어 가는 생명이 병원 문을 두드리는데 받아들이지 않고 회피하여 그대로 방치한 결과 생명을 잃게 하는 간악함, 나름대로의 사정과 애로가 있겠으나 제발 이런 일은 절대 없기를 바란다. 오죽하면 입원할 형편도 못 되면서 입원하고자 했겠는가.

이런 의사는 히포크라테스 선서를 서약하지도 않고 의사 가운만을 입은 사람일 것이다. 의사의 대명사는 부(富)와 일치한다고 인식들을 하고 있다.

이런 생각을 우리는 버려야 한다. 의사 자신들부터 그러해야 한다. 부를 쌓기 위해 의사가 되고자 하는 사람이 있다면 그는 의학을 전공하지 말고, 사업가로 진출했어야 할 것이다. 의사는 존엄한 인간의 생명을 지키고 인간 삶의 건강과 안락을 지켜 주는 수호자가 되어야 한다. 부를 축적하여 자신만의 행복한 삶을 추구하고자 하는 의사는 의사가 아니고 의료 사업가일 뿐이다.

요즘 우리 주변을 둘러보면 묵과할 수 없는 의료 사업가도 많이 있는 것 같아 가슴 아플 때가 많다. 반면에 진정한 의술을 베풀어 박애정신으로 훌륭한 히포크라테스 정신을 몸소 실천하는 훌륭한 분들도 많다. 때문에 오늘날 이만큼 우리의 건강을 지킬 수 있는 것 같다. 나는 진정한 감명을 받게 된 계기가 있었다.

가끔 가는 그 병원 의사 선생님은 별로 말씀도 없고 무뚝뚝한 편이어서 예사로 생각해 왔었다. 그 병원에서 치료를 하다가 부득이한 일로 다른 병원에서 같은 치료를 받게 되었다. 같은 유의 치료를 했는데 의료비가 엄청나게 차이가 있어서 깜짝 놀랐다. 그 원인을 알아보니 내가 단골로 다니는 의사선생님께서는 지극히 정성을 들여 치료를 해 주셨어도 의료비를 일부만 받아 오셨기 때문이고 이곳에선 전액을 다 받기 때문이라는 설명이었다.

나는 너무나 깜짝 놀랐다. 그렇게까지 최선의 치료를 환자에게 베풀면서 묵묵히 의사의 사명을 실천해 오신 분인 줄을 몰랐다. 나는 얼굴이 화끈 달아올랐다. 많은 은혜를 입고도 그걸 모르고 살아왔다는 사실에 한없이 부끄러웠다. 그리고 나 자신을 돌아보았다. 나는 얼마나 그렇게 살아온 일이 있는가? 참으로 힘든 일을 그분은 그렇게 실천해 오고 있었다. 그분이 그렇게 꾸준히 훌륭한 의술을 베풀며 살아가는 일을 아는 분들이 몇이나 있을까?

나처럼 체험하지 않고는 아는 분들이 별로 없을 것 같아 나는 안타까운 생각이 들었다. 허나 이 생각도 부족한 나의 생각 같다. 그분은 속세의 인간들이 자신을 알아주기를 원치 않는 분이기 때문이다. 그분은 하느님께서 지켜 보심에 만족하는 분이시라는 걸 느끼게 되기 때문이다. 참으로 훌륭한 분으로서 지극히 존경받아야 할 분이었다. 생각만 해도 가슴 뿌듯하다.

우리 지역에 이런 의사 분이 계시다는 것이 얼마나 행복한 일인가! 나는 기회 있을 때마다 이분 이야기를 하게 된다. 다행히 내가 찾아가는 의사 분들은 한결같이 훌륭한 의술과 인격을 겸비한 분들이라 마음이 든든하다. 생각하면 얼마나 다행인지 감사할 따름이다. 많은 사람들이 오늘날 과연 히포크라테스는 존재하는가 하고 질문을 던질 때가 종종 있다. 과연 그 선서가 뭐기에 하고 재차 질문하는 경우도 있다. 의사의 사명이 무엇인가 재차 다짐해 보기 위해 그 선서를 여기에 옮겨 본다.

이제 의업에 종사할 허락을 받음에
나의 생애를 인류 봉사에 바칠 것을 엄숙히 서약하노라.
나의 은사에게 대하여 존경과 감사를 드리겠노라.
나의 양심과 품위를 가지고 의술을 베풀겠노라.
나의 환자의 건강과 생명을 첫째로 생각하겠노라.
나는 환자가 나에게 알려 준 모든 것에 대하여 비밀을 지키겠노라.
나의 의업의 고귀한 전통과 명예를 유지하겠노라.
나는 동업자를 형제처럼 여기겠노라.

나는 인종, 종교, 국적, 정당 관계 또는 사회적 지위 여하를 초월하여 오직 환자에 대한 나의 의무를 지키겠노라.

나는 인간의 생명을 그 수태된 때로부터 더없이 존중하겠노라.

나는 비록 위협을 당할지라도 나의 지식을 인도에 어긋나게 쓰지 않겠노라.

나는 자유의사로서의 나의 명예를 걸고 위의 서약을 하노라.

—〈히포크라테스 선서〉

의과대학교를 졸업할 때 반드시 이 선서를 서약하고 의사의 길에 들어선다고 한다. 이 선서 이상의 훌륭한 의학도들이 많이 배출되어 인류 건강에 이바지하고 안락한 삶의 길잡이가 되어 주기를 바란다.

이 땅의 많은 사람들이 히포크라테스는 어디에 있는가 하는 질문이 두 번 다시 재현되지 않도록 새삼 기원해 본다.

정영희

틈새

창문 틈새로 아침 햇살이 기어든다. 눈앞이 환해진다. "할머니, 나 우리 집에 갈 거야." 하며 다섯 살 된 손자 녀석이 조그만 제 배낭에 팬티랑 양말을 챙긴다. 잠자리에선 동화책을 읽어 주고, 장난도 치며 소통이 잘 되었었다. 그런데 무엇이 마음에 들지 않았는지, 입을 굳게 다문 얼굴 표정이 꼭 제 애비의 어릴 적 투정부리던 모습을 그대로 연상시키니 살포시 웃어 본다. 녀석은 아침잠이 없다. 내가 잠결에 자기 이야기를 건성으로 들어 준 것이 마음을 거스른 것이다. 서로 간의 마음에 틈이 벌어진 것이다. 틈을 좁히기 위해 가슴에 꼭 껴안고 보송보송한 뺨에 내 뺨을 비벼댄다. 등도 어루만져 주고 엉덩이를 토닥여 주었다. 곧 아이의 얼굴이 환하게 바뀌면서 나에게 안겨든다. 틈새가 금방 메꾸어졌다.

그렇던 녀석이 초등학교 2학년이 되더니, 더 큰 틈새가 벌어졌다. 음성이라도 듣고 싶어서 전화를 하면, 대뜸 "할머니, 미안해요. 저 지금 바쁘거든요." 하고 두 번 다시 말 붙일 여유도 주지 않고 전화를 끊어 버린다. 나무에 오르다가 미끄러져 땅바닥에 주저앉은 느낌이다. 아이들이 커 갈수록 점점 틈새는 넓어지게 마련이라고 이해를 하면서도, 서운함은 감출 수 없다. 달면 삼키던 시기가 지나 버린 듯 소외감을 떨쳐낼 수 없다.

오랜만에 시내버스를 탔다. 귀가 어두운 어느 할머니가 보청기를 꽂고 자리에 앉아 계셨다. 마침 그 옆에 서 있는 학생들이 모두 이어폰을 꽂고 있었다. 바깥 세상에 어두우셨던지 할머니는 안쓰러운 마음에 큰 소리로 학생들을 향해서, "어쩌다가 벌써 귀먹은 거야!" 하고 말을 붙여도 대꾸가 없다. 그러자 할머니는 혀를 차면서, "내 귀보다 더 나쁜가 보군." 하면서 바람벽을 향해 말한 듯 씁쓸한 표정을 짓는 모습이 서글퍼 보였다. 그 순간 내 귀도 멍해진 기분이었다. 문명의 이기 탓도 있지만, 세대 간 벌어지는 간극 때문에 빚어지는 불행의 한 틈새이리라.

마루에 생긴 틈새나, 천정의 틈새, 도로 콘크리트에 갈라진 틈새는 얼마든지 보수할 수가 있다. 즉, 우리 인간의 눈에 보이는 물체들의 틈새는 얼마든지 원상 회복이 가능하다. 눈에 보이지 않는 내면의 세계에서 발생하는 틈새가 문제이다. 부부지간 갈등의 틈이 벌어져 감당키 어려운 지경에 도달하면, 이혼으로 끝맺음을 하게 된다. 부부싸움은 칼로 물 베기라고 흔히 말하지만, 그것은 옛말이 아니라 헛말이다. 무형으로 빚어진 갈등은 유형의 틈새보다 메꾸기가 어렵다.

요즘 세계 경제가 바닥을 치고 있다. 그리스 정부는 나라를 운영할 재력이 없어 혼란에 빠져 있다. 경제를 바로 세우기에는 정부와 국민 간에 너무도 큰 틈이 벌어진 셈이다. 우리나라도 정치인들 간에, 그리고 정부와 국민들 간에, 불신의 틈새가 크게 벌어져 가고 있어 걱정이 앞선다. 어떠한 처방을 내려야 할는지 우리 모두가 머리를 맞대고 고민해야 될 일이다.

낮과 밤은 틈새 없이 잘 운영된다는 사실은 참으로 다행이다. 우리의 잠은 어찌 보면 틈새 같지만, 하루의 끝맺음과 출발점으로 육체와 영혼에 필요한 휴식을 주는 축복의 가교이다.

근 10여 년 전 멋쟁이로 소문이 자자하던, 선배 교수를 만났다. 아름답고 멋스럽던 그의 모습은, 정오의 그림자처럼 사라졌다. 숱이 많고 곱던 머릿결은 민둥산처럼 훤하게 드러나 있다. 명주실처럼 가느다란 흰 머리카락이 바람에 하늘거린다. 앞니도 흉하게 빠졌고, 허리는 굽어지고, 느린 걸음걸이 또한 구부정하게 팔자로 걷는다. 말하는 중에 치매기까지 드러낸다. 복잡한 길거리에서 나의 손을 붙잡고, 빠진 이를 드러내 보이며 바보처럼 웃는다. 얼굴이 예쁘고 똑똑하다고 소문났던 사람인데 어이가 없다. 차라리 만나지 않았더라면, 보고 싶은 옛날 그 모습으로 오래 기억되었을 텐데…. 젊음과 늙음의 틈새에서 빚어진 인생사인데 어찌하랴.

정말 인생무상이다. 우리 신체도 늙으면 못이 달아 빠지고 조였던 나사가 풀려 관절, 어깨, 허리에도 문제가 생기고 머리는 텅 비어 나약해지니 참으로 안타깝다. 우리와는 반대로 떨어지기 직전에 가장 아름다운 자태를 뽐내는 낙엽이 부럽다. 앞으론 의술이 더욱 발달하고 새로운 약들이 개발되어 우리 생명은 연장될 것이다. 그런데 오래 사는 것이 반드시 좋은 것은 아니다. 바람에 나뒹구는 낙엽처럼 보기 흉한 꼴은 되지 않고 싶다.

독일의 철학자 쇼펜하우어가 우리에게 물었다.

"인생아! 너는 어디서 와서 무엇을 하느냐? 인생아! 너는 어디로 가느냐?" 오늘도 이 질문을 마주하며 깊은 상념에 젖어 본다.

정은영

나팔꽃 연가

땡볕이 무서운 칠월이다. 집 앞을 흐르는 동천에 나가니 나팔꽃이 흐드러지게 피었다. 가만히 꽃 옆에 쪼그리고 앉았다. 형형색색 활짝 핀 꽃은 여섯 개 흰 줄이 고깔모자처럼 심지를 향하고 있다. 주변에서 흔히 볼 수 있는 나팔꽃은 대략 여섯 가지 색깔로 다양하다.

도시에 살면 계절의 감각이 무디지만, 나팔꽃이 활짝 피었을 때는 여름이 절정이구나 한다. 올봄 비가 내리고 영롱한 물방울을 매달고 있었던 나팔꽃이 언제 이렇게 화려한 꽃밭을 이루었는지 감탄이다. 여름날 천지에 흔하게 피는 나팔꽃은 여름꽃의 대명사라 해도 될 것이다.

고향을 떠나 도시에 정착한 지 어느덧 50년이다. 엊그제 고교 동기가 2025년 3월이면 고교 입학한 지 50주년 되는 해라고 했다. 참으로 까마득한 세월이 흘렀다. 맨주먹 쥐고 산 지난 50년은 옆을 돌아볼 틈도 없이 앞만 보고 살아온 날들이다.

'잘 살아 보세, 잘 살아 보세, 우리도 한번 잘 살아 보세' 이 노래가 울려 퍼지던 시절을 살았던 기억이 생각할수록 면도하다 배인 것처럼 아릿하다.

우리는 살면서 많은 일을 겪는다. 영화로 만들어도 시원찮을 것이 여럿이다. 그런 중에서도 어떤 일은 농익어서 추억이라는 이름표를 단다.

그 가운데 나팔꽃 추억도 있다. 1970년대 전기가 들어오지 않았던 산골살이 기억은 나팔꽃이 함께했다. 이 꽃은 집 담장 아래서도 피고, 골목길 여기저기서도 피었다. 논두렁이나 밭두렁 가리지 않고 피어서 꽃이 예쁘고 아름답지만 흔해서 대우를 받지 못했다. 아이들은 여러 색 꽃을 따서 도랑물에 한 개 한 개 꽃 배를 띄우며 놀았다.

여름날 산골 아이들은 누가 말하지 않아도 때가 되면 시원한 바람이 부는 방천 포구나무 아래로 모였다. 이 나무 그늘이 놀이터였다. 동글동글한 돌을 주워 와서 '깔래'라고 하는 공기놀이를 하다가 심심해지면 소꿉놀이로 남은 하루해를 보냈다.

소꿉놀이는 지금 생각해도 정말 재미있었다. 소꿉놀이를 잘하기 위해서는 먼저 배역의 결정이 필요했다. 별것 아닐지 몰라도 당시는 심각하게 고민했다. 그중 역의 중심인 아빠와 엄마가 결정되고 나머지는 나이순으로 어린이 역까지 일사천리로 정해졌다.

대본도 없는 소꿉놀이에서 어린이 역을 맡은 영이는 배고프다고 칭얼거렸고 엄마 역 순이가 "조금만 기다려라. 곧 밥해 줄게." 하고는 분주하게 손을 놀렸다. 시냇가에 있는 예쁜 돌들을 포개서 솥을 걸었다. 다음에는 물살에 쓸려 결을 이룬 모래를 고무신에 퍼와 돌을 고른 후 부드러운 모래만으로 밥을 지었다.

아빠 역 철이는 역할에 대해 고민하더니 집에서 보았던 아버지를 떠올렸는지 씨익 웃었다. 자신 있다는 표정이었다.

철이는 바로 술에 많이 취한 듯한 표정을 지었다. 가끔 트림도 했다. 곧바로 연기에 몰입했다. 지난가을 큰형 등록금 마련 때문에 진, 묵은 빚을 갚는다고 장에 소를 내다 팔고는 서운했던지 그 돈으로 고주망태가 되도록 술을 마시고 마을이 떠들썩하게 고래고래 소리를 질렀던 아버지를 떠올렸다. 엄마 순이는 "저 인간 때문에 못 산다."라고 악다구니를 지었다. 물론 집에서 자기 엄마가 하던 그대로였다. 아빠 철이는 아무리 소꿉놀이지만 이래도 되나 싶을 정도로 집에서 아버지가 하던 대로 했다. "이 인간이 오늘 죽을라카나." 하더니 순간 아내 역 순이를 번쩍 들어서 방천에 내동이쳤다.

갑자기 자갈밭에 꼬꾸라진 순이는 얼마나 아팠던지 엄마 역할이고 뭐고 다 내려놓고 치마를 뒤집어쓰고 방천에 엎드려서 한참을 서럽게 울었다. 아빠 역할 철이도 당황해서 어쩔 줄을 몰라 했다. 요즘 어설픈 연극배우보다 연기력이 모자라지 않았다. 순이가 울다가 얼굴을 들었다. 이마에 나팔꽃 자국이 도장처럼 생겼다. 이를 보고 아이들은 배꼽을 잡고 웃었다. 순이도 영문을 모르고 같이 웃었다. 나팔꽃을 볼 때마다 소꿉놀이 생각이 먼저 떠오르는 것은 당연한 일인지 모른다.

아이들은 자기 집에서 엄마, 아빠 평소 행동을 보고 배운 것이라서 무대만 펼치면 따로 연습이 필요치 않았다.

봄부터 가을까지 집 앞 동천은 아카시아꽃, 찔레꽃, 쑥부쟁이꽃, 엉겅퀴꽃, 또 이름을 알 수 없는 꽃들이 무수히 피고 진다. 여름날의 화원이다. 그중 여름철 내내 피고 지는 나팔꽃이 단연 대장 꽃이다.

중학 시절에는 방천에서 나팔꽃을 따서 책갈피에 넣었다. 곱게 만들어진 나팔꽃 압화는 여자 친구에게 편지를 쓸 때 연지곤지 찍듯 편지지 여백에다 정성 들여 붙였다. 압화를 붙이고 나면 편지가 품격이 있어 보였다. 그 친구도 답장을 보낼 때 나팔꽃 압화를 붙였다. 편지를 받고 흐뭇해했던 까까머리 시절 풋풋한 기억이 나서 한참 웃었다.

흘러가 버린 시절/ 아쉬움만 남기고서/ 멀어져 가고 있지만/ 가슴에 남아 있는/ 그리움들은 더해만 가고/ 옛날을 기억하는….

— '가 버린 추억'

나팔꽃 몇 송이를 땄다. 추억의 압화를 만들기 위해서다. 구겨지지 않게 손바닥에 펴서 조심조심 집으로 돌아오는 길, 가수 남화용의 '가 버린 추억' 을 불러 봤다. 나팔꽃이 유년 시절 추억을 소환했다는 것만으로도 오늘은 너무 행복하다.

정인호

■

돌고 도는 것

가끔 병원엘 간다. 몸속의 핏줄 어느 곳이 조금씩 막혀 가며 순환 기능이 노쇠해 간다는 것이다. 그동안 알약 네댓 개를 처방받아 아침 저녁 복용했다. 고명한 의사선생님이 수고해 준 덕분인지 아니면 내가 스스로 운동을 한 덕분인지 여하튼 호전되어 하루 두 알씩만 복용하고 있다. 얼마나 다행인가.

그러고 보면 순환한다는 것은 원활하게 돌아가는 우주의 법칙과 닮았다. 막힘없이 잘 돌아가면 아프지도 않고 알약 처방도 필요 없다. 하기야 지구라는 자전(自轉), 공전(公轉) 2중 회전체(二重回轉體) 속에서 사는 것이 우리의 삶이어서 생로병사를 가볍게 여길 수 없다.

우리의 삶 자체가 빙글빙글 돌아가도록 숙명 지어진 것은 아닐까. 돌고 도는 돈을 가장 애지중지하는 것도 그 때문이요, 끝없는 윤회의 굴레 속에서 살다가 늙어서 저세상으로 가는 것도 '돌아가셨다' 라고 표현하는 걸 봐도 그렇다. 하여간 인간은 도는 것을 매우 중요하고 심각하게 생각한다.

얼마 전 고향집에서였다. 오랜만에 어머니를 뵈러 갔는데 맏아들이 왔다고 닭곰탕을 끓여 주셨다. 이제는 휠대로 휜 허리에다 청력까지 온전치 못한 어른이 손수 끓여 주신 닭곰탕이니 어찌 그 맛이 예사로울 수가 있으리.

어머니는 마당가 손바닥만 한 텃밭을 가꾸시며 닭 몇 마리를 동무 삼아 길렀다. 그중 한 마리를 희생시킨 걸 내가 모를 리 없다. 모이를 주고 닭장 문을 여닫던 고마운 손길인데 제 목을 비틀 줄 녀석은 예측이나 했을까. 장독대 옆에 걸어 뒀던 조그만 무쇠솥에 온갖 약재를 안친 다음 '어머니 표' 정성까지 넣고 이슥토록 지켜 앉아 끓이셨으니….

이튿날 아침 나는 포식을 했다. 아무리 천하의 팔진미(八珍味)라 한들 그 맛에 비할 수는 없으리라. 보이지 않지만 무엇보다 크나큰 것이 어머니 사랑이요, 무한한 정성이란 것을 절감하는 순간이었다. 연방 닭다리를 뜯는 나를 흐뭇한 표정으로 지켜 보다가 사발이 바닥을 드러낼라치면 국자로 얼른 진국을 담아 주시곤 했다.

이럴 때 마당가에는 수탉 한 마리가 한 발은 들고 한 발로 서서 아침 내 어정댄다. 방 안에서 제 동료 살점을 입에 넣고 우물거리는 모습을 깨금발 자세로 염탐하고 있었다. 그때 어찌나 미안하던지.

그러나 문제는 파리란 놈들이다. 예의 염치 없고 눈치코치도 없이 귀찮은 존재들이 아무 데나 극성스럽게 달려들고 이것저것 찝쩍댄다. 어머니가 끓여 주는 구수한 닭곰탕 냄새에 회가 동한 것인지 마구 덤벼든다. 인자한 어머니도 참다 못해 파리채를 들었다. 영공을 넘어온 적기를 정조준하듯이 "탁!" 하는 소리와 함께 보기 좋게 명중되어 나뒹굴었다. 그걸 파리채로 떠다가 열린 창문 너머 던져 버린다.

그 순간이었다. 마당에서 어정대던 수탉이 포물선을 그리며 날아오는 것을 부리를 채 벌리지도 않고 날름 받아 넘겨 버렸다. 긴 다리에 쏜살같이 달려가는 솜씨가 그야말로 전광석화다.

"히야!" 감탄하지 않을 수 없었다.

신속 정확한 멋진 자세라니! 세계 최고 텍사스 야구팀 외야수 추신수 선수도 그 같은 묘기를 보여 주지는 못하리라. 나도 파리채를 잡고 신중히 겨냥해서 날려 보았다. 하지만 파리는 콧방귀를 뀌며 날아가고 말았다. 어쨌거나 파리란 놈을 수탉이 받아 먹었다. 또 닭고기를 내가 먹었다. 먹고 먹히는 먹이 사슬에서 나란 존재는?

결국 산다는 것은 도는 것, 바람개비처럼 빙글빙글 도는 것, 끝없이 회전하는 것이 삶이 아닐까. 먹고 먹히며 먹이 사슬도 돌고 돈도 돌고 업보도 인연도 돌아간다. 어차피 도는 인생, 내가 좀 재미없는 수필을 썼다 해도 "저놈 돌았다."라고 해도 이상할 것도 없다는 생각마저 든다.

세상이 눈 빠지게 돌아가니 윤회의 바퀴는 어디까지 굴러가는 것일까. 그 업의 고리에서 해탈을 찾는 길은 어디쯤에 있는 것일까. 요즘 세상 돌아가는 꼴이 하도 어지러워서 가끔 그런 생각을 골똘히 해볼 때가 많아졌다.

정일주

엄마의 소망

우리 마을은 온 동네를 산이 울타리처럼 둘러싸고 있어, 보이는 것은 푸른 나무와 하늘에 해와 별과 달, 구름뿐이다. 좋게 표현하면, 인위적으로 가질 수 없는 천혜의 자연을 간직하고 있어 산수가 수려한 마을이다. 보리타작이 끝나자 장날 이른 아침에 엄마는 보리쌀 두 말을 자루에 담으며 등잔에 넣을 기름이 떨어져 사러 간다고 했다. 나는 떼를 써서 처음으로 엄마를 따라 장터로 향했다. 장터로 향하는 길에 수많은 사람들이 장에다 팔 물건을 지게에다 지고 머리에 이고 손에 들고는 장터로 향하고 있었다.

칠갑산 아래 청양 장터에 도착하니 장터는 사람의 홍수로 거리는 인산인해가 되었다. 장에 도착하자 내 눈에 처음 보이는 것은 엿장수였다. 목판에 담긴 넓적한 엿을 지게 위에 올려놓고는 쟁강쟁강 엿가위 장단에 어깨춤을 추면서 각설이 타령을 하는 엿장수의 모습을 바라보니 지난 봄날이 떠올랐다. 개구쟁이 여섯 살, 진달래꽃이 만개

한 봄날이었다. 산골 우리 마을에 엿장수가 들어와 가위를 쩔걱쩔걱 거리며 둘이 먹다 하나 죽어도 모르는 호박엿이 왔다며 마을이 떠나가라 큰 소리로 외쳐댔다. 산울림과 어울려 엿장수의 목소리는 메아리가 되어 멀리까지 울려 퍼졌다. 엿장수는 모여든 친구에게 엿을 조금씩 떼어 주면서 쌀이나 보리쌀에 떨어진 고무신이나 고철을 가져오면 맛 좋은 호박엿을 준다고 목청을 높인다. 집이 가까운 순이는 보리쌀을 가지고 나왔다. 엿의 달콤한 맛에 취해 있는데, 문득 마루 밑에 엄마의 까만 고무신이 눈앞에 어른거렸다. 나는 마라톤 선수가 되어 힘든 줄도 모르고 언덕을 넘어 집으로 향했다. 식구들은 모두 논밭으로 나가고 검둥이 혼자 마루 밑에서 집을 지키고 있었다.

마루 밑을 살펴보니 검둥이는 엄마의 고무신 위에서 오수를 즐기고 있다. 마루 밑으로 기어 들어가 검둥이를 밀쳐 내고는 까만 고무신을 꺼내어 가슴에 품고 엿장수를 찾아 정신없이 산등성을 넘어 이웃 동네로 뛰었다. 가쁜 숨을 몰아쉬며 가슴에 품은 까만 고무신을 꺼내 엿장수에게 내밀었다. 엿장수는 고무신을 받아들고서 두 눈을 크게 뜨고는 "이거 고무신이 너무 깨끗한디…." "아녀유, 우리 엄니 신발 또 있어유. 엄니가 엿 사 먹어도 된다고 했어유." 나는 단맛에 취해 새빨간 거짓말을 하고 말았다. 엿장수는 들고 있던 고무신을 작대기로 괴어 놓은 바지게 위로 휙 내던지고는, 호박엿을 여러 조각 내어 종이에 담아 주었다. 뒷동산으로 올라가 친구들에게 엿을 한 조각씩 나눠 주며 선심을 썼다. 단맛에 취해 놀다 땅거미가 질 무렵 귀가를 했다. 저녁 밥상에서 엄마의 얼굴을 보자 밥맛도 사라지고 가슴만 두근두근거렸다.

며칠 후 장날이었다. 이른 아침부터 식구들이 모두 나서서 신발을 찾느라 온 집안에 난리가 났다. 마루 밑을 살피던 엄마는 "개가 물어다 버린 거 아녀?" 부지깽이를 들고 죄도 없는 검둥이 혼내는 소리에 나는 그만 울음을 터뜨리고 말았다. "엄니, 지가 신발 주고 엿 사 먹었어유." "뭐여! 엄마 신발을 엿 사 먹어다냐?" 이 담에 어미도 엿 바꿔 먹으라며 호되게 꾸지람을 들었다. 어린 마음에 엿의 달콤한 맛을 잊을 수가 없어 얼른 커서 이담에 엿장수가 되고 싶다는 생각을 오랫동안 했었다. 장터에는 구경거리가 많았다. 얼굴에다 곱게 분칠을 하고는 어깨에 둘러맨 북을 둥둥 치고 노래를 부르며 신명나게 춤을 추는 동동구루무장사를 한동안 넋을 잃고 바라보다가 엄마를 잃고 울면서 장터를 헤매었다. 땀을 흘리며 시장 바닥을 돌아다니다 얼굴에 눈물범벅이 되어 엄마를 만났다. 대성통곡을 하는 아들을 품에 안고는 엄마는 긴 한숨을 몰아쉬며 웬수라는 말과 함께 앞치마로 얼굴에 땀을 닦아 주었다.

엄마는 보리쌀을 판 돈으로 고무신과 새우젓에 석유를 사 들고 집으로 향했다. 나는 왕사탕을 입에 물고는 손에 땀이 나도록 엄마의 치마폭을 움켜잡고 걸었다. "길남아, 너는 이담에 어떤 사람이 되고 싶은 겨?" "엿장수." 짧은 대답에 엄마는 "뭐여?" 그런 말 하지 말라며 내 손을 꼭 잡고는 훌륭한 사람이 되어야 한다고 말했다. "훌륭한 사람이 뭔데?" "내년에 학교 가면 선생님 말씀 잘 듣고 공부 열심히 하면 이담에 훌륭한 사람이 되는 겨." 초등학교 사 학년을 마치고 서울 큰댁으로 올라와 공부를 했다. 방학에 시골에 내려가면 엄마는 열심히 공부해서 훌륭한 사람이 되라는 말을 염불 외듯이 들려주었다. 밤낮없이 흙에 묻혀 생활하는 엄마가 싫어 나는 엄마의 말을 귀담아 듣지도 않았다.

요즈음도 여행지에서 각설이들이 공연을 하면서 엿을 파는 모습을 보면, 홍에 겨워 어깨를 들썩이며 웃음으로 유년 시절을 떠올리곤 한다. 부농의 셋째 딸로 태어나 흙에 묻혀 살면서 말썽꾸러기 아들 때문에 마음고생을 많이 하신 우리 엄마, 엄마는 성장한 아들 모습을 보지도 못하고, 지병(持病)으로 짧은 생을 마치셨다. 엄마의 생전 모습을 떠올리면 가슴이 울컥해진다. 사업을 접고 이제는 글쟁이가 되겠다는 아들의 모습을 보면 엄마는 뭐라 할까? 엄마의 소망을 외면한 청개구리 아들 때문에 노심초사(勞心焦思)하시다 현세를 떠나신 지 어언 반세기(半世紀)가 넘었다. 엄마는 고향 마을 동산에 외롭게 홀로 계셨는데, 한 해 두 해 봉분(封墳)이 늘어 가더니, 이제는 농가보다 많은 봉분이 고향 마을을 지키고 있다. 엄마의 소망(所望)을 외면한 나는 훌륭한 사람으로 살아왔는가? 자문(自問)하면 엄마를 뵈올 낯이 없다. "아들 때문에 엄마 고생(苦生)하셨다." 라는 말 한마디 못한 학창 시절의 불효가 더없이 후회스럽다.

자식을 기른 후에 비로소 부모의 은혜를 안다는 '양자방지부자(養子方知父慈)' 의 고사성어가 불효의 마음을 더욱 아리게 한다.

정준

■

나무

하늘은 아름다운 구름과 청명한 푸른빛 창공으로 빛난다. 거리와 들판에 나무가 서 있다. 열매 맺은 꽃과 생생한 잎의 맹아는 드러나지 않았다. 보이지 않는다고 없는 것은 아니다. 보이는 것은 보이지 않는 것, 들리는 것은 들리지 않는 것, 지각하는 것은 지각하지 않는 것, 감각하는 것은 감각하지 않는 것이 있다. 오늘 본 나무는 어제와 다른 모습이다. 종전의 잎새는 떨어져 보이지 않고 새로운 잎으로 갈아입었다. 같은 나무라고 간주한 것은 같다는 생각이었다. 한 뿌리이지만 노랗게 물든 잎, 싱싱한 잎, 떨어지는 잎이 있다. 같은 공기라 하여 생명이 같은 것은 아닌 것처럼 같은 나무라 하여 줄기와 잎이 같은 것은 아니다.

때와 장소 그리고 생각과 성질에 따라 다름의 차이도 있다. 눈에 보이는 세계에서는 보이는 만큼 본다. 보이지 않는 세계에서는 보이는 만큼 볼 수 없다. 그러나 볼 수 없는 미세물을 현미경으로는 볼 수 있고 들을 수 없는 소리를 주파수의 조정으로 들을 수 있는 것처럼 받아들일 수 있는 그릇이 있으면 담기게 될 것이다. 단정지어야 하나 단정지을 수 없는 여백이 있는 하나의 물질과 수단, 하나의 마음과 생각이 상대적인 것과 달리 하나의 활기는 구분되지 않는 보편이기도 하다. 대상의 반영인 경험과 감각, 대상의 주체인 이성과 지각은 일체적 활기에서 비롯된 자기 모습과 동작이다. 나무의 잎새는 무상과 영원, 형상과 본연, 변화와 순간을 생각하게 한다.

나무는 나를 마주하고 나는 나무를 마주한다. 느껴진다는 것은 없음과 대비된다. 나무의 동작은 별도이지만 모습은 함께한다. 장소는 시간과 함께하는 자연으로 아무것도 없는 텅 빈 곳이 아니라 있음과 없음으로 연결되고 채워진 각자의 형식이다. 없음도 있음 같은 물질적 양태와 상대적 성질을 갖는다. 산소와 바람, 산소와 호흡, 물과 습기, 물과 건기, 흙과 나무, 흙과 낙엽 같은 관계의 때와 장소는 있거나 일어날 수 있는 바탕도 된다.

집에 들어와 거실에 있는 꽃에 물을 주니 더욱 활기가 느껴진다. 주관적이지만 꽃에도 감성이 있음이다. 눈에 보이고 만질 수는 없지만 활기는 있다. 활기찬 하루, 활기를 채우자, 활기찬 인생이라고도 한다. 활기의 맑음과 탁함, 많고 적음, 강함과 약함, 질과 양에 따라 생활과 생각의 차이가 있다. 물질과 정신, 감각과 지각, 동작과 고정, 표출과 이면, 차이와 구분, 영속과 단절 속에 자연의 원소적 모습과 동작의 과정과 진전도 느낄 수 있는 활기가 된다. 나무는 활기의 산물이면서 산소를 생성하는 활기의 표상이기도 하다. 식물이면서 생명을 유지하는 공기와 바람을 견인한다.

오행 속에서 자연은 태양을 구심점으로 다섯 가지 원소인 물(수성), 나무(목성), 불(화성), 흙(토성), 쇠(금성)의 상승, 상극에 의해 이

합, 집산, 생멸, 유지, 변화, 순환한다. 원소의 모습과 동작으로 흙은 유지하고 물은 융화하며 불은 성숙하고 쇠는 고착하며, 바람은 동작하고 나무는 생명을 뒷받침한다. 공기는 대기를 구성하는 모습에, 바람은 공기가 이동하는 동작에, 나무는 공기를 발현하는 작용에 방점을 둔다. 그중 가장 비물질적인 나무에 생명력을 설정하는 것은 경험적이며, 물질적 원소인 물, 불, 흙, 쇠의 성질에 관념적 사랑 및 투쟁을 설정하는 것은 이성적이지만, 드러난 사실과 다양성에 대한 근원을 구분하는 것은 자의적이다.

나무는 생명체로서의 일체감에서 가정되거나 소망의 대상이 되기도 한다. 나무에서 모습과 동작을 보고, 모습과 동작에서 작용을 느끼며, 작용에서 자신을 보고 느끼게 된다.

조나다

우리들의 소소한 행복을 위하여

창밖으로 관악산이 보인다.

그 정상을 중심으로 좌우로 길게 늘어선 산들의 능선이 부드럽다. 능선과 능선이 어깨를 겯고 봉우리와 봉우리가 정답게 인사하는 창밖 풍경이 볼 때마다 감사하다. 집은 정남향이라 아침엔 해 오르는 아침노을이, 저녁엔 해 지는 저녁노을이 분홍빛으로 주홍빛으로 보랏빛으로 아름답다. 여기에선 해는 언제나 산 너머에서 오른다. 그리고 언제나 산 너머로 진다. 산과 함께 해를 맞이하고 산과 함께 해를 배웅하는 일상이 감사하고 고맙다.

관악산 위로 넓게 펼쳐진 하늘은 푸르고 드넓어서 바다 같다. 잔잔하면서도 명량(明亮)한 바다 같다. 마음이 다정해진다. 산을, 바다를 눈에 들이니 가슴으로도 산이랑 바다가 들어와 마음이 평온해진다.

따뜻한 커피를 내린다. 커피 향이 코 끝에서 감미롭다. 커피 한 모금에 추억 하나가 묻어난다. 커피 또 한 모금에 추억 또 하나가 묻어난다.

어느 날, 동네 낮은 산에 오르다 바람 타고 흘러든 커피 냄새를 따라간 적이 있었다. 한 사람이, 작은 양철통에 낙엽을 태우고 있었다. 커피 냄새는 낙엽이 타는 냄새였다. "낙엽 타는 냄새가 좋네요." 말하며 한참을 그 양철통 앞에 앉아 불꽃을 바라보았다. 불꽃이 전하는 많은 말들과 커피 냄새를 온몸에 묻히고 집으로 돌아왔었다. 우연히 마주한 작은 즐거움이었다.

오래전 내가 살던 집 주방에는 서쪽으로 창이 나 있었다. 그 창 저쪽 성황산 뒤로 노을이 번지기 시작하면, 창가에 놓인 식탁 의자에 앉아 노을을 바라보며 아버지는 종종 말씀하셨다. "커피 한 잔 주겠니?" 낮고 부드러운 음성이었다. 노을처럼 따뜻한 음성이었다. 관악산에 해가 기울기 시작하면, 그래서 머리에 노을을 이고 있는 관악산을 바라보면 창가에 앉으신 아버지 모습이 생각나고 노을처럼 따뜻한 아버지 음성이 되살아나 들려온다. 내 깊고 소중한 보물 같은 추억이 따뜻하게 피어오른다. 관악산이 고마운 한 이유다. 따뜻한 커피 한 잔이 고마운 이유다. 일상 속에서 풀어내는 감사함이다.

글을 쓰고 있는데, 동생과 놀던 그 누나의 다급한 목소리가 들린다. "엄마, 동생이 배고프대요." 누나는 7살, 동생은 6살인 내 외손녀와 외손자다. 아이들 엄마가 대답한다. "응, 지금 볶음밥 만들고 있어. 조금만 기다려. 금방 돼." 아이들이 무어라 속살거리더니 큰애가 다시 큰 소리로 말한다. "엄마, 동생이 배가 너무 고파서 기절할 것 같대요." 아이들 엄마도 다급한 듯 말한다. "기절한다고? 큰일이네. 엄마 아들이 그 정도로 배고프단 말이야?" 키득키득 아이들이 웃는다. 장난이다. 저희들 장난에 엄마가 호들갑스레 놀라니 아이들은 재미있다. 엄마가, 저희들의 장난인 줄 알고 있다는 것도 모른 채 아이들은 까르르 재미있다.

소소한 일상인데 나는 가슴 뭉클하다. 이리저리 구르며 부딪쳐 맑은 공명을 일으키는 아이들의 웃음소리가 고맙다. 엄마와 자녀들 사이의 허물없는 장난이 사랑과 신뢰에서 오는 것일 거라서 감사하다. 그를 바라보며 환하게 미소 짓는 아이들 아빠의 심중이 귀하다. 그런 자녀들이 이루고 있는 가정이 감사하다. 소소함으로부터 행복이 건너왔다. 소소한 한 점(點)에서 시작된 행복이다. 물방울 하나하나가 모여 강을 이룬다 했던가. 강들이 흘러 모여 바다가 된다 했던가. 소소한 것에 감사해야 하는 이유다. 소소한 것에 성심을 다해야 하는 이유다. '지금' '여기에서' 가 중요한 이유다.

신학용어에 '종말론적(eschatological)' 이라는 말이 있다. 신학을 공부한 4년 중에 가장 신선했고 가장 기억에 남는 용어다. 젊은 시절의 헛 멋으로 그때에는 'eschatological' 이라는 외국 용어를 즐겨 썼다. 용어로는 헛 멋을 부렸지만 내용으로는 가슴을 때려서 일생의 좌우명이 되었다. 항상 그렇게 살았던 것은 아니지만 끊임없이 되살아나는 삶의 명제였다. 지금은 'eschatological' 이라 하지 않고 '종말론적' 아니면 '지금, 여기에' 라 한다. 생각이 짧은 이가 왜곡하면 종말론적이라는 것을 방종과 연결하기도 하지만, 실인즉 이 말은 성실과 최선을 의미한다. '지금' '여기에서' 최선을 다한다는 의미인 것이다(이것은 기독교의 본질이기도 하다).

그런 의미에서 스피노자의 "내일 지구가 멸망한다 해도 오늘 나는 한 그루의 나무를 심겠다."라는 말은 모순이 아니다. 내가 이해하는 종말론적이라는 말과 같은 이야기이다. 내게, 우리에게 중요한 건 '지금, 여기에서, 최선을' 이라는 것이다. 시간과 세월의 강(江)은 끊어졌다 다시 이어지는 것이 아니니. 지금의 시간과 다시 지금의 시간은 연속인 것이며 그것이 한 세월인 것이며 우리 삶의 강인 것이니. 이것은 너무 쉽게 할 수 있는 당연한 말이지만 수시로 혹은 거의 대부분을 잊고 사는 말이기도 하다. 소소한 일상이 모이고 모여 내 삶이 되는 것이기에 지금의 생활에서 성실과 최선과 감사와 사랑을 찾아야 하는 이유가 거기에 있다.

좋아하는 시 중에 나태주 시인의 〈오늘의 약속〉이라는 시가 있다.

덩치 큰 이야기, 무거운 이야기는 하지 않기로 해요/ 조그만 이야기, 가벼운 이야기만 하기로 해요/ 아침에 일어나 낯선 새 한 마리가 날아가는 것을 보았다든지/ 길을 가다 담장 너머 아이들 떠들며 노는 소리가 들려 잠시 발을 멈췄다든지/ 매미 소리가 하늘 속으로 강물을 만들며 흘러가는 것을 문득 느꼈다든지/ 그런 이야기들만 하기로 해요

남의 이야기, 세상 이야기는 하지 않기로 해요/ 우리들의 이야기, 서로의 이야기만 하기로 해요/ 지나간 밤 쉽게 잠이 오지 않아 애를 먹었다든지/ 하루 종일 보고픈 마음이 떠나지 않아 가슴이 빠근했다든지/ 모처럼 개인 밤하늘 사이로 별 하나 찾아내어 숨겨 놓은 소원을 빌었다든지/ 그런 이야기들만 하기로 해요

실은 우리들 이야기만 하기에도 시간이 많지 않은 걸 우리는 잘 알아요/ 오래 헤어져 살면서도 스스로/ 행복해지기로 해요/ 그게 오늘의 약속이에요

—나태주, 〈오늘의 약속〉 전문

결이 조금 다르긴 하지만, 지금의 나에, 나를 둘러싸고 있는 소소하

고 작은 것들에 관심을 가지고 사랑하자는 이야기일 것이다. 행복은 어느 순간 만들거나 만들어지는 것이 아니라 소소한 일상들이 쌓이고 쌓여 비로소 그 강을 이룰 것이라는 이야기일 것이다. 지금 행복하면 그 지금과 또 지금이 강을 이뤄 후일도 행복할 것이라는 이야기일 것이다.

길가에서 꽃 한 송이를 보았네
꽃 옆에 네잎클로버가 있었네
옆에는 나무 한 그루가 있었네
산들바람이 솔솔 부네
너무 예뻐, 호호호
청산이 여기서도 보이네

컴퓨터 앞에 앉아 있는 나를 보더니 손녀 아이가 저도 글을 쓰겠단다. 컴퓨터를 내어 주고 그 옆에 앉았더니 작은 손으로 이 글을 썼다. 제목이 〈꽃 한 송이〉란다. 며칠 전에 배운 한자 푸를 '청'과 뫼 '산'을 바로 응용한 것이 재미있어 나는 미소를 짓는다.

공기 한 오라기, 바람 한 점, 꽃 한 송이, 여린 나뭇잎 하나, 나를 기억해 주는 숨결들, 작은 감동들 그리고 작은 미소가 있을 수 있어 나는 감사하다. 감사해서 나의 소소한 일상은 수시로 행복하다.

우리들의 소소한 일상에서 오는 작은 감사들을 위하여, 그 감사들이 가져다 주는 우리들의 소소한 행복을 위하여 오늘 나는 작게 콧노래를 부르련다.

조정화

■

틈새

거실 앞 창문 밖 풍경이다. 식탁 의자에 앉아 밖을 바라보는 방향이 거실 창문 밖이다. 창문 밖은 큰 대로변이다. 사차선 대로에는 여러 종류의 차들이 달리고 있다. 왼쪽의 십자형 도로에는 신호등이 다채롭게 작동하고 있다. 우리 집 9층에서 창밖을 바라보노라면 많은 모습들이 보인다. 제일 즐거운 풍경은 평일 아침 8시 넘으면 초등학교 아동들이 책가방을 등에 짊어지고 무리 지어 아파트 단지에서 나오는 모습이다. 학부형들의 모습인 듯 깃대를 가지고 신호등의 작동에 따라 아동들을 인도하여 길을 건너게 하는 모습은 보기에 좋다. 아이들은 미래의 꿈이고 희망이다. 어느 곳에서든지 아이들은 꽃보다 곱고 그 무엇과도 비교할 수 없는 행복한 보물이라 보기에도 참, 좋다.

큰 길 건너에 아파트 단지가 우뚝우뚝 하늘을 향해 치솟아 뻗어 있다. 아파트 건물 두 동 사이에 행운의 틈새처럼 틈이 벌려져 있다. 벌려진 틈새로 멀리 하늘이 높이 솟아 있다. 산 능선을 타고 나무들이 보인다. 아파트 안 큰 나무들도 하늘을 향해 뻗어서 솟아 푸르러 있다. 바라보이는 하늘에서는 구름들이 놀이도 한다. 치솟은 나무들이 흥겨운 바람과 정담도 나눌 것이다. 풍경을 바라보는 시야와 가슴이 그래도 틈새를 따라 눈을 크게 뜰 수 있으며 큰 숨을 쉬면서 열려지는 듯하여 행운의 틈새로 이름한다.

내가 사는 아파트 단지는 9동이다. 나는 5동에서 살고 있다. 나는 개인 주택에서 살 여건이 못 되어 아파트에서 살고 있다. 영화나 연속극에서 가끔 아름다운 정원이 있는 고급스러운 개인 주택을 볼 수 있다. 집 내부야 아파트나 단독 주택이나 별 차이가 없겠지만 그 아름다운 정원이 있는 집은 부러울 수밖에 없다. 나무와 수목을 좋아해서 그런지 큰 아름다운 소나무가 있는 정원은 참 아름답게 생각된다.

나는 아파트 단지 벤치 의자에 앉아 사색을 잘한다. 내 개인 정원이 있는 것은 아니라도 단체의 공원도 나도 함께하는 공원이요, 아름다운 아파트 단지 공원의 소유자라고 위로한다. 아파트 단지 이곳저곳의 아름다운 모습을 만끽하면서 즐거움과 기쁨을 소유하려고 자신 스스로에게 위로한다.

내가 사는 현재 아파트에 입주하였을 때는 거실 창밖에 보이는 풍경은 확 트인 논의 풍경으로 농부들의 농사짓는 모습도 보였다. 밤이면 조용한 공간에 개구리 울음소리를 들을 수 있었다. 모처럼 들어보는 "개골개골" 개구리 울음소리는 감동과 아련한 향수의 추억을 불러오기도 하였다. 그런데 어느 날 창밖 풍경은 논바닥을 다지는 여러 장비와 짐을 싣고 있는 트럭들과 장비들이 건물을 짓는 모습들로 분주했다.

어쩌다 얼마 세월이 지나더니 그 농토에는 우뚝우뚝 하늘을 향해 솟아 있는 아파트 건물이 건축되어 있다. 한편으로는 감탄도 한다. 푸른 초원 논바닥에 저토록 거대한 건물을 건축하는 우리나라의 건축인들의 건축 기술이 대단하다 생각된다. 하늘도 산도 모두 보이지 않는다. 그런데 그 조그만 틈새가 조금이나 숨통을 여는 듯 가슴을 열어 준다. 아파트 두 동 사이에 조금 틈새가 있어 망정이지 모두가 꽉 막혔더라면 얼마나 답답하였을까. 나의 숨통이 고장 나려고 했을 것만 같다.

틈새에 대한 낱말을 생각해 보자. 첫 번째 벌어져서 난 틈의 사이를 틈새라 한다. 어느 공간이 벌어지면 틈새가 난다. 둘째로 사람들이 많이 모여 있는데 틈을 비비고서 속으로 들어갈 수 있는 틈새도 있다. 셋째로 어떤 행동을 할 만한 기회를 이르기도 한다.

첫 번째로 아파트 두 동의 틈새가 웬만큼 떨어져 있어서 멀리 산이 보이고 위로 하늘이 보이고 키 큰 나무들이 보여져서 얼마나 삶에 위안을 주는지 다행이다 싶다. 또한 그 틈새로 마당의 놀이터에서 아이들이 그네 뛰고 공치기하고 뜀박질하는 모습은 다행스럽게 아름다운 즐거움을 선물해 준다.

둘째로 가끔 사람들이 에워싸서 모여 있는 곳을 볼 수 있다. 대중 속이 궁금하여 틈새를 벌리고 그 속을 헤집고 들어가는 이가 있다. 물론 사람들의 눈총을 받는다. 틈새를 뚫고 들어가서 기필코 그 흥미거리를 누리는 자가 있을 터이다. 자신이 틈새 속에 들어가서 목표 달성하는 것이다. 기필코 그 재미있는 광경을 시야로 느낀다. 손으로 확인하고 싶어 만질 상황이면 체험한다.

셋째로 마음속이 박 터지게 고통스런 사람이 있다. 물론 순간적인 상황일지라도 마음의 고통을 견디기 위해 몸부림칠 때가 있는 자가 있다는 것이다. 여러 모습으로 나타날 때가 있는 것이다. 질병의 우울한 지경에 이를 때도 있다. 지난 과거를 후회하면서 애통하는 자도 있다. 사랑하는 사람의 배신을 못 견디게 고통스러워하는 자도 있다. 궁핍에 시달리는 자도 있다. 이모저모 삶이 평탄하지 않은 모습이다. 그 고통의 짐을 해결하지 못하여 생을 버려, 생명을 버리는 위태로운 자도 있다. 참으로 별난 인생들의 가지가지의 시달림이 있다.

어찌하여야 살 길이 열릴까? 틈새가 열려 삶을 향한 빛이 있어야 한다. 오! 하나님! 오! 하나님! 절로 숨이 갈급하다. 나를 구원할 신을 갈구하게 된다. 신도 부르짖지 아니하고 그냥 죽어 갈 것인가. 우리나라에 쥐구멍에도 볕 들 날이 있다는 속담이 있다. 그런데 딱 한방에 대박 나는 삶의 틈새를 알면 만사가 해결이다. 정말 신나는 비결이다. 배에 힘을 꾹 주고 삶을 향한다. 그렇게 믿겠다. 믿어 본다.

한방에 해결은 인생의 고단한 모든 죄 짐을 십자가에 못 박혀 죽기까지 돌아가셨다가 사흘 만에 부활하신 예수님께 인생 짐을 다 드리는 것이다. "수고하고 무거운 짐 진 자들아 다 내게로 오라 내가 너희를 쉬게 하리라."(마태복음 11장 28절) 주님의 초청은 어떠한 자격도 조건도 필요치 않다. 그분 앞으로 마음을 가까이 나아가면 된다. 사실로 눈에 보이지 아니하지만 쉼과 회복을 경험하면서 축복되게 된다.

훌훌 마음을 털어 버리고 가볍고 감사하게 살면 해결이 되어진다. 어느덧 틈새는 열리고 삶의 빛이 오는 것이다. 그 고통의 무거운 짐을 짊어지고 죽기 직전에 틈새를 뚫고 무거운 짐을 예수님! 하면서 던져 버린다. 틈새에서 빠져나오는 삶의 구원이 있다.

조한금

■

하느님의 뜻

낯선 인천의 스산한 겨울이 가고 3월이 되었다. 20년을 살던 목포에서 이사 온 지 5개월. 남편은 서울의 새 직장으로 전철 통근하고 중2와 초5의 딸애 둘도 등교하고 나면 갈 곳 잃은 나만 종일 방 안에 갇혀 지냈다. 날마다 신문의 구인란을 뒤졌다. 그리고 별러 찾아간 곳이 백옥생 한방 화장품 지사였다. 기자 아내, 나름 콧대가 높던 내 사고의 대반전이 필요했다. 낯선 곳이니 아무도 몰라 본다는 이유 하나로 3일간의 교육을 받고 외판사원으로 첫 출근을 했다.

가방에 제품 몇 개 챙겨 담고 어디로 가서 누구에게 팔아야 할지 막막한 첫날, 낯선 아파트의 집집의 벨을 눌러 문을 열어 준 댁에 들어가 1시간을 머물며 제품의 장점을 설명해 두 개를 팔았다. 그 댁 현관문을 닫고 뒤돌아서는 순간 뒤통수가 불붙은 듯 후끈거렸다. 난생처음 맛본 희열이었다. 그러고서 고1 큰딸아이를 목포에서 데려와야 하는 추첨이 있어 뺑뺑이를 돌리는 학교로 갔다. 인천 중고등학교의 결원된 숫자만큼만 채우는 좁은 문이었다. 교실은 남녀 열두 학년의 학부모들로 넘쳐났다. 여고 1학년의 결원은 두 명뿐인데 대기자는 열세 명이었다. 순간 하느님께 화살기도를 쏘아 올렸다. 저보다도 아이를 맡아 준 댁의 사정을 봐서 꼭 데려오게 해 주시라고 간청드렸다. 일곱 번째로 나가 뺑뺑이를 돌렸다. 급한 마음에 빨리 돌리니 은행알이 나가지 않았다. 세 번 만에 핑크 알이 튕겨 나갔다. 당첨이다. 순간 나도 모르게 감격의 눈물이 주르르 흘러내렸다. 신학기 시작한 지 채 한 달이 안 되었는데 1년을 기다렸다는 어머니들이 주르르 몰려와 몹시 부러워했다. 점심도 굶은 채 추첨장으로 가 마음 졸이다가 아이까지 데려올 수 있게 되었으니, 그날은 하느님의 특별한 은총을 실감케 했다. 퇴근해 오기 바쁘게 십자고상 앞에서 큰절을 거푸 다섯 번 올렸다.

입사 3개월 만에 판매 실적 1위에게 주는 금배지를 달았다. 그러나 그렇게 수익을 올리기보다 직접 경영하여 나처럼 갑자기 불운해진 사람들을 돕고 싶었다. 마침 사무실 내근 업무를 맡아달라는 지사장의 요청으로 8개월간 업무 전반을 익히고 이듬해 1987년 3월, 입사 1년 만에 순수 자력으로 '상인천' 지사를 오픈했다. 남편도 노태우 대통령의 6·29 선언으로 인해 그해 가을 좋은 직장 삼양사를 사직하고 7년 만에 동아일보에 복직되었다.

우리 본사의 교육은, 아무리 신언서판(身言書判)이 출중해도 영업 못 하면 똥 된다는 실적 위주의 세뇌 교육이 전부였다. 밑천 없이 맨몸으로 부딪혀 돈 버는 방법을 가르치는 일이 지사장의 역할이니 장사와 사업은 매우 달라 애로가 많았다. 갑자기 쫄딱 망하고 빈손으로 찾아든 완전 생배추 같은 스스로 잘난 여인들을 자존심 내려놓는 정신 교육으로 숨죽여 겉절이로 일선에 내보내는 일이니 나만 잘한다고 되는 일이 아니었다. 많이 부족했다. 늘 목말랐던 공부, 1992년 3월 숭실대학교 중소기업 대학원 WAMP 여성 최고경영자 과정을 수료했다. 그렇게 경영을 배웠다. 인천에서 승용차를 몰고 학교 가는 시간이 늘 설레었고 강의를 듣는 내내 행복하고 뿌듯했다. 그때 강사로 출강하신 전 이한빈 국무총리가 앞으로 10년 후엔 운전, 컴퓨터, 영어 못하면 '물렀거라!' 하는 뒷방늙은이 대접받는다면서 그 세 가지는 꼭 배우라고 하셨다. 그 후로부터 나 역시 공부하기 싫어하는 젊은이들에게 그 말을 꼭 일러 준다.

"여인아! 내가 네 의중을 보노라." 하신 말씀처럼 하느님은 그대로 행하셨다. 사업을 시작한 후, 이제 몸으로 교회에 봉사할 시간이 없어졌으니 적으나마 물질로 봉사하겠다고 하느님께 약속드렸다. 목포에서 수녀님들이 운영하는 '경애원(고아원)' 에 3년간 매달 10만 원씩 보내기로 스스로 마음 정하고 14개월을 보내다가 중단했다. 매출부진이 이유였으나 실은 금방 팔아 준다는 중개인의 말만 믿고 사업자금 1천만 원을 빼내 울진 영덕에 3천 평의 임야를 샀기 때문이다. 그는 개인 사정으로 3년 만에야 나타나 처분해 주었다. 그날 받은 10%의 계약금 220만 원 전액을 그대로 목포 경애원으로 송금했다. 수녀님은 계좌를 묻는 내게 어려우면 안 보내도 된다고 하셨으나 나는 하느님께 진 빚이라며 갚았다. 그와 때를 같이해 본사가 부도 위기에 처하자, 전국의 지사장들에게 도움을 청했다. 선입금하면 그 액수에 따른 리베이트를 물품으로 주겠다는 것. 기회였다. 산을 처분해 받은 잔금 2천만 원을 그대로 본사에 송금하고 추가로 받은 물품은 운영에 많은 보탬이 되었다.

사업이 어느 정도 안정되자 때마침 강화도에 짓는 신학교 건축 헌금으로 두 평 값 500만 원을 신립했다. 그리고 대전 대덕연구단지에 짓고 있는 고층 아파트 48평을 분양받았다. 살고 있던 인천의 아파트를 처분하고 대전으로 이사할 계획을 하고 있었기 때문이다. 인천 사무실은 그대로 운영하면서 대덕단지에 전문 마사지실 '스킨프라자'를 오픈하고 15명의 미혼 여성을 채용, 마사지 기술을 가르쳤다. 그때부터 인천과 대전을 날마다 운전하며 오르내리느라 몸만 분주했다. 한데 난데없이 스킨프라자에 아침 일찍 도둑이 들어 출근한 여사원을 겁탈하려다 미수에 그친 사건이 발생했다. 이어 경리가 금전 사고를 친 것도 발각되었다. 범인을 잡고 보니 경리가 남자친구를 끌어들여 저지른 공범이었다. 하느님의 뜻이 아니라고 판단해 대전의 모든 계획을 철회, 사업장을 정리하고 원점으로 되돌리느라 손해가 컸다. 그때까지 신립 약속만 해놓고 3년 동안 입금하지 못한 건축 헌금을 딸애 결혼 자금으로 들어둔 곗돈을 타서 완납했다. 그리고 세월이 한참 흐른 뒤에 그때의 손해액을 산정해 보니 500만 원의 3년치였다. "와, 무서운 하느님!" 웃음이 나왔다. 하느님께 약속한 것은 뭐든 그 어떤 것이든 꼭 지켜야 한다는 것을 그렇게 깨달았다.

콜롬비아 보고타로 어학 연수를 보냈던 막내딸의 귀국 일정에 맞춰 1993년 12월 31일 남미 5개국 23일 일정의 패키지 여행을 떠났다. 막내딸 마중을 나간 것이다. 1994년의 새해 벽두부터 브라질, 아르헨티나, 칠레를 일행들과 돌아보고 막내와는 페루 공항에서 1년 만에 얼싸안았다. 일행들의 스페인어 보조 가이드와 내 입이 되어 준 딸과 페루의 쿠스코며 마추픽추, 멕시코의 과달루페 흑인 성모 성당을 둘러보았다. 그곳에서 묵주를 들고 무릎걸음으로 슬행(膝行) 참배하는 각국에서 온 신자들의 신심을 보면서 숙연했고, '칸쿤' 의 그 멋진 해변에서 몸을 적시는 모녀만의 추억도 만들고 귀국했다. 그 후 매출 실적 우수 지사에만 주는 상으로 뉴질랜드와 호주를 다녀오기도 했다.

남편의 실직에 한이 맺혀 오로지 고용 창출에 전력을 다한 보람으로 1997년의 IMF도 웃으며 넘길 수 있었다. 이 모두가 1980년 5월, 전두환의 5·18로 인한 남편의 실직 때, 한 달간의 성체조배 중에 귓가에 낮게 들려주셨던 '낮아져라!' 명하신 하느님의 뜻이었다. 30년이 지난 옛날 얘기로 지금은 한적한 시골 장수에 귀촌해 살고 있다.

주진호

■

물신(物神) 문명고(文明考)

오늘날 우리 사회의 보편적 인격관(人格觀)은 전통 사회의 규범에 따른 예의(豫儀)와 덕성(德性)을 고루 갖춘 청민한 이지적(理知的)인 인품을 간직하며 서로가 배려와 존경의 미덕으로 애정을 나누며 성실하게 살아왔고 앞으로도 그와 같이 살아갈 것이다.

다만 오늘 날 장유유서(長幼有序)라고 하는 전통 사회의 미풍양속의 사회적 기본 가치관이 물리적인 수리(數理)에 기울면서 사회가 일렁이는 신기루 같은 환상에 젖어드는 것 같아 불안한 마음도 든다. 다만 사람에 따라 가치관의 차이로 인한 반응의 차이가 있을 수 있다.

그러나 현실 사회 구조는 인륜(人倫)을 기반으로 가족 중심의 전통 사회의 감각주의적인 가치관으로 형성되다 보니 사회 공통체의 기본 윤리와 이성을 경서하거나 무시하는 비이성적인 행위도 대개 죄의식 없이 부분적으로나마 행해지는 현실은 이성 결핍증(理性缺乏證)의 징후가 아닌가 싶어 심한 불안감도 든다. 다만 기우기를 바란다.

그리고 인간 본성에 대한 참다운 기본 가치를 많은 사람들이 나름대로 추구하지만 인간은 또 다른 생명체와는 달리 영적(靈的)인 창조적 능력을 갖고 있는 영리하고 고귀한 생명체라고 하겠다. 또한 우리 모두가 추구하는 행복의 개념은 주관적이므로 사람에 따라 다를 수 있겠지만 자신이 추구하는 가치의 성취감으로 얻어지는 가장 흐뭇하고 보람 있는 감정이라고 할 수 있겠다.

다만 현실을 모르는 이상이나 또는 이상이 없는 현실주의자의 주장 역시 허망한 공론(空論)에 불과하다고 할 수 있겠다. 그리고 세상의 모든 가치를 위한 행위는 사람다운 삶의 의무와 책임을 다할 수 있는 진실에 귀착돼야 한다.

또한 우리가 누리고 있는 지금의 자본주의 자유 경제 체제가 부(富)의 가치 창출에 가장 합리적인 제도라고 할지라도 사회적인 기본 가치가 한 개인을 위한 정신적으로나 물질적 풍요로움에서만이 인간의 행복을 위한 절대 가치가 되지 못 한다는 사실은 동서고금의 통념으로 오직 사회 구성원 간의 믿음과 사랑만이 건전한 사회 자본으로 치부할 수 있는 가치라고 할 수 있겠다.

또한 사람들 누구나 추구하는 행복의 가치는 자기 내면에서 우러나는 기쁨의 충만감으로써 순간적인 감정으로 오랜 시간 지속되기 쉽지 않은 감정이기도 하다.

하지만 우리는 정신 건강을 위한 혜안과 보다 더 큰 용기로 값진 성취의 기쁨을 안고 삶을 누리도록 꾸준히 힘써야 하며, 그러한 모습이야말로 사람답게 사는 값진 모습이 아닐까 한다. 다만 꾸준히 지속하기 힘든 감정일 수도 있다.

그리고 우리의 삶이 물질적인 풍요를 누리기 위한 단순한 삶보다는 자신의 확고한 의지와 양심의 조화를 이루어 보다 고귀한 가치의 실현을 위한 멋지고 값진 아름다운 모습으로 가꾸어서 보다 뜻깊은 삶을 살도록 노력하는 것이 위대한 문명을 일구어 낸 인간으로서 마땅히 지키고 가야 할 의무이자 책임이라 하겠다.

하늘은 스스로 돕는 자를 돕는다고 하던가!

자신의 삶을 스스로 해결할 수 없는 불확실성에 대한 불안감에서 당사자 중엔 간혹 특정 종교에 의지해 해소하고자 노력하거나 위안을 받고자 하기도 한다.

최광호

■

경계의 메시지

자본주의 경제의 발전으로 우리는 풍요로운 물질적 삶을 누리고 있다. 반면 인간의 정신 세계는 오직 물질적 욕망을 갈구할 뿐이다. 인간이 지향하는 삶의 목적은 이용 가능한 모든 것을 상품으로 만들어 유통시키는 데 있다. 이처럼 세상은 물신화되어 허상이 지배하고 인간 정신은 물질의 노예로 전락해 버렸다. 도시의 공간은 삶과 희망을 실어 나르는 상생의 공간이 아니라 인간을 절망하게 만들고 우리 모두를 질식시키는 공간이다.

우리가 살고 있는 과학 문명의 신화는 자본에서 비롯된다. 자본은 무소불위의 권력을 행사한다. 자본은 이 시대의 전지전능한 신과도 같다. 자본의 앞길을 막을 수 있는 것은 무엇인가.

자본은 상상력과 조응하여 인간의 삶을 편리하게 만들기도 한다. 하지만 자본의 효용 가치만을 내세워 인간의 의식을 지배하고, 인간을 물질의 산물로 폄하하거나 인간 자체를 물화시킨다.

물화된 인간은 자연의 순리를 위반할 수밖에 없다. 인간의 욕망에 의한 문명의 도구는 스스로의 삶에 커다란 재앙으로 다가온다. 현대 자연의 재앙은 자연 자체가 만든 재앙이 아니라, 인간의 인위적인 조작에 의해서 만들어진 것이다.

인간의 삶을 근본적으로 파괴하는 재앙에 대해 많은 시인과 작가는 경계의 메시지를 전달하고 있지만 역부족이다. 그럼에도 불구하고 이에 대해 시인과 작가들이 계속 말해야 하는 것은 현대 문명 자체에 대한 비판이어야 한다.

시는 정신과 영혼의 산물이다. 합리성과 논리성으로 무장한 시대, 모든 가치를 계산 가능한 것으로 환원시키는 시대에, 시의 본질은 인간 삶의 의미는 무엇인가를 상기시킨다.

시문학은 논리 이전의 세계를 사유하고 논리를 초월하는 가치를 창조하는 것이며, 나아가 타자와의 영적인 교류를 통해서 인륜적 가치를 창조한다는 명제에 보다 접근한 것이다.

“삶의 무게가 깊어지면 깊어질수록 그것과 비례하여 어둠과 고독도 깊어진다. 시란 바로 고독과 어둠에서 탄생하는 가장 아름다운 영혼의 몸짓이 아니겠는가.”

이 말은 시를 쓰는 행위란 어떠해야 하는지를 잘 보여 준다. 시적 삶이란 진정성의 삶이라는 것을…. 널리 읽히는 시들이 감동을 주는 이유는 삶에 대한 진솔한 자기 고백에 있는데, 그것은 언어 이전의 삶 자체에 대한 성찰 의식의 형상화이기 때문이다.

세상이 아무리 물화되더라도, 시는 세상의 변화를 이끌어 내며 존재의 원형에 대한 반성적 성찰을 이끌어 낸다. 이런 시문학은 시대정신의 총화로서의 역할을 담당해야 한다. 그러기 위해서는 시대의 모순에 대해 목소리를 높여야 한다.

최영종

세기(世紀)의 관심인 '쓰레기 섬'

—소시민(小市民)의 기원(祈願)

그저 한마디 묻고 싶다.

저 태평양 위에 떠 있는 '쓰레기 섬'을 아느냐고.

이 섬은 날마다 우리가 먹고 쓰고 버리는 쓰레기를 먹고 커 가는 섬이다. 이래서 세계 환경 운동가들은 우리가 사는 이 지구가 자꾸 병들어 이상해 가는 것을 체험하면서 걱정하면서 살고 있다.

사실 이 섬은 미국의 환경 운동가 찰스 무어가 1997년 요트로 태평양을 횡단하다가 커다란 쓰레기 더미를 발견, 세계에 알린 것이다. 이후 세계의 해양 전문가나 지정(地政)학자들이 답사, 연구한 것을 보면 이 쓰레기들은 주로 플라스틱으로 이뤄졌고 1조 8,000억 개며 무게는 약 8만 톤이다. 가장 큰 플라스틱은 50cm이며 가장 적은 것은 5mm 미만의 미세한 플라스틱이고 섬 크기로는 우리나라 면적의 16배로 추정된다. 그래서 관련자들 사이에는 '태평양 쓰레기장(Great Pacific Garbage Patch)'으로 불리워졌다는 것이다.

아마 이 정도는 알 사람도 많지만 이 섬은 날마다 쓰레기를 먹어 늘어나고 있어 이 오염의 심각성을 전 세계에게 널리 알리고 해결하기 위해 이 쓰레기 섬을 하나의 국가로 인정해 달라고 요청, 2017년에는 UN 가입을 요청했으며 미국의 전 부통령이었던 엘 고어(AL Gore)는 자발적(自發的)으로 이 섬의 국민이 되겠다고 나서기도 했다고 한다.

거듭 말하지만 이 쓰레기들은 주로 플라스틱이고 섬 주변에 떠도는 5mm 미만의 미세플라스틱은 다른 큰 것과 달리 걸어 내기도 쉽지 않을 뿐만 아니라 해양 생물의 먹이가 되어 동물들의 성장과 번식에 장애를 일으키고 여러 가지 질병에 시달리게 하고 있다는 것과 물고기 뱃속에 축적되어 있던 이 미세플라스틱은 끝내는 최상위급인 인간의 체내(體內)로 옮겨질 수 있다는 무서운 사실도 알아냈다.

지금 전 세계는 이상 기후 탓으로 만년설(萬年雪)과 알프스의 빙하도 녹아내리고 오랜 가뭄이 일고 있다. 뿐만 아니라 하와이 마우이섬의 천년 수목에 불이 붙어 꺼질 줄 모르고 세계 여러 곳에서의 물 소동(騷動)으로 지구가 환경 파괴로, 기상이변으로 재해(災害) 투성이다.

말할 것 없이 인력으로 관찰할 수 있는 이 모든 현상(現象)은 쓰레기가 나오는 소산지(所産地)로 종이류같이 금방 시일 두고 삭아 없어질 수도 있다. 또한 시간이 가면 차츰차츰 삭아 없어지는 깡통류 같은 것은 어느 곳에 가건 닿건 오랜 시간이나 긴 세월이 지나면 썩거나 삭아 없어지지만 이 플라스틱만은 최대의 골치라 한다.

첫째 식구(食口)가 많다. 원래대로의 변형이 쉽지 않고 끝까지 영구불변한다는 점에서 수명(壽命)도 문제다. 100년도 1,000년도 지탱한다는 강자이기에 이 쓰레기는 도착한 이 섬에서도 앞으로는 쓸모 있는 땅으로 넓혀 유효하게 잘 연구 개발하여 쓰면 우리가 사는 육지와 다르지 않을 것이라고 전망들이 크다.

어쨌건 이 섬은 점점 커 가고 있다. 지금은 대한민국의 크기라고 하나 이 속도로 커진다면 앞으로 50년 후 100년 후라면 얼마나 커질지 누가 짐작이나 할 수 있을까?

그저 쓰레기, 특히 생활의 간소화, 기구의 간편화, 휴대의 편리화, 플라스틱 3대 매력에 이끌려 '플라스틱 없이는 못 산다' 라는 인간들이 자신을 목 죄는 플라스틱의 독소(毒素)인 쓰레기 줄이기에 눈을 똑바로 뜨고 전 세계 80억 인구는 정진(精進)해야 한다. 플라스틱 생산을 줄이고 기존 생산물을 개량, 재활용함으로써라도 지구를 지켜야 할 것이다.

다만 "200년 안으로 지구를 떠나라" 라고 한 2019년에 고인이 된 영국의 천체물리학자 스티븐 호킹 박사의 경고도 지구를 살리기 위해 쓰레기장 만들지 말라는 말이나 다를 바 없다.

이 말에 100년 설(說)도 있지만 지구 살리기 위해서는 전 세계의 관광업체를 총동원해서라도 섬의 실상을 보여 주고 앞으로 닥쳐올 우리들의 앞날을 예측케 해야 한다. 이런 쓰레기 감산(減算)은 지구를 살리는 또 하나의 길이며 바로 소시민의 소원이기도 하다.

최이락

■

가보(家譜)를 보면서

한 집안의 혈통적 계통을 적어 놓은 책을 가첩(家牒)이라 하고, 이를 문중의 입장으로는 일반적으로 가보(家譜)라고 한다. 아무리 울적하고 가슴이 답답할 때도 그 고색창연(古色蒼然)한 책을 대하노라면 어느새 무릎을 꿇고 조상들의 영전에 분향배례(焚香拜禮)하는 자세로 마음이 차분해지고 겸손해진다.

눈을 감으면 가까이 다가선 듯 훤히 보이는 선산, 배산임수(背山臨水)로 그 선산 발치의 우거진 노송들, 확 트인 전경이며 계곡에서 흐르는 청아한 물소리와 숲속에서 들려오는 뭇새들의 지저귐!

산천 지세(地勢)가 어울려 일시에 고요한 감흥을 주던 그 속에서는 어릴적 아버지와 가까운 친척 어른들을 따라 일가붙이가 한곳에 모여 벌초나 묘제를 지냈던 추억의 그 유년 시절의 겸허한 자세가 어느새 반세기가 훨씬 지난 지금 나의 뇌리로 소환(召還)하는 것 또한 이 책이다.

나의 외가는 일찍이(1970년대 초) 국보(국가유산)로 지정된 울주 천전리 각석과 반구대 암각화로 유명한 언양읍 대곡리 반구마을로 향리에선 충신, 효자, 열녀, 선비가 대대로 줄을 이은 청안(淸安) 이씨 퇴사재공(임란공신 이응춘)파로 어릴 적 방학 때면 그곳에 가 살다시피했다.

어느 날 선비인 외조부[慕巖 李容昌]께서 고색창연한 누런 한지(韓紙)로 엮어진 몇 권의 족보를 벽장에서 꺼내더니 일장 강의가 시작되었다.

또래의 외사촌들과 방금 시냇가에 가서 잡은 물고기와 산복숭아, 포도, 머루 등이 눈앞에 아른거려 귀에 잘 들어오지는 않았지만 집에 와서 아버지께 물었더니 우리 집에도 족보가 있다면서 구보(舊譜)를 꺼내는데 보니 '아하! 이게 바로 우리 집안의 대대로 조상들이 살아온 역사책이로구나!' 하고 크게 감동을 받은 후 그 후로서는 귀중히 소장되어 오늘날까지 길이 전하고 있다.

그 후 자라나면서 역사·지리·문학·한문·보학(족보학) 등에 깊은 관심과 감흥을 느끼면서 오늘에 이르기까지, 뭇어른들이 거의 다 세상을 떠난 지금까지 문중 족보는 물론 경주 최씨 대종회의 대동보를 비롯하여 소문중의 가첩과 비망록 등 세 차례에 걸쳐 직접 조사·집필·편수하는 작업은 물론, 향리의 타성(他姓) 문중의 족보의 편수 및 감수 작업과 비기문(碑記文) 등을 누차 지어 최근 이를 『유방백세(流芳百世)』란 이름의 비기문집을 내기도 했다.

이 가첩 속에는 내 부모님과 조부, 증조부, 고조부 내외와 그 위의 역대 여러 현조(顯祖)님이 계시고 그 이력·공로·행적 등도 기록되어 있다. 아! 이분들의 혈맥의 한 갈래가 바로 나로구나 싶다.

그리고 그분들의 필생(畢生)이 단 몇 줄의 글로 남겨진 이도 있고,

공신, 충신, 문신, 효자, 효부, 열녀, 선비 등으로 무척 자상하고 길게 행적이 기술된 이도 있다. 길다면 길고 짧다면 짧은 한 인간의 일생이 단 몇 줄의 기록으로 끝이 난다는 것은 너무도 허무한 노릇이 아닌가 싶다.

그러나 이를 어쩌랴. 각자 인생이란 다 자기가 타고난 인연이요, 운명이 아닐까. 인생은 결국 이 세상에 태어나 무엇인가를 남기고 간다. 어떤 이는 훌륭한 업적으로 아름다운 이름을 남기고 갔으며, 어떤 이는 평범하게 살다가 이름도 흔적도 없이 사라졌는가 하면, 또 어떤 이는 국가나 사회나 집안에 끔찍한 죄악을 저지르고 만세(萬世)에 악명을 남기고 간 패륜아(悖倫兒)도 있었다.

곰곰이 생각해 보면 인생의 궁극적인 목적은 보람있게 한평생을 살다가 남에게 부끄럽지 않은 이름을 남기고 떠나는 것이 아닐까. 가보에 새겨진 수많은 열선조(列先祖)들의 휘자(諱字)와 관작, 직함 등이 명멸(明滅)한다.

나의 본관(관향)은 옛 서라벌(금성)이었던 경주이다. 기원전 57년(신라 건국) 이전 진한 6촌(6부) 중의 하나였던 돌산고허촌(突山高墟村: 뒤의 사량부)의 촌장으로 어느 날 양산(楊山) 기슭에 있는 나정(蘿井)의 숲속에서 큰 알을 하나 주워 와 고이 길러 여러 촌장들과 의논하고 우러러 받들어 임금(박혁거세)으로 추대한 소벌도리(蘇伐都利: 소벌공)를 원조(元祖)로 한다. 그 후손 중 신라 말 12세에 당나라에 유학, 17세에 과거에 급제하여 많은 벼슬을 받고, 28세에 귀국하여 진성여왕 8년(894) 아찬(6관등) 벼슬을 내렸으나 난세에 절망하여 곧 사퇴하고 전국을 유랑하며 곳곳에 많은 글과 글씨를 남긴 대학자 고운 최치원 선생을 시조로 한다.

선생은 재당(在唐) 시절 〈토황소격문(討黃巢檄文)〉으로 대내외에 이름을 떨쳤으며, 저서에 『계원필경』 20권과 『중산복궤집』, 『사륙집(四六集)』 1권, 『석순응전(釋順應傳)』 등을 남겼다. 작품으로는 문경 봉암사(鳳巖寺) 비문과 숭복사(崇福寺) 비문, 하동 쌍계사(雙溪寺)의 진감(眞鑑)국사비가 대표적이다. 또 당시 선생이 유랑했던 곳 중 부산 해운대(海雲臺)는 선생의 다른 호인 '해운(海雲)'을 따서 지은 이름으로 지금도 대의 동남쪽 해안 암벽에는 친필이 새겨져 있다. 고려 초(현종)에 문창후(文昌侯)라는 시호를 내리면서 문묘(文廟)에 배향(配享)되었다.

고려 초에 후손 최임(崔琳)은 경연(經筵)과 장서(藏書) 업무를 받아 보던 관아인 보문각(寶文閣)의 학사(學士)를 역임했으므로 그 후손들을 '학사공파'라 했고, 학사공의 후손 운택(雲澤)은 조선 초에 경주에서 안동으로 입적(入籍)했는데 조산대부(朝散大夫)·성균관 대사성(大司成)을 거쳐 좌의정에 이르렀고 시호를 충의(忠毅)라 했으며 배위 정경부인(貞敬夫人)은 안동 권씨 처중(處中)의 따님이었다.

충의공의 6대손 정(汀)은 통훈대부로 연기(燕岐)현감과 부장(部將)을 거쳐 뒤에 전라좌도병마절도사(전라좌병사)에 이르렀다. 임진왜란 때의 공훈으로 선무원종 2등 공신이고, 아들 환(環)은 훈련원 부정(副正)으로 순절하여 1등 공신이고, 손자 억명(億命)은 사복시정(司僕寺正)으로 3등 공신에 각각 녹훈(1605)되어 직계 3세의 신위(神位)가 모두 울산 충의사(忠義祠·중구 학성동)에 모셔져 239위의 공신·의사들과 함께(모두 242위) 춘추로 제향(祭享)되고 있다.

이들 세 분의 할아버지는 필자(洛·泳·海자 항렬)에게는 16·15·14대조로 임란 7년 전쟁 중 한 문중에 직계 3대 공신이 났다.

사복공(억명)의 아들 유(惟)는 생원(生員)이요, 손자 언(彦: 가선대부)이 임란 후에 안동에서 언양현(현 울산 울주군의 서북 지방인 언양읍을 중심으로 한 6개면 지역)으로 시거(始居)했으니 곧 이 고을 입향조(入鄕祖)다. 어찌 보면 휘자(諱字: 이름 글자)가 고을 이름 언양(彦陽)과 같아 운명적 팔자소관(八字所關)이던가 싶은 야릇한 느낌을 주기도 한다.

언양은 기름진 땅으로 쌀농사가 잘 되고 특히 건강과 식재료로 좋은 미나리[芹菜]가 유명하여 예로부터 임금님께 올리던 진상품(進上品)으로 옛 언양읍지인 『헌산지』에 청근(靑芹)으로 표기되어 있다. 헌산은 곧 고을 뒷산으로 영남 알프스의 고헌산(高巘山)의 준말로 고을 이름을 뜻하기도 했다. 언양은 고려 말까지 이웃 양산(梁山)에 속했는데 당시는 헌양현이던 것이 조선 초에 언양이라 바뀐 것이라고 『경상도속찬지리지: 1469』에도 기록되어 있다.

입향조(최언)의 현손 만천(萬天)이 18세기 초(숙종~영조)에 언양에서 현 상북면 지내리로 입향했다. 언양읍 뒷산(화장산) 동북편엔 면적이 논 100마지기나 된다는 큰 못[大池]이 있고 그 안에 자리 잡은 마을이 곧 못안인 지내리(池內里)다. 내가 태어난 마을(못안) 입향조로 나에겐 8대조가 된다.

이전에는 한 마을로 불리었지만 조선 후기부터는 행정동으로 앞 마을은 호수가 많고 크다고 큰말[大里], 뒷마을은 분리되어 새로이 형성되었다고 새말[新里: 나의 출생지]로 불려왔다. 아직도 현 도로명 주소가 생기기 이전까지의 법정 주소로는 지내리 ㅇㅇㅇ번지로 쓰였다.

못안 입향조(만천)의 현손 재권(在權: 가선대부)의 둘째 아들 경환(景煥)은 원래 시골에서 농사를 지으며 주경야독(晝耕夜讀)하던 포의한사(布衣寒士: 벼슬 없는 가난한 선비)였는데 평소 부모에 대한 지극한 효성이 고을을 넘어 경상도 도유사(참서 김용제)의 천거로 문묘(文廟: 성균관)로부터 포창완의문(褒彰完議文: 1925)과 함께 조정으로부터 통정대부(通政大夫: 정3품 당상문관)로 추서(追敍)되었고 묘소에는 일제 강점기 울산 출신의 독립지사요, 유학자로 이름난 문암(文巖) 손후익(孫厚翼) 선생이 지은 효자비(1938)가 서 있다.

종가와 지손(支孫: 지찻집 후손)들과의 항렬(돌림자)과 연령차도 대수(代數)가 내려갈수록 차이가 점점 벌어지고 그에 따른 호칭도 각각 다르다. 나의 경우 조부 5형제 중 둘째 집으로 4촌, 6촌간(동항렬)에는 호형호제(呼兄呼弟)해야 할 경우인데 나이 차이가 심했다.

종반(從班: 4촌) 간이나 재종형제 간인데도 맏이와 막냇동생 간에도 남 같으면 부자 간의 나이 차이가 나 고향 친구들 중 그의 부친이 나의 종형과 나이가 비슷해 나는 늘 아무 어른이라고 택호(宅號)를 붙여 불러야 하는 경우가 더러 있는가 하면, 심지어 동모(同母)의 친형제자매 간에서도 남녀를 불문하고 맏이(큰형이나 큰누나)의 자녀와 막내의 나이도 부자 간의 나이 차이가 나 큰 조카와 막내 삼촌이 어릴 적 한 방에서 뒹굴며 자라는 요즘 말로 룸메이트가 된 경우가 허다했다.

나의 선친은 3형제 가운데 막내로 관습상으로 백부님만 '큰아버지' 라 부르고 아버지보다 10살이나 위인 중부(仲父)님을 '작은아버지' 라 부르다가 스무 남은 살이 넘고 군대를 갔다 온 뒤 철이 들었는지 그때부턴 '부산 큰아버지', '뒷집 큰아버지(중부)' 라고 구분하여 부르게 되었다. 나의 큰집 큰누님의 큰아들(나에겐 '종생질')이 나와 고등학교 동기로 한 반에서 공부했던 시절이 아직도 추억의 사진첩 속에 동심으로 남아 있다.

『국어대사전』에는 아직도 환갑(만 60세)이 지난 뒤의 나이를 '남의 나이' 라고 기록하고 있다. 평균 연령이 40 남짓 되던 그 시절을 연상시킨다.

하루가 바쁘게 급변하는 세태에 요즘은 설, 추석 등 명절이나 징검다리 연휴라도 생기면 고향을 찾는 일은 뒷전이고 가족이나 친지들이 오래전부터 계획했다며 외국 관광이나 기행에 나서는 게 우선이고 조상 제사나 성묘(벌초) 등은 남에게 수고비를 주고 대역(代役)시키는 세상이 되었다. 반쯤이나 서구화되고 있다.

개중에는 여기저기 흩어져 있던 선산을 한곳에 모아 문중 묘역을 새로 만들어 그나마 명맥을 이어 오는 집안도 있지만, 대부분은 선산도 잊다 못해 잃고 제사도 없애고 족보도 없는, 따라서 문중이 폐산절가(廢散絶家)되고 자신의 존재조차도 모르는 방랑족(?)으로 유랑하는 시대가 도래(到來)하고 있다.

평균 연령은 늘어나고 신생아 인구는 절벽 상태로 치닫는 이즈음 정녕 가보는 한 가문의 역사와 계보(系譜)며 가훈이니 지금 살아 있는 기성 세대와 그들의 후손들을 위해서라도 열심히 인생을 살아가라는 채찍이요, 거울인 것 같다.

하지윤

■

고명

따스함이 그리운 계절이다. 창틈으로 들어오는 바람이 제법 차다. 이런 날은 고명이 예쁘게 올려진 떡국이 제격이다. 가스 불에 육수를 올린다. 달걀 흰자와 노른자로 지단을 부쳐 놓고 소고기도 볶아 준비한다. 떡국만 넣어서 끓이면 된다.

음식에 들어가는 고명은 특별한 날에 쓰이는 것도 있지만 자주 접할 수 있는 것도 있다. 계란과 파, 호박, 소고기 간 것, 김 가루 등은 평소 식단에 자주 오르는 것이다. 비빔밥이나 국수, 떡국에 넣어서 먹기도 한다. 고명의 색은 시각적인 멋도 높여 주고 음식의 완성도도 높인다. '한국의 전통색' 에 의하면 맛과 색상에서도 음양오행의 원리를 지키려 했다. 오방색의 고명은 나쁜 기운을 막고 건강하게 오래 살기를 기원하는 뜻이 담겨 있다.

처음 떡국을 끓여 본 것은 결혼 후 시댁에서 설을 맞았을 때다. 외아들과 결혼해 첫 설을 맞은 나는, 새벽에 일어나 떡국을 끓였다. 어머님이 자잘하게 다진 소고기를 간장을 넣어 볶고 달걀지단을 부쳐 썰어 놓으셨기에 쉽게 떡국을 끓여 낼 수 있었다.

시어른들께 세배를 드리고 덕담을 듣고 나면 떡국을 먹었다. 새로 끓인 떡국을 바구니에 담아 큰댁의 어른들을 뵈러 갔다. 사촌형님이 미리 봐둔 상에 떡국을 올리고 어른들께 세배 드렸다. 새벽길을 걸어 두 백부님 댁에 들렀다가 돌아올 때면 뿌옇게 먼동이 트곤 했다.

새벽 다섯 시면 기상을 해야 하는 설날 아침은 밤이 늦어서야 잠드는 나에겐 고문이었다. 전날까지 음식 만드느라 지쳐 새벽에 일어나지 못할지도 모른다는 불안감이 컸다. 자다 깨기를 수없이 하다 새벽을 맞았다. 그즈음 어머님은 주방에서 달그락달그락 그릇 소리를 냈다. 밤새 제대로 자지 못하고 뒤척이다 새벽에야 선잠 들었을 며느리를 깨우는 당신만의 방법이었다.

친인척이 한곳에 모여 사는 집성촌이라 명절이면 들고나는 사람들을 위해 수시로 상을 차려야 했다. 외며느리라 명절 끝엔 며칠씩 앓아눕곤 했다. 어머님은 조상님께 올리는 음식은 정성이라고 하시며 손이 많이 가는 음식이나 고명은 당신이 손수 만들었다. 거기엔 일머리가 부족한 며느리를 배려하는 마음이 담겨 있었다. 맞벌이를 하고 있어 명절이나 집안 행사 때만 들르곤 하는 며느리를 가르치는 일에도 너그러웠다.

제사 음식은 언제나 밤이 늦어야 끝이 났다. 큰 광주리를 그득하게 채울 만큼 전이며 생선, 튀김을 해냈다. 음식 중에 기억나는 것은 찹쌀을 빻아서 익어 가는 떡 위에 곶감을 썰어 올렸는데, 고명이 꽃처럼 피어나곤 했다. 고명을 얹은 음식 중에 가장 고운 것이 찹쌀부꾸미였다.

음식의 화룡점정(畵龍點睛)은 고명이란 걸 알게 된 것도 그 무렵이다. 손대지 않은 것, 예를 갖춘 것, 그것이 고명의 고유함인지도 모른다. 음식을 만드는 사람은 행사의 성격에도 맞추지만 먹는 사람들을 생각하며 재료를 준비한다. 정성으로 만든 음식은 감동을 준다. 그리고 오래도록 그 기억을 잊지 못한다. 어렸을 적 어머니가 해 준 음식을 나이가 들어서도 찾는 이유가 거기에 있다.

제사를 집으로 모셔 온 지 십여 년이 되었다. 이제는 설날 새벽에 기상할 일도 없고 밤새 잠 설칠 일도 없어졌다. 세배를 하기 위해 집을 나설 일도 없으니 설날 아침이 많이 단순해졌다. 가끔 떡국을 끓일 때면 새벽에 일어나 육수를 불 위에 올리던 일이 생각난다. 찬바람 스며드는 주방 창턱에 올려져 있던 고명이 담긴 사기 그릇의 모습이 눈앞에 보이는 듯하다.

지금의 나는 그 시절 어머님보다 훨씬 나이가 많다. 살아가는 일도 어쩌면 고명으로 음식을 완성하듯, 부족한 것을 하나씩 채워 가는 것인지도 모른다. 음식 문화에 많은 변화가 있었지만 떡국의 고명은 예나 지금이나 제 역할을 톡톡히 한다.

떡국을 그릇에 담는다. 소고기 간 것과 채 썬 달걀, 김 가루를 고명으로 얹으니 먹음직스러워 침이 고인다. 식기 전에 먹어야지 하고 그릇을 당긴다. 낮달 하나가 숟가락 위에 뜬다.

한남숙

길상사에서의 회상

오래전에는 부지런히 친구들과 다니며 산책도 하고 차도 즐겨 마시러 왔던 곳에 '문학 기행' 이란 이름으로 다시 와 보니 얼마 전까지만 해도 낯선 사람이었던 사람들과의 이곳은 어색한 느낌은 그대로였는데 절의 모습은 조금도 낯설지가 않았다. 법당의 염불 소리는 뜨거운 햇볕과는 달리 내 마음을 아련한 옛 추억으로 거슬러 오르게 하였다.

이십삼 년 전 도반들과 같이 와서 이곳에서 한 분의 스님을 만났다. 그 스님은 삼십 대 초였었고 조금은 늦은 나이에 출가하여 그 당시 공부를 하고 계셨는데 그때 은사 스님이 입적하시어 속세 말로 고아가 되시었다. 속가의 집에서는 부친이 "아가, 돌아와서 장가 들거라." 하시며 기다리시고 불가에선 고아가 되어 힘들게 공부하실 때 형님뻘 되는 나의 도반이 학비를 조금씩 보시하고 있었다. 체격은 훤칠한 키에 잘생기고 좋은 인상을 타고나셨다. 그런데 스님은 자신은 별 볼 일이 없다고 말을 하며 약간 생각이 많아 보였다. 나는 불쑥 "스님, 제가 별을 보게 해 드릴까요?" 스님은 제게 얼굴을 돌리고 도반들은 뜬금없는 나의 말에 표정들이 묘했다. 나는 "스님, 아무 날이나 맑은 밤에 산사든지 어디서든지 밤하늘을 보십시오. 얼마나 많은 별을 볼 수 있는지!" 도반들은 나의 뜻을 알지 못한 채 여담으로 알고 웃었다. 스님은 입을 다문 채로 눈으로만 내게 웃으셨다.

별은 하늘에 있는 것이고 우리 마음의 별은 반짝거리게 갈고 다듬어 광채가 나게 만들어야 할 것을…. 별 볼 일 없다는 말은 내가 쓰기를 꺼리는 단어다. 나 스스로 자존감이 상하는 것 같기도 하여서다. 아무튼, 그 스님은 열심히 공부하시고 봉은사에도 계시다 유럽으로 가신다기에 그 후 잊고 있었는데 어느 날 도반에게서 연락이 왔다. 그 스님은 귀국하시어 전라도의 어느 사찰에 주지 스님으로 계시니 한번 뵙고 싶다 하여 같이 갔다. 양지바른 곳의 꽃들과 조용한 산사의 모습에 성당에 다니고 있던 나에게 미풍에도 울리는 풍경 소리는 내 삶을 다시금 멈추어 보게 하며 나의 정서를 흔들어대려고 하였다.

그때 한 보살이 스님 계신 곳을 알려 주어 그리로 가 보니 주지 스님의 위엄은 오간 데 없고 작업반 직원이나 할 것 같은 일들을 하시느라 비지땀에 옆도 돌아보지 않으셨다. 그렇게 힘든 모습이 평온해 보였고 별 볼 일 없는 스님이 아니라 별을 캐고 계시는 부처의 모습 같았다. 우리는 스님께 누구를 시키시지 왜 이리 힘든 걸 혼자 다 하시느냐고 하니 보살들의 시주로 쓰는 일, 한 품이라도 내 몫을 줄여 절의 살림에 보태야 한다며 보살들의 시주를 어렵게 생각하시는 스님의 모습이 흡족하였다. 도반과 먼 길을 왔지만 짧은 시간 스님과의 차 한잔으로 끝내고 시간을 뺏지 않기로 하고 나오다 산사를 둘러보며 우리의 삶은 너무 기쁜 것도 지나치면 방탕하여 보이고 슬픈 것들도 그리 비통해하지 않아도 시간이 흐르면 모든 것들은 제자리를 잘 찾아가는 것 같은 삶의 순리가 미소가 되어 내 마음에 왔다.

서울로 오며 차 안에 앉아 옆의 도반은 자식 나이랑 비슷했던 스님이 그냥 궁금했다며 잘 계시고 건강한 모습에 마음이 편하다고…. 스님도 법납이 삼십이 되어 가시니 사회에서 좋은 직장까지 다니다 늦게 출가하시고 은사 스님이 계셨다면 무척 대견스러운 상좌였을 것을, 법도를 파계하지 않으시고 끝까지 잘 하실 것 같아 내 마음까지 평온해져 왔다. 나는 눈을 감은 채 '스님, 꼭 부처 이루소서. 이제 안부는 잊어버리겠습니다.'

목탁의 여운이 흐려지며 어느새 예불은 끝났다. 길상사의 사시 예불을 마치고 나오시는 스님들께 나는 깍듯이 합장하고 "스님, 성불하십시오." 내 마음 잠시나마 길상사의 뜰에서 법정 스님의 〈오두막 편지〉들을 받아 보는 듯 생각되었다. 백상 시인과 길상화 보살의 조촐한 모습들이 법당의 어딘가에서 때마다 들리는 예불 소리에 참배하는 듯하며 잊어 가던 불가의 모습과 향 내음을 기억하며 산사의 정취가 가슴속까지 스며 왔다.

한판암

■

기우

기우(杞憂)는 본디 '기(杞)나라* 사람의 근심'을 의미한다. 현실적으로는 '쓸데없이 오지랖 넓은 걱정' 혹은 '아무 쓸모가 없는 걱정'을 일컫는 개념으로 통용된다. 그러므로 '실제로 발생할 가능성이 거의 없는 것(일)을 지나칠 만큼 두려워하거나 걱정함'을 의미한다. 기우를 대할 때마다 떠오르는 말이 "걱정도 팔자"라는 말이다. 원래는 '기(杞)나라 사람의 걱정'을 뜻하는 기인지우(杞人之憂)로 표기하다가 두 글자를 줄여서 '기우'라고 쓰고 있다. 출전(出典)에 수록된 내용을 바탕으로 관련 내용에 따라 이 성어에 대한 유래와 실체를 살필 참이다.

---

* 기(杞)나라: 여기서 '기(杞)' 나라는 하남성(河南省)에 존재했던 나라로 기원전 445년에 초(楚)나라에 멸망했다. 따라서 산동성(山東省)에 자리했다가 기원전 690년 제양공(齊襄公)에 의해 멸망된 '기(紀)' 나라와는 전혀 다른 나라이므로 혼동하는 일이 없어야겠다.

기우에 대한 사연을 담고 있는 출전은 『열자(列子)』의 〈천서편(天瑞篇)〉이다. 유사어로 배중사영(杯中蛇影), 노파심(老婆心), 기인우천(杞人憂天), 의심암귀(疑心暗鬼) 등이 있다. 유래(由來)는 중국 춘추전국 시대(春秋戰國時代) 기나라에 평소 쓸데없는 걱정을 많이 해 정상적인 생활이 어려운 상태를 의미했던 데서 비롯되었다. 한편 출전에서 전하고 있는 기우와 관련된 내용을 간추려 정리하는 것으로 그 실체와 조우한다.

출전에서 기우와 관련된 고사(故事)에 등장하는 인물은 둘이다. 먼저 세상 온갖 것이 걱정거리라고 생각해 병적인 모습을 보이는 근심쟁이 친구이다. 다음은 그런 친구가 걱정이 되어 고민을 풀어 주려고 노력하는 해결사 같은 친구이다. 그런데 이들 둘 사이에 주고받는 말은 학승(學僧)처럼 덜 여문 걱정 많은 친구와 고승(高僧) 같은 해결사 친구 사이에 고차원적인 경(經)을 문답하는 것 같은 느낌이 든다. 걱정 많은 근심쟁이 친구의 가볍지 않은 증상이다.

> (그는) 하늘이 무너지고 땅이 꺼지면(憂天地崩墜)/ 몸을 의지할 곳이 사라지게 될 것이 걱정되어(身亡所寄)/ 침식을 제대로 못하는 이가 있었다(廢寢食者)

이에 해결사 친구가 말했다. "하늘엔 공기[氣]가 가득 쌓여 어디 한 군데도 빈 곳이 없다네. 그런데 자네는 몸을 움직이며 호흡하면서 하루하루를 하늘 가운데서 살아가고 있는데 어떻게 무너져 떨어질 근심을 하는가. 잘못된 생각일세."라고 일깨우며 이해시켰다. 그러자 근심쟁이 친구가 또 이렇게 물었다.

(진정) 하늘이 기(氣)가 쌓인 것이라고 한다면(天果積氣)/ 해와 달과 별은 당연히 떨어지지 않겠는가(日月星宿* 不當墜邪)

이에 해결사 친구가 이런 취지로 답했다. "일월성신(日月星辰)도 기(氣)가 쌓인 가운데서 빛을 내고 있는 것이라네. 그러므로 그것이 추락하는 과정에서 설혹 맞을지라도 부상당할 가능은 없다네."라고 설명했다. 이에 근심쟁이 친구가 또 다른 질문을 했다.

땅이 무너지면 어찌해야 할까(奈地壞何)

이에 대한 해결사 친구의 답변이다. "본디 땅이란 흙덩이가 쌓인 것이라네. 그런 때문에 어디를 막론하고 빈 곳은 없지. 자네가 매일 매일 여기저기 다니며 걷고 밟으며 뛰면서 온갖 필요한 일을 해도 아무런 문제가 없는데 어이해서 무너진다는 생각을 하는가."라고 자세히 알려 주었다.

이런저런 걱정으로 가득했던 친구를 걱정하며 하나하나 이해시켜 걱정거리를 깨끗이 해결해 주었다. 그 해결사 친구의 적극적인 도움으로 그는 걱정의 터널에서 벗어나 제대로 된 사회생활을 하는 기쁨을 누렸다고 한다. 이처럼 쓸데없는 걱정으로 가득한 기(杞)나라 사람으로 인해서 '기우'라는 성어가 비롯되었던 것이다.

문명의 발달에 비례하여 위험 요소는 다양해지게 마련이고 많아지는 게 아닐까. 그렇다고 세상과 담을 쌓고 고립무원의 상태로 고립은 불가능하다. 이 같은 이유에서 다양한 위험 요소들을 완전하게 비껴

* 수(宿): 보통의 경우 '잘 숙'으로 쓰이지만, 여기서는 '별 수' 즉 '수'로 읽어야 한다.

가기 어려운 현실이다. 그렇다고 현실적으로 맞닥뜨리지 않은 여러 가지 위험에 대해 시시콜콜 걱정을 하는 것은 한마디로 '기우'에 지나지 않는 지나친 처사로 백해무익할 따름이다.

오래된 아픈 경험 때문에 '기우'에 가까운 지나친 생각에 빠지는 경우가 있다. 고속버스가 강바닥으로 추락하는 사고(1982년 8월 6일 경부고속도로 금강휴게소 인근의 제2금강교에서 추락했던 '한진고속버스' 사고)로 두 아들과 우리 내외 등 가족 넷이 몽땅 병원 신세를 졌던 아픈 경험이 있다. 그때 나는 경추(頸椎) 불완전 탈골이라는 중상을 입어 꼬박 여섯 달 동안 병원에 입원했기 때문에 여태까지 끔찍한 정신적 상처(psychological trauma)가 남아 있다. 그로 인해 지금도 나들이를 떠날 때는 이용할 교통수단이나 거리에 관계없이 잔뜩 움츠러든다. 그리고 별의별 생각을 다하다가도 쓸데없는 '기우'라고 생각되어 잊어버리려 애를 쓰는 경우가 이따금 발생해 우울해지기도 한다. 그래도 매일 밖으로 나가야 하고 일을 봐야 하며 누군가와 만나야 하는 현실에서 언제쯤이면 악몽 같았던 트라우마와 완벽하게 결별할 수가 있을까!

한후남

영혼의 안식처

방이란 제 무릎 들일 만하면 족하다. 등 뒤에는 민 병풍 하나, 눈앞에 묵은 벼루 하나, 창 아래는 책 두어 질, 베개 맡엔 술 반병으로 그 속에서 나날을 보내니 고요하고 한적하기가 규방과 같다.

평소 방 하나에 기거하면서 자기 앉을 자리 말고는 다른 자리를 만들지 않았던 연암 박지원의 팔촌형 박명원의 얘기다.

물론 시대 차이가 엄청난 시절의 묘사이지만 현대인들도 본받아야 할 검소하고 소박한 생활 철학이 아닐까 한다.

결혼 45년에 이사를 6번 했다. 많다고는 할 수 없으나 지금 사는 아파트에 30년째 살고 있으니 신혼 초 15년 동안 5번 이사를 한 셈이다. 처음엔 부엌도 없는 방 1칸에서 시작해서 방 2칸, 10평, 25평, 47평으로 평수를 늘렸다. 이제 와 생각해 보니 좁은 공간에서 아이 둘 낳고 키우느라 꽤 힘들었지 싶다. 그런데 그때는 젊어서 그랬을까.

고생이라고 생각지 않고 형편에 맞게 집을 늘려 가느라 열심히 돈을 모은 기억밖에 없다.

집의 평수가 넓어질수록 손님을 들이는 일은 오히려 줄어들었다. 10평 아파트에선 아이들 돌잔치를 연구소 직원을 다 초대해서 이틀이나 치렀고 서울서 출장 오는 후배, 직원들도 식사 챙기고 술상 차리고 잠까지 재워 보냈다.

몇 년 전, 친정 모친 초상 칠 때, 조문 온 백발의 남편 후배는 "형수님, 그때 제가 애 많이 먹였죠?" 하며 40년 전 얘기를 꺼내서 울다가 웃을 수밖에 없었다.

한 아파트에 오래 살아도 한 통로 사람들과 차 한잔 마실 기회가 없다. 잦은 이사들로 낯을 틀 계기도 없었지만 내 일이 있다 보니, 문학 관련 일 아니면 출입을 거의 안 하고 집 안에만 박혀 있다. 집 안에만 있으면 갑갑하지 않냐고 사람들은 신기한 듯 물어 온다. 전혀 그렇지 않다. 책, 신문 등 읽을거리만 있으면 며칠이고 방콕 할 수 있다.

너른 아파트로 이사 온 후 좋아하는 옛 물건들을 기회 있을 때마다 수집하여 그것들과 하루 종일 놀아도 시간 가는 줄 모르겠다. 떡살, 벼루, 도자기와 대화를 나누면 수집할 때의 장면이 펼쳐지며 그 시절로 되돌아갈 수 있다. 주로 서인숙 선생, 강 시인, 김 시인, 이 시인과 진주 인사동 골목을 누비던 기억들이 새록새록 살아나며 돌아가신 서 선생이 그리워 가슴이 미어진다.

동생이 화가인 덕에 전시회 때 구입해 준 작품도 있지만 선물로 받은 그림들도 여러 점 있다. 극사실 누드화, 눈 덮인 벌판의 풍경화, 인체 드로잉 작품들이 거실에 걸려 있어 시간 가는 줄 모르고 시시때때로 감상하고 있다.

컴퓨터방 벽에는 일찍이 고인이 되신 박종갑 선생의 작품도 걸려 있다.《경남문학》 편집인 시절 문인들과 가까운 예술인들을 정해 인터뷰 기사를 열댓 번 쓴 적이 있는데 그때 박 화백으로부터 받은 선물이다.

이런저런 소장품들 감상과 추억을 더듬느라 홀로 있는 시간도 외롭지 않다.

나의 유일한 안식처는 바로 집이다.

홍애자

지울 수 없는 기억들

하늘이 캄캄해지면서 천둥 번개가 요동을 친다. 매년 장마가 소강상태 될 즈음이면 어김없이 찾아올 태풍에 온 신경을 곤두세우는데, 올해는 이렇게 대신 하면 얼마나 좋을까 싶다.

얼마 전 책상에 앉아 수년 전부터 정리해야 할 지인들의 전화번호부를 보고 아연 놀래지 않을 수 없었다. 이름 석 자와 번호는 있는데, 이미 타계하신 분들의 모습이 희미하게 지워지고 있는 게 당황스러웠다. 미처 인지되지 않았던 상황을 맞닥뜨리니 순간 머리가 핑 도는 것 같다. 그렇다. 십수 년 전부터 내 주변에서 아끼고 소중히 여기던 분들이 한 분 두 분 떠나가시며 바쁜 일상 속에 그분들이 차츰 잊히고 있었던 것이다. 그 당시 마음을 가누지 못한 채 노트 한쪽에 남겨두었고, 오랜 세월이 흐른 지금도 역시 나는 그분들의 번호를 새 노트에 옮겨 쓰고 있으니, 받을 사람은 없으나 소인 없는 편지를 쓰는 마음으로 허전한 가슴을 채우고자 하는 마음에서일까.

타계한 20여 분들의 전화번호만을 한 페이지에 쓰면서 더욱 마음이 아픈 것은 심지어 우리 음악실에서 연습을 했던 외국 음악가들 중에 다섯 분이나 떠나셨다는 사실이다. 지금까지도 그분들의 음악이 귓전에 잔잔히 들리는 듯하고 사인북을 펼치니 정겨운 글귀가 마음을 흔들고 있다.

딸들이 다 연주자이고 보니 매년 공연이 그치지 않고 열린다. 매번 귀찮을 정도로 초대 전화를 할 때마다 반갑게 응대하시며 늦은 밤에도 참석해 주신 분들, 공연 후 평자로서 좋은 글을 남겨 주신 음악가 선생님들과 클래식 마니아로서 우리 연주를 빼 놓지 않고 찾아오셨던 분들 중 이렇게 떠나신 줄은 미처 깨닫지 못하고 있었다. 또한 문학계 원로 선생님들께서 타계하실 때마다 서운하고 숙연한 마음속 하직을 드리고, 유고집을 다시 읽으며 떠올려 보지만 선생님들의 모습은 점점 내 뇌리에서 사라져 가고 있다.

이런저런 생각을 하면서 번호를 써 내려가니 한 분 한 분이 내게서 떼어낼 수 없는 끈끈한 인연이라는 게 깊게 느껴진다.

며칠 전 친구가 세상을 떠났다. 어릴 적 초등학교 소꿉동무로 같은 여대 같은 과에 입학을 하여 수십 년 동안 자매처럼 지내던 친구다. 몇 년 사이에 이 친구까지 동창 중 넷이 떠나갔지만, 그래도 남아 있는 친구들은 여전히 전과 다름없이 지내고 있으니, 슬픔은 그때뿐이요, 망각의 세월에 실려 서서히 잊혀 가고 있음이 슬프다.

이 세상 만물 중 생명이 있는 모든 것은 그 연한(年限)이 있다. 사계절의 이치와 같이 인간의 삶도 비슷하지 않을까 싶다. 태어나 성장시기를 거쳐 성인이 된 후 자신의 삶을 가꾸고 자손을 양육하면서 서서히 쇠잔해 간다. 한철 나무가 아름다운 자태로 꽃을 피우고 사그라지듯 생명의 한계는 누구에게나 찾아오는 이치를 다시금 새겨 본다.

언제 그랬냐는 듯 소나기가 그치고 드문드문 구름 사이로 파란 하늘이 숨바꼭질을 한다. 잊혀 가는 것, 소멸되는 것, 그 모든 것은 다시는 되찾을 수 없고 기억으로부터 점차 멀어지기 마련이다. 그렇기에 떠나신 분들의 번호를 그대로 노트에 적어 놓는다면 살아가는 동안 그리움의 소통이 될 것만 같아 다시 펜을 잡는다.

모든 분들을 한곳에 기록을 한다. 거기에는 돌아가신 내 부모님과 시부모님의 함자와 주민번호도 있다. 그저 내 맘을 달래기 위해서라고 스스로 위로하며 열심히 쓰고 있다.

홍정희

■

가족사진

가수 김진호의 '가족사진' 이라는 노래를 자주 듣곤 한다. 그 곡은 들을 때마다 여지없이 눈물이 고인다. 그는 인터뷰에서 말했다. "아버지가 중학교 2학년 때 돌아가셨다. 제대로 된 가족사진이 없다. 어머니가 우리 둘이 찍은 사진 옆에 아버지 명함 사진을 붙여 놓으신 것을 보고 만든 자작곡이다. 사람들을 아주 조금이나마 위로할 수 있으면 좋겠다." 인터넷에 올려져 있는 그의 가족사진은—아들이 어머니 목에 다정하게 팔을 두르고, 엄마는 액자 속의 아버지를 두 손으로 껴안고 활짝 웃으며 찍은 모습이다.

바쁘게 살아온 당신의 젊음에/ 의미를 더해 줄 아이가 생기고/ 그날에 찍었던 가족사진 속에/ 설레는 웃음은 빛바래 가지만/ 어른이 되어서 현실에 던져진/ 나는 철이 없는 아들(딸)이 되어서/ 이곳저곳에서 깨지고 또 일어서다/ 외로운 어느 날 꺼내 본 사진 속/ 아빠를 닮아 있네

내 젊음 어느새 기울어 갈 때쯤/ 그제야 보이는 당신의 날들이/ 가족사진 속에 미소 띤 젊은 우리 엄마/ 꽃피던 시절은 나에게 다시 돌아와서/ 나를 꽃피우기 위해/ 거름이 되어 버렸던/ 그을린 그 시간들을/ 내가 깨끗이 모아서/ 당신의 웃음꽃 피우길

나를 꽃피우기 위해/ 거름이 되어 버렸던/ 그을린 그 시간들을/ 내가 깨끗이 모아서/ 당신의 웃음꽃 피우길

그 사진을 보면서 그의 노래의 가사를 되짚어 보는데 가슴이 먹먹해진다. 처음 이 노래를 들었을 때의 감동이 새록새록 떠오른다. 부모님이 살아오신 삶을 자식이 어른이 된 다음에 직접 겪으면서 부모의 사랑을 새삼 깨닫는다는 내용은, 남녀노소 누구라도 감정 이입이 되어 뭉클해질 수밖에 없을 것이다. 이런 가사를 쓸 수 있는 사람은 분명 마음이 선할 것 같다. 곡이 훌륭하고 가수의 특이한 음색이나 창법 또한 진정성이 느껴져 좋은데, 무엇보다도 노랫말이 완전히 한 편의 시이다.

아버지를 그리워하는 그의 절절한 사부곡을 마음으로 듣고 있자니, 또 한 장의 가족사진이 겹쳐져 그려진다. 그의 가족사진이 자식으로서 부모의 희생과 헌신을 기리며 절절하게 노래한 거라면, 내 가족사진은 부모로서 자식에게 들려주고픈, 조금씩 나이 들어 가는 엄마가 두 딸에게 전하는 사랑 고백이다. 내가 늙어 가는 만큼 아이들은 성장하고, 그 아이들이 또 나이 들어 가며 어른이 되어 자기들의 가정을 꾸리더니 금쪽같은 손주들이 선물처럼 생겼다. 나 혼자만의 독사진이 남편과 함께하는 결혼사진이 되었고, 어느새 거기에는 두 딸이 태양의 빛처럼 환하게 박혀 있었다. 세월이 빠르게 흘러 그들의 짝꿍인 사위들이 들어오고, 그들의 아들딸들이 흘러가는 세월을 비

집고 차례차례 제자리들을 채워 가고 있는 것이다. 보면 볼수록 참으로 신비스럽고 감사한 대가족의 사진이다.

한 가족이 모여서 함께 찍은 사진—훗날 추억을 회상하기에 가장 좋은 자료이다. 만약 내 인생의 마무리 시점에서, 조물주가 "가장 귀한 물건이나 기억을 오직 하나만 가지고 떠날 수 있는 기회를 주겠다."라고 하신다면 나는 망설이지 않고 가족사진을 챙길 것이다. 그 사진을 찍을 때의 왁자지껄했던 분위기, 하하, 호호 웃으며 서로를 바라보았던 따뜻한 얼굴들, 어색한 포즈였지만 그래도 진지했었던 표정들, 손주들을 무릎에 앉히고 느꼈던 솜털 같은 부드러움, 그 어느 것 하나도 놓아 버리고 싶지 않기 때문이다. 혹 꿈결 같던 나름의 인생이 가끔은 곤비했을지라도, 가족의 소중함과 삶의 아름다운 이야기들이 촘촘히 새겨져 있는 그 시간과 행복했던 기억을 어찌 잊을 수 있을는지. 하여 저세상에 가서도 소중히 간직해 틈틈이 보고 또 볼 수 있다면 참 좋을 텐데. 어쩌면 그 바람은 부질없는 미련이고 허황된 욕심이 될는지도 모를 일이겠지만….

아이들 모두 떠난 텅 빈 거실
햇살이 따사로워 봄은 진한데
재잘거리던 목소리 들리는 듯
문득, 고개 돌려 본 그 자리에
여전히 웃고 있는 내 딸들

사진과 마주해 오롯이 갖는 티타임
눈 맞추고 입 맞추고 마음 맞추고
바늘에 실과 같던 익숙한 내 아이들

가뭄에 단비 같던 소중한 내 아이들
다시 태어나도 너희들의 엄마로 괜찮을까

가족사진 속 아리따운 아가씨들
훌쩍 어른이 되어 제 아이를 낳고
이제는 또 다른 가족을 이루기 위해
또 한 장의 가족사진을 완성하려
대를 이어 써 내려가는 대하소설

내 젊음이 빛나던 시기에 나를 찾아와
내 인생이 고단했던 시절에 나를 위로하고
내 희비애락 골목마다 나와 동행해 주었던
무수한 만단정회 함께해 줘서 고마웠던
무거운 짐이 아닌 정녕 든든한 힘이었던

내 나이가 살금살금 조금씩 늘어 가는 만큼
너희들과 함께할 시간도 그렇게 줄어들겠지만
너희들이 나 없어도 정말 끄떡없을 나이가 되어
엄마 자리를 대신 메꿀 새 생명이 태어나는 축복으로
보물처럼 간직되는, 너희들만의 총천연색 사진이기를

황덕중

■

돌

돌이 무생물이라고 누가 그랬나?

어느 생명을 가진 자가 그리 말하였을 것이다. 물론 자기를 기준으로 말한 것이다. 생물학자라고 하는 자들 또한 조건없이 끄덕였겠고, 나 또한 그래 왔고, 내 주변에도 돌이 무생물이 아니라고 말하면 미친 놈이라고 소리칠 것이 뻔한 친구들만 있고….

그런데 그 돌이 무생물이 아님을 발견하였을 때 나는 적이 놀라지 않을 수 없었다. 돌이 말을 하는데 그걸 어찌 무생물이라고 할 수 있는가. 내가 만난 어느 인간이나 동물에게서도, 한꺼번에 그만큼 깊고 많은 양의 말씀들을 가슴과 머리에 받아들여 본 적이 없는데…. 나는 내가 그동안 얼마나 내 주변에 존재하는 사물들에 대하여 인간 중심의 보편적 설명 내용에만 상주불멸적(常住不滅的) 아집에 파묻혀 살아왔는가에 대하여 자책하지 않을 수 없었다.

앙코르 와트(Angkor Wat)! 그것은 억겁의 세월이 흘러도 썩지 않을 언어들, 수량으로 헤아릴 수 없이 많은 양의 말씀들로 쌓인 탑이다. 대부분이 아무의 입으로도 말하여지지 못한 어휘들로 굳어진 형체(돌)들의 누적이다. 가이드가 자기의 실력을 다하여 땀을 뻘뻘 흘리며 설명한다. 규모, 형체, 유래, 역사, 가치…. 왕조, 종교, 전쟁….

가이드의 설명이 열을 올리면 올릴수록 그 설명은 귀에 들어오지 않고 점점 멀어진다. 처음에 감동으로 다가오던 낱말들의 의미가, 시간이 지날수록 점점 의미 없는 소리로만 들리더니, 종래에는 그 의미 없는 음성조차도 들리지 않는다. 가이드가 자기의 실력을 총동원하여 쏟아 내는 의미들은, 그 돌들이 지니고 있는, 수많은 세월을 소리 없는 의미로만 간직해 온, 그 돌들의 갈피갈피에서 초롱초롱 빛나는 '빛말' 로 비추어 내미는 어휘들 앞에서 너무나도 초라한 언어의 조각들로 무산되고 마는 것이었다. 말을 소리로만 하는 것이 아님을, 빛으로도 얼마든지 풀어낼 수 있는 것임을 비로소 깨닫게 되었다. 아니 소리로 전파되는 언어보다도 음영과 굴절과 형체만인 침묵으로 다가드는 언어가 더 함축미 있고 장중함에 가슴이 벅찼다. 음성 언어가 가지는 시간성과 공간의 한계를 백 배 천 배 앞지를 수 있음에, 나는 시간과 공간의 무개념적 지경을 소요하였다.

가이드는 멀리 가고 나만 홀로 구름 위에 올라앉아 앙코르 와트를 조망하고 있었다. 소리가 아닌 빛으로 또는 형체로, 마치 폭포수처럼 끊임없이 쏟아져 내려 다가드는 의미들을 감당하지 못하여 취하고 만다. 언어의 폭격을 맞은 셈이다. 나는 그 소리 없는 언어 폭탄에, 백 년 동안 쉬지 않고 들어도 남을 만한 양의 언어들이 다가드는 '빛말' 들에 지치면서도 신선한 이해의 희열을 비몽사몽으로 즐기고 있었다.

출입문 양쪽 기둥 옆에 새겨진, 꽤 에로틱한 몸매로 서 있는 부조(浮彫) 여인상이, 담백하면서도 웃음기 머금은 표정으로 인사하고 있다. 가이드가 '아바타' 라고 소개했다. 영화 '아바타' 가 연상된다. 혹시 이 여인상이 영화 '아바타' 의 모티브가 된 게 아니냐고 물었더니 대답을 얼버무린다. 여인상의 미소가 더욱 신비롭게 다가선다.

거의 일백 미터는 됨직한 회랑(回廊)의 벽을 1mm의 빈틈도 없이 꽉 채우고 있는 조각들이 말하고 있는 그 시대 조각가들의 능력은 지금 시대의 조각가들이 나무를 만지작거리는 수준으로 돌을 다룬 것인가? 아니면 그 이상이기에 지금의 나무 조각보다도 더 정교하게 그리고 많이 조각하고도 이름 한 자 남기지 않았을 것이다. 그 정도로 이름을 남기다니, 유치하다, 이거지. 흙으로 빚기보다도 더 쉬운 솜씨로 다루었음직하다.

이탈리아, 로마 등지의 석조 아니 돌조각들을 만든 거장이나 앙코르 와트의 조각가가 동일인일 수 있겠다. 조각 능력이 그러하다면 공간 이동 능력과 시간 초월 능력 또한 그러하였을 것이 아닌가. 어제는 씨엠립에서 오늘은 로마에서, 아니 어떠한 공간의 간극도 시간의 전후도 인정되지 않는, 말하자면 무개념적 시공에 그들은 존재하면서 이리도 가늠하기 어려운 초인간적 가치의 형체를 이 땅 여기저기에 빚어 놓은 것이 분명하다. 그리고 그들은 자신들이 빚은 모든 석조물들에게 음성 언어의 시끄러움과 천박함을 철저히 가르쳐, 억겁의 함구령으로 마감하여 놓았을 것이다. 그때부터 세상의 모든 돌들은 음성 언어를 잃었을 것이고, 그래서 그들은 오랜 세월을 '빛말' 닦기에 힘써, 그 '빛말' 로 오늘날 우리들을 감동시키고 있는 것이리라.

가청(可聽)음으로 말 몇 마디 할 수 있다고 목청을 높이는 우리는 길가에서 무심히 굴러다니는 돌들이나 산비탈에 멋없이 돌출하여 버티고 서 있는 바위의 언어를 듣고 있는가? 들어 버릇하면 인간과의 대화와는 비교도 안 되는 진실, 어떤 힘으로도 깨어 버릴 수 없게 고

체화(固體化)한 절대의 진리를 맛보게 될 것이다.

단위로 가늠하기 어려울 만큼의 많은 말씀들을 간직하고 있는 돌 앞에서 우리는 무슨 말이 그리 많은가. 우리가 아무리 밥도 안 먹고 잠도 안 자고 죽을 때까지 말하여도 그 보잘것없어 보이는 돌 하나가 간직한 말씀들의 억만분의 일도 말하지 못할 것이다.

사람을 포함한 모든 동물들은 표정으로 말할 줄 안다. 눈동자만으로, 손짓만으로, 얼굴의 표정만으로, 심지어는 몸 전체의 움직임(몸짓; 제스처)으로 의사 전달이 이루어진다. 꼬리로 발짓으로 말하는 동물, 고갯짓으로 손짓으로 말하는 인간… 어깨를 쫙 펴고 허리를 세우고 서 있는 사람은 건강하다는 모습이다. 더 구체적으로 말하면 그는 팔다리는 물론 눈에 보이지 않는 내장도 모두 튼튼하다는 것을 알 수 있다. 몸을 웅크리고 무엇에 기대어 쓰러져 있는 사람이 있다면 그는 건강이 안 좋은 것이 틀림없다. 의사는 그 사람의 표정만 보고도 그 사람의 병명을 진단할 수 있다.

나무나 돌도 그가 보여 주고 있는 모습으로 그의 건강 상태를 말하고 있다. 동물에 비하여 정지한 시간이 길다는 것뿐, 그가 보여 주는 모습은 동물이 멈추어 있는 것이나 별로 다름이 없다. 단지 상대적으로 시간이 길 뿐이다. 그 멈추어 있는 시간이 길다는 이유만으로 그들을 간단히 무생물로 분류해 버리는 것은 편견이다. 그들의 언어에 귀 기울이는 데서부터 물리(物理) 터득의 시발점을 다시 잡아야 한다.

나는 돌계단을 기어올라, 나무 조각 하나, 흙 한 줌 없이 돌 기둥, 돌 바닥, 돌 지붕, 돌 장식물들로만 조립된 회랑(回廊)을 거닐며, 그 무수한 돌들이, 그들이 떠받치고 있는 하늘과 대화하고 있는 현란한 '빛말' 의 얼개에 휘감겨 눈의 청각(聽覺)이 더욱 선명해지는 환희 속으로 침몰해 가고 있었다.

황선호

꽃샘

날씨가 쾌청하고 볕 발도 고르다.

막 씻어 헹군 아지랑이며, 지천으로 물감을 풀어 놓은 연두물빛도 출렁이며 화선지에 먹물 번지듯 수런수런 번진다.

봄은 어느 사이 인중을 간질인다.

연두는 곧 잎이 되고, 꽃이 되리라.

종합병원. 당연한 일이지만 병원에 오면 아픈 사람들이 어쩜 그리도 많은지, 아픈 사람 천지다. 병원에 오면 건강하다는 것이 얼마나 소중하고 귀한 것인지 새삼 돌아다 보게 된다.

평소에 우리는 건강하다고 자신만만해하며 산다.

병원에 와 보라. 그 자신만만이라는, 자만에 빠져, 건강을 얼마나 소홀히 하고 있는가를 체감하게 되리라.

아내는 봄만 되면 시름시름 맥을 못 춘다. 절기상으로 입춘절이 되면서부터 한 해도 거르지 않고 연중 행사를 치른다.

어김없이 봄을 탄다.

입안이 헐고, 어깨가 결리고, 허리도 아프고, 온몸이 막 저리고, 쑤시고, 어떤 해는 하두 심하게 봄을 타, 겁을 잔뜩 먹고 병원을 찾아 이곳저곳 검사를 다 해 보기도 한다.

심장 조형도 해 보고, 신경 외과 C·T. 촬영이며, 한방 병원에 가서 침도 맞아 보고, 그렇게 여기저기 다니다 보면, 어느 사이 봄은 기울고, 그러면 아내는 언제 그랬냐 싶게 거뜬해진다.

잠자리에서 돌아 누우며, 아이구, 아이구, 끙끙 앓는다.

여보, 자다가 저 좀 살펴보고 그래 주세요. 네?

가슴이 철렁한다. 올봄도 그렇게 잔뜩 겁을 먹은 한 해였다.

견뎌 내다 견뎌 내다 결국 병원을 오게 된다. 지루한 검사를 마치고, 약을 타고, 며칠 또 더 다녀야 하고, 그래도 특별하게 걱정되는 곳은 없다고 하니, 고마운 안도의 숨이 손에 가득 고인다.

몸이 아프면, 혼자 앓는 것이 아니다. 가족이 같이 앓는다.

우리는 육신이 내 것인 줄 알고 산다. 그러나 아파 보면 내 몸이 아닌 것을 실감하게 된다.

내 맘대로 손가락 하나 까닥할 수 없다는 것을 비로소 느끼게 된다. 건강하다는 것, 늘 감사하며 살 일이다.

올봄도 꽃샘은 유난했다.

혹한이 무색할 정도로 호되게 내리치고, 섶을 헤집어 놓으며, 살을 애는 사나운 바람 끝, 그러나 제아무리 꽃샘이 사나움을 부려도 봄은 우리에게 부푼다.

가지 끝에 연두가 쏘옥 새살로 돋아나는 봄을 별스럽게 유세를 떠는 꽃샘도 어쩌지는 못한다.

겨우내 가라앉아 잠긴 피를 툭툭 깨우며, 봄은 가슴팍으로 파고들어 물감이 되고, 잎이 되고, 꽃이 된다. 그래서 온몸의 혈관이 박하 향처럼 화하! 열리는 봄, 나의 아내는 해마다 새 가지에 새살로 피어나는 꽃이다.

수줍은 속살 연두망울인가 보다.

봄이, 저토록 아내를 시샘하는 걸 보면….

(사)한국수필가연대상 운영에 관한 세칙

(사)한국수필가연대 임원 명단

(사)한국수필가연대상 운영에 관한 세칙

1. 시상 일시

본 상은 매년 1회, 5월에 시상하는 것을 원칙으로 한다.

2. 심사위원

① 본 상의 심사위원은 5인 이내로 구성한다.
② 당해 연도 본 법인 회장단 및 사무국장은 심사위원이 될 수 없다.
③ 심사위원은 회장단과 사무국장의 협의를 거쳐 회장이 위촉하며, 수상자 결정 시까지 그 명단은 공개하지 아니한다.

3. 수상 후보자

① 수상 후보자는 문단 데뷔 10년 이상인 분으로서, 심사 대상 기간 중 창작 수필집을 간행한 분을 대상으로 한다.
② 본 상을 수상했던 분은 다시 수상 후보자가 될 수 없다.

4. 수상자 선정

① 수상자는 1인으로 한다.
② 수상자는 심사위원 전원의 합의에 의해 선정함을 원칙으로 하되, 부득이한 사정으로 전원 합의에 이르지 못할 때에는 다수결로 할 수 있다.

5. 시상

수상자에게는 본 법인 소정의 시상품과 상패를 수여한다.

6. 기타

본 세칙은 1997년도 시상분부터 시행한다.

(사)한국수필가연대 임원 명단

회　　장	이범욱
부 회 장	고재동 이태희
이　　사	정성채
중앙위원	유승규

당신이 기다린 고도는

초판 발행/ 2025년 12월 5일
지은이/ (사)한국수필가연대 이범욱 외
펴낸이/ 김명덕
펴낸곳/ 한강출판사
등록/ 1988년 1월 15일(제8-39호)
주소/ 서울시 종로구 삼일대로 457, 501호(경운동, 수운회관)
전화 735-4257, 734-4283 팩스 739-4285
홈페이지 www.mhspace.co.kr

값 28,000원

ISBN 978-89-5794-605-3 03810